オープン&クローズ戦略

増補改訂版

小川紘一
Kouichi Ogawa

Open & Close Strategy

日本企業再興の条件

SE
SHOEISHA

オープン&クローズ戦略

——日本企業再興の条件

増補改訂版

はじめに

本書の狙いは、日本の製造業が置かれた現状を新しい枠組みの中で分析し、その再構築に向けた処方箋を提案することである。新しい枠組みが必要である理由は、世界の隅々で産業構造が大規模に変わりはじめたからであった。背景にあるのは、ビジネス・エコシステム型の産業構造の進展およびIoT（Internet of Things）やインダストリー4・0の経済環境に他ならない。したがって、今回の増補改訂にあたり、全章にわたって改稿するとともに、これらの動向についての考察を随所に加えた。さらに、IoTとインダストリー4・0に関して、日本企業が採るべき方策を「補論」として追加した。

世界の産業界は、100年に一度とも言うべき歴史的な転換期に立っている。当初、この変化は金融グローバライゼーションの波に隠れ、かすかな兆候しか見えていなかったが、製品・システムの設計にソフトウェアが深く介在する1990年代から、デジタル型のエレクトロニクス産業でこの動きが大規模に現れた。IoTやインダストリー4・0が作り出す経済環境では、この変化がほぼすべての産業領域へ拡大する。

その特徴は、第一に、技術や知的財産だけでなく、人やものづくりさえも瞬時に国境を越えてつながり合う領域が急拡大していることである。第二に、これが同じ製品・システムや同じ産業の部品と完成品との間、完成品設計と量産組み立て、さらには素材と部品との間で生まれ、先進国と新興国が互いにつながって協業し合うエコシステム型国際分業の進展である。

第三の特徴は、この比較優位の国際分業とでもいうべきビジネス・エコシステムが進む産業領域から新興国が経済成長の軌道に乗ったことである。同時に欧米企業がこれらのエコシステムを介して、新興国の成長を取り込む仕組みを次々に生み出しているという事実である。

本書では、これらが急速に進む一連の経済環境を「製造業のグローバライゼーション」と呼ぶ。IoTやインダストリー4・0はこの潮流を大規模に加速させ、特定の産業領域を越える巨大なエコシステムが形成される（詳細については、本書の補論を参照）。

その背景にあるのが製造業それ自身の構造転換であった。自然法則や機械特性を活用するこれまでのアナログ型・ハードウェアリッチ型から、人工的な論理体系を活用するデジタル型・ソフトウェアリッチ型へと、世界の製造業が1990年代から大規模にシフトしたのである。

「ソフトウェアリッチ」とは、製品設計にソフトウェアが広く・深く介在し、製品の主たる機能や性能がソフトウェアの作用によって実現されていることを言う。スマートフォンはもとより自動車の価値さえも、ソフトウェアによって創られる時代となった。デジタル化の本質とは、実はソフトウェアリッチ型へ転換することだったのである。これまで言われてきたデジタル化とは、単にハードウェア技術を表現する技術用語に過ぎない。

当初はこれがエレクトロニクス産業だけで起きていたが、2000年代になると他の多くの産業領域へと急拡大した。

ここからグローバル市場の競争ルールが変わり、先進国の製造業のあり方と途上国の製造業のあり方も本質的に変わった。そしてイノベーションのあり方も、価値の獲得や価値を維持する戦略も本質的に変わった。ＩｏＴやインダストリー４・０では、これがさらに大規模に変わっていく。

人間は自然法則を変えることはできないが、人工的な論理体系なら自由自在に変えることができる。ソフトウェアならプログラミングを工夫するだけで、自然法則の組み合わせよりはるかに容易に、人間の期待やアイデアを製品機能として具体化できる。

この意味で、ソフトウェアを活用する技術イノベーションや製品イノベーションはもとより、社会システムイノベーションさえも、自然法則を活用したものよりはるかにスピードが速い。ＩｏＴやインダストリー４・０のイノベーションを先導しているのはソフトウェアそれ自身である。

自然法則を活用した電機工業や重化学工業が19世紀末から大規模に興隆し、その後１００年の産業構造を決めた。人工的な論理体系を活用して生まれたソフトウェアリッチ型の産業が、今後のグローバル産業構造を決めることになるであろう。これを本書では、18世紀後半の第一の構造転換（経済革命）や19世紀後半の第二の構造転換に続く、「第三の産業構造転換」と呼ぶ。ＩｏＴやインダストリー４・０は、第三の構造転換を世界の隅々に波及させる。

本書で第一、第二、第三の構造転換のことを、第一次、第二次、第三次の経済革命と呼んでいるのは、構造転換が世界の経済システムと人々の暮らしを大きく変えてきたからである。

製造業のグローバライゼーションによって、技術や知的財産だけでなく、人やものづくりさえも瞬時に国境を越える。それによって競争ルールも瞬時に変わる。このことは、変わらないことを暗黙の前提にしたこれまでの技術創造立国の政策や知的財産立国の政策が機能しなくなることを意味する。日本は科学技術基本計画の第一期（1996～2000年）から第三期（2006～2010年）までで累積200兆円の研究開発投資を行った。出願登録された特許の数も圧倒的に多い。

技術や製品イノベーションを次々に生み出すことがそのまま企業収益や国の雇用と経済成長につながるとこれまで言われてきた。だがグローバライゼーションによって技術が瞬時に伝播し、国内に留まらない現在では、いくら巨額の投資をして技術や製品のイノベーションを生み出しても、雇用改善や経済成長に結びつかない。知的財産権が機能していないのである。

国内で営々と磨く生産技術や製造技術もなかなか企業収益に結びつかない。この意味で、国内に残すべきマザー機能も、これまでの製品設計や工場の中に閉じたものだけでなく、オープン&クローズの戦略思想に基づくビジネスモデル構築や知的財産マネジメントなども含む統合型のマザー機能へ変貌しなければならない。さらに、貿易収支はもとより、所得収支、サービス収支、そして経常収支を支え、地域の雇用を維持拡大するという視点から、国内に残すべき製造業のマザー機能のあり方を再構築しなければならない。

先進国の製造業を特徴づけるのは、長期にわたる技術の蓄積や高度な技術を次々に生み出す人材と社会システムにある。しかしながら巨額の費用を投入して新技術を生み出すだけでなく、同時にこれを企業収益や国の雇用と経済成長に結びつけるためのメカニズムを持っていなければ、先進国の製造業は成り立たない。

われわれは製造業のグローバライゼーションを止めることはできない。ＩｏＴやインダストリー４・０の潮流を止めることができない。したがって、生み出された技術の伝播を戦略的にコントロールする手段を自らの手で考え出さなければならない。この課題は、先進国型の製造業で技術開発以上に重要となった。一般に、技術伝播を防ぐ手段は知的財産権であるが、そもそも１９９６年に施行された日本の科学技術基本法には「知的財産」という言葉すらなかった。基本法を具現化する基本政策でも、中小企業の資金調達に有用という視点から少しだけ言及されているに過ぎない。

一方、最近の経済学者の分析で明らかなように、公開特許が技術伝播の主要経路になっていることも事実だ。[注1] キャッチアップ時代に機能した、特許の数を競う政策や特許の質を競う政策の是非を考え直さなければならない。特許を活用して企業収益や国の雇用と経済成長につなげるための政策やビジネスモデルこそが、特許の数や質よりはるかに重要となってきたのだ。そもそも質の良い特許の定義は、フロントランナー型の企業とキャッチアップ型の企業でまったく異なる。この違いを知的財産の専門家は深く議論してこなかったのではないか。

このような経済環境の中で、日本企業の復興に向けた処方箋を提案するために、本書ではまず第一に、日本の製造業が抱える課題を先進国型の製造業に共通する基本問題として捉えながら、その実態

【注1】 たとえば、山田節夫（２００９）『特許の実証経済分析』の第7章第1節を参照。

をオープン&クローズという視点で読み解いてゆく。第二に、日本の製造業の強化に向けた方向性をオープン&クローズの考え方に基づく知的財産マネジメントという視点から示す。

ここで本書が定義する「オープン」とは、製造業のグローバライゼーションを積極的に活用しながら、世界中の知識・知恵を集め、そしてまた自社/自国の技術と製品を戦略的に普及させる仕組みづくりを指す。一方「クローズ」とは、価値の源泉として守るべき技術領域を事前に決め、これを自社の外あるいは自国の外へ伝播させないための仕組みづくりのことである。

この2つを組み合わせながら、大量普及と高収益をグローバル市場で同時実現させるのがオープン&クローズ戦略である。クローズ領域を背後に持たないオープン化や国際標準化は、企業収益や国富の源泉を一瞬にして失う。オープン化戦略を持たないコア領域はグローバル市場で価値の獲得に貢献しない。オープン化戦略を持たない完成品やシステムは、多くのリソースと投資を必要とし、回収が非常に困難となる。営業利益も稼ぐ力(ROE)も低いレベルに留まる。

これまでの議論では、製品の競争力がモジュラー型(あるいは組み合わせ型)とすり合わせ型という二分法で語られ、日本の競争力はすり合わせ型にあるという意見が多かった。しかしこの二分法には多くの仮定が隠されており、競争力を実ビジネスで語るには多くの付帯説明が必要となる。

市場の前線に立つ企業人の視点で語れば、むしろ技術の伝播スピードという視点、あるいは技術が国境を越えやすいか否かという視点で捉え直すべきだ。

また、製造業をものづくりと置き換え、ものづくり敗戦を述べ立てる意見もある。しかしこうした議論の事例で挙げられるのは、ソフトウェアリッチ型へ変わったエレクトロニクス産業とその関連領域ばかりであり、他の多くの産業領域なら日本が圧倒的な優位性を持つ事実とその差異に触れることはなかった。

ものづくりを重視する人は、産業構造や競争ルールが変わっていない製品領域に焦点を当てて日本の強さを語る。一方、ものづくりに疑念を持つ人は、競争ルールが変わっているのにこれに適応できない企業の姿を批判する。ものづくりを重視する人もものづくりに疑念を持つ人も、これをグローバル市場の産業構造転換や競争ルールの変化という土俵で論じることが少なかった。

多くの識者が、「ものづくりよりコトづくりが重要」と主張し続けてきたが、コトづくりに関する具体的な議論は深まっていない。もし市場が日本の国内に留まるのであれば、現在の延長で議論してもよいのかもしれない。しかし日本の製造業をグローバル市場の中で論じるのであれば、100年に一度とも言うべき産業構造の転換やグローバルなビジネス・エコシステムの拡大、IoTがもたらす大規模なつながる市場（補論参照）の出現、そしてここから生まれる競争ルールの変化を取り込まずして、コトづくりを語れないのではないだろうか。

それ以上にわれわれは、製造業の生産性が非常に高く、貿易収支で輸出の95％以上を担っている現実、そして製造業の弱体化が貿易収支はもとより、日本の経常収支を赤字に追い込むという事実を直視すべきであろう。経常収支を論ずるマクロ経済学者やエコノミストですらこの事実に触れることが非常に少なかった。

サービス産業は、輸出も輸入も製造業の5分の1に過ぎない。サービス収支は赤字続きであり、経常収支の改善に貢献していない。拡大する貿易赤字をかろうじて補っているのは、所得収支だけである。国内に工場を持って輸出する場合に比べると経常収支改善への貢献がはるかに小さい。

一部の経済学者は、実質実効為替レートという指標を用いて、名目為替レートで見た円高が経常収支に与える影響は少ないと主張している。しかしながら製造業では、輸出する製品を作るための材料も部品も、そして製造設備すらも輸入品でなく国内で作っている。材料や部品、製造設備で日本企業が世界トップレベルの力を持っているからである。したがって超円高になれば、完成品はもとより部品や材料を作る工場も海外へ移転させざるを得ない。この事実を考慮しなければ、輸出の95%を担う製造業の実態を実質実効為替レートで正しく捉えることはできない。マクロ経済学の常識が製造業に通用しない現実がここにある。

実質実効為替レートは単なるマクロな経済指標から計算された数字に過ぎない。製造業の前線に立つ企業人がこれを実ビジネスで使うことはまったくない。そもそも国際会計基準が義務づけているのは、名目為替レートの採用である。

円高が続いて多くの工場が海外へ移転すれば、貿易収支が悪化して経常収支は赤字に追い込まれ、金融グローバリズムが日本経済を翻弄する。日本のものづくりを語るとき、為替や国際貿易の視点を欠いた分析は極めて不十分なものにしかならない。名目為替レートで見た円高が日本企業を弱体化させたメカニズムについては、新興国の視点から第4章で詳しく説明する。

先に述べたように、世界の製造業は自然法則を活用するこれまでのハードウェアリッチ型から、人工的な論理体系を活用するソフトウェアリッチ型へと大きく転換している。この流れに対応してグローバル市場の産業構造が変わり、競争ルールも一変する。

当初これは製品設計にソフトウェアが介在する製品領域だけで起きていたが、2000年代になると他の多くの産業領域へ拡大し、製造業全体の競争ルールが大きく変わった。さらにIoTやインダストリー4・0の出現によって競争ルールの変化が世界の隅々に現れる。

この意味で、1980年代の古き良き時代の日本型ものづくりをそのまま21世紀の日本に復元しようとしても、第1章で紹介するようにいずれも雇用増や経済成長に結びつかない。むしろ国の雇用を瞬時に失うことになる。

われわれは、エレクトロニクス産業の人々がグローバルなビジネス・エコシステムの中で体験した塗炭の苦しみに心を遣り、そこから貴重な教訓を学ばなければならない。そして日本の製造業の復活に活用しなければならない。


以上のような問題意識を背景に、本書ではグローバル市場の競争ルールが変わらないことを前提にしたこれまでの議論から離れ、製造業の新たな方向性を論じたい。企業人が自らの手でグローバル市場の産業構造や競争ルールをも変えることができる時代が到来したという現実、そしてIoTやインダストリー4・0の経済環境では競争ルールの事前設計なくしてグローバル市場へ参入できなくなるという現実を理解しながら、オープン&クローズの考え方を起点に先進国型の製造業の姿を構想したいと考えている。

本書はオープン&クローズ戦略を語るにあたって、これまで専門家以外の目に触れることが少なか

- ビジネス・エコシステム型の産業構造を、先手を打って事前設計
- 自社のコア領域（クローズ）と他社に委ねる領域（オープン）とをつなぐ境界に知的財産を集中させる
- 境界だけを他社へ公開して自由に使わせ（オープン）、ビジネスチャンスを与えるプロセスでオープン市場へ強い影響力を持たせる（伸びゆく手の形成）
- コア領域の技術革新を追求し、常に業界全体の技術革新の方向性を主導する
- コア領域を知的財産と契約で守り、後追い企業によるクロスライセンスの攻勢から守る
- 世界中のイノベーション成果を自社のコア領域につなげる仕組みをつくる

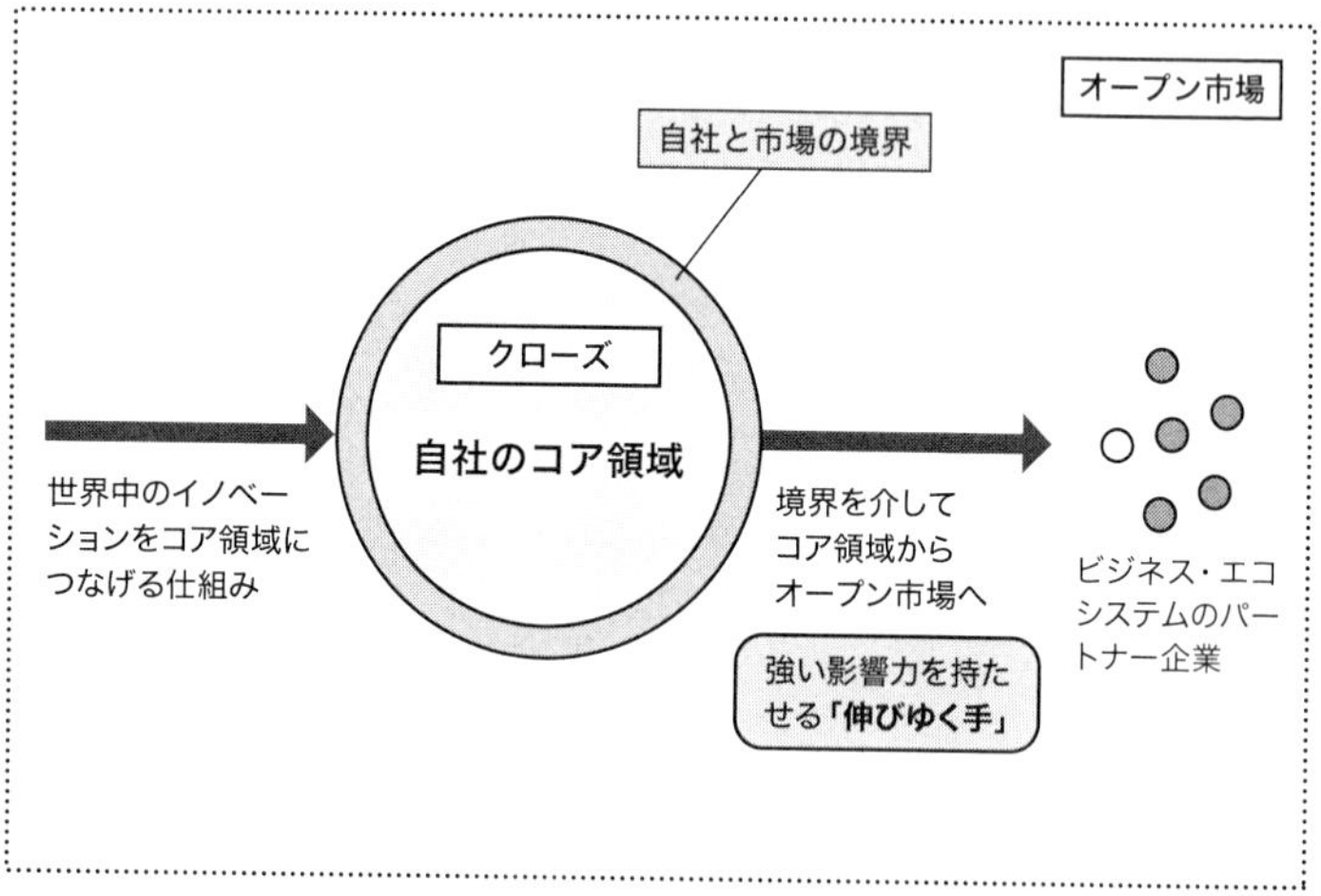

図0.1　本書のキーワードの概念図

ったキーワードを繰り返し使った。たとえば「企業と市場の境界設計」やビジネス・エコシステム、および市場に強い影響力を持たせる「伸びゆく手」などである（図0・1）。

その製品産業が瞬時に国際的な分業型へ転換するのであれば、自社が集中する領域と他社に委ねる領域とを、自社に優位になるよう事前に設計する必要がある。これが事業戦略から見た企業（自社）と市場（他社）の境界設計である。互いにつながり合って価値を生み出すIoTやインダストリー4・0で、この境界設計が事前戦略として極めて重要になることも、ここから理解されるであろう。

これを実ビジネスの製品で語れば、企業とは自社の競争力を支えて収益の源泉となるコア領域のことであり、独自の基幹技術とこれを守る知的財産で構成される。あるいは製品としての全体最適を実現させる組織能力やブランド、販売チャネルなどもコア領域に加えられる。一方、市場とは、自社のコア技術を使う完成品メーカーであり、あるいは自社の完成品を構成する部品のサプライヤーとなる。企業か市場かは、立場によって変わる。

アップルのiPhoneでこれを語れば、そのデザイン、画面の拡大やスクロールなどのユーザーインタフェースとこれを背後で支えるiOSがコア領域である。またアップルのビジネス・エコシステムを支えるコンテンツ配信システムやブランドもアップルという企業のコア領域である。

パソコンでこれを語れば、マイクロプロセッサと関連チップを統合した技術モジュール（プラットフォーム）がインテルという企業のコア領域となる。スマートフォンでは、第二世代（2G）や第三世代（3G）の携帯電話機能、あるいはWi-Fiの機能をもすべて集中カプセル化させたクアルコムの技術モジュール（プラットフォーム）がこれにあたる。

インダストリー4・0でこれを語れば、先進工業国としてのドイツの得意領域がコアであり、パートナーとしてのたとえば中国企業が市場となる。

これらのコア領域はいずれも、技術イノベーションだけではなく、ビジネスの仕組みづくりとこれを支える知的財産権や契約の組み合わせによって守られている。一方、コアとなる領域の外では、国際標準化などを活用するオープン化が徹底されている。コア領域を持つ企業はこのようにして産業構造を自社優位に構築し続けたのである。

自動車でこれを語れば、ボッシュ社のエンジン制御技術モジュール（ＥＣＵ）と、これを支える巨大なソフトウェア体系がコア領域となる。トヨタも日産も、ホンダもフォルクスワーゲンも、そして航空機のボーイングもコア領域を必ず持っている。こうした企業はコア領域を持つことで、国際的なビジネスの仕組み作りと分業構造を自社優位に構築しているのである。

「ビジネス・エコシステム」とは、多くの企業が協業しながらその産業全体を一体となって発展させていく分業構造を指す。ＩｏＴやインダストリー4・0は、分業構造を世界の隅々に拡大させる。特に本書では、このシステムを先進国の企業と新興国の企業が、同じ製品産業の中で協業する状況を表現するために用いる。

「伸びゆく手」とは、本書が提起する新しい概念であり、産業構造が同じ製品や同じシステムで大規模な分業型へ転換するとき、自社のコア領域からエコシステムを介してサプライチェーンに向けて強い影響力を持たせる仕組みのことである。

単なる分業では、自社の付加価値はコア領域の内部に留まるに過ぎない。一方、サプライチェーンに向けて強い影響力を持たせる「伸びゆく手」が形成されていれば、その産業全体のイノベーションの方向性を主導できるだけでなく、サプライチェーンを担うそれぞれの企業の技術イノベーションをも方向づけることが可能となる。

自社のコア領域の価格を維持したうえで、自社以外の領域で価格競争させる仕組みも構築できる。この意味で「伸びゆく手」とは、グローバル市場に散在する多種多様な価値を、自社のコア領域へ取り込む仕組みづくりであると言い換えてもよい。

先進国の代表的な企業が圧倒的な市場支配力と利益を維持できた理由が、実はオープン&クローズの考え方を起点にした、自社のコア領域から市場へ伸びる強力な「伸びゆく手」の形成にあった。コア領域を持つ企業は、多かれ少なかれグローバル市場のサプライチェーンに向かう強力な「伸びゆく手」を必ず背後に持つが、これがモノではなく仕組みづくりであるという意味で、人の目に見えることはない。したがって模倣されにくい。

1770年代のアダム・スミスは、市場の調整メカニズムを神の「見えざる手」と呼んだ。一方、その200年後の1970年代にアルフレッド・チャンドラーは、経済活動の調整と資源の最適配分を担っているのが「見えざる手」ではなく専門的経営者のマネジメント、すなわち「見える手」であると主張した。19世紀末から大規模企業が先進工業国で次々に生まれていたからである。

しかしながらソフトウェアリッチ型へ転換してオープンな国際分業が進むコンピュータ産業やネットワーク産業では、ベンチャー型の小規模企業が圧倒的な競争力を持ってグローバル市場に君臨するようになる。1990年頃のIBMがそうであったように、ここから統合型大規模企業の経済合理性が崩壊していった。このような現象をリチャード・ラングロアは「消えゆく手」と名づけた。

しかし、「手が消えていく」などという牧歌的な現象は起こらない。本書で新たに提示する「伸びゆく手」とは、専門的経営者のマネジメントとしての「見える手」がオープン市場に向かってしっかり伸びている、という主張である。IoTやインダストリー4・0が生み出す経済環境では、国や企業のコア領域から目に見えない強力な「伸びゆく手」が必ず形成されている。

この意味で「伸びゆく手」が、製造業のグローバライゼーションとグローバルなビジネス・エコシステムの中の企業活動を特徴づける。本書では、経営者のマネジメントの力によってグローバル市場の産業構造をも事前設計できるようになった事例を数多く紹介したい。

これまで多くの経営書は、価値の形成や価値の獲得に必要な企業内部の能力構築が最も重要と論じてきた。しかしながらエレクトロニクス産業でわれわれが目にしているのは、形成・獲得した価値が一瞬にして消え、何度もグローバル市場から撤退を繰り返す日本企業の姿である。

その主たる要因は、決して技術イノベーションが不足していたからではなく、製品イノベーションが不足していたからでもない。また、決して生産管理や製造技術のイノベーションが不足していたからでもなかった。

日本のエレクトロニクス業界は、人々の生活を豊かにする大量普及製品を1990年代から次々に生み出してきた。そして圧倒的な量の特許を出願・登録し、生産技術と製造技術を磨いた。それでも自らの手で生み出した価値を何度も失った。ものづくりの敗戦ではなく、知的財産政策や知的財産管理の敗戦だったのではないか。そしてまたプロパテント政策以前（1970年代まで）のアメリカの知財裁判思想から日本が脱皮できていないのではないか。

現在の日本では1970年代のアメリカと同じように特許権保有者の70%以上が知的財産の裁判で敗訴になってしまう。技術が瞬時に国境を越えるグローバライゼーションに、日本の知的財産思想も制度も対応できなくなっている。

2010年代にはこれが他の多くの産業領域へ拡大する。たとえば、日本企業が圧倒的な競争力を誇りグローバル市場を席巻したセラミックコンデンサでさえ、1社を除いて韓国企業に勝てなくなった。中国市場のプリンタはもとより、オフィスの複合機（特にA4機）にも類似の兆候がはっきり見えている。

知的財産マネジメントが前面に出ない経営論は、日本の製造業が形成する価値を、企業の成長にも、雇用や経済成長にも結びつけることができない。社会科学上では成り立つ理論も、その前提となる経済環境や社会環境が変わってしまえば現実社会では機能しない。

IoTやインダストリー4・0の経済環境では、こうした機能しない領域が先進国にも新興国にも現れ、知的財産マネジメントのあり方はもとより、付加価値形成のメカニズムもまったく変わってしまう。

日本の製造業が抱えるこの深刻な課題を解決する手段として本書で提案するのが、オープン&クローズ戦略であり、「伸びゆく手」の形成を中心に据えた新たな勝ちパターンの再構築である。そしてオープン&クローズ戦略に則った知的財産マネジメントである。

この具体化には、まず企業と市場の境界を事前に設計しなければならない。しかしながらこの境界は、アカデミアが言う取引コストや市場の利用コストだけで決まるのではなかった。コア領域と非コア領域、あるいは企業の内部に閉じた組織能力という静的な視点だけで決まるのでもなかった。企業から市場へ向かう「伸びゆく手」を、最も効果的に作れる領域から境界が決められていたのである。

この意味で「経営者の手が消えたか消えないか」というアカデミアの論争は無意味ではないか。フルセット統合型が主流だった1970年代までなら企業内部に留まっていた「見える手」が、製造業のグローバライゼーションの進展とともに一層強力になってグローバル市場へ伸びている。

本書で新たに示す「伸びゆく手」という考え方は、先進国型の製造業がビジネス・エコシステムを介して新興国の成長と共に歩むために、極めて重要な役割を担うようになるだろう。

本書が語るオープン&クローズ戦略の本質は「伸びゆく手」の形成にあり、知的財産マネジメントと一体になって初めて機能する。オープン化の戦略は、市場に対する影響力を最も効果的に発揮させるために必要なのである。このとき同時に、自社技術と他社技術をつなぐ境界に知的財産を刷り込ませて公開する、という新たな知的財産マネジメントが、自社のコア領域に刷り込ませる知的財産マネジメントと同等以上に重要となる。

この意味でオープン・イノベーションは、オープン&クローズの戦略思想に基づくエコシステム型イノベーションの一部に過ぎない。オープン&クローズという考え方がグローバルなビジネス現場の真実であることは、ドイツが先導するインダストリー4・0やアメリカが先導するインダストリアル・インターネット・コンソーシアム（Industrial Internet Consortium）が向かう方向性を見れば一目瞭然である。

◉本書の構成

本書の第1章では、製造業のグローバライゼーションが創り出すビジネス・エコシステムの進展によって市場撤退を繰り返す日本のエレクトロニクス産業の姿を、具体的なデータによって紹介する。ここでは技術にまさり知的財産でまさっても事業で勝てない背景に、技術が瞬時に国境を越える事実があったことが理解できるであろう。エレクトロニクス産業の敗戦は旧来型の知的財産管理の敗戦であった。IoTやインダストリー4・0ではこの国境越えが大規模に現れる。

第2章では、製造業のグローバライゼーションが、そしてビジネス・エコシステム型の産業構造が、ソフトウェアという人工的な論理体系が製品設計に取り込まれた「ソフトウェアリッチ型産業」から、大規模に出現したことを具体的な事例で説明する。1980年代のアメリカやヨーロッパ諸国が強行した競争政策の転換が、結果的に「ソフトウェアリッチ型産業」を発展させてグローバル市場へ広がった事実も、第2章から理解されるであろう。アメリカが1980年にソフトウェアへ知的財産権を与えたことが、100年に一度とも言うべき産業構造の転換を加速させ、この延長にIoTの時代をこの世にもたらしたのである。

第3章では、欧米企業に焦点を当てながら、オープン&クローズの経営思想および自社のコア領域からオープン市場に向かって強い影響力を持たせる「伸びゆく手」の形成について、具体的な事例を使いながら紹介する。

ここではインターネット環境のシスコシステムズ、携帯電話システムのノキア、第三世代携帯電話やスマートフォンのクアルコム、iPadやiPhoneのアップル、パソコン産業のインテルを取り上げた。スマートフォンの登場によってヨーロッパのノキアや日本の携帯電話メーカーが勝ちパターンを失ったメカニズムも、ここから理解されるであろう。

IoTやインダストリー4・0がグローバル市場の競争ルールをどう変えるか、そしてわれわれはその変化にどう対応すればいいかの処方箋も、これらの事例分析から見えてくるはずである。

第4章では、アジア諸国の製造業が、グローバライゼーションが最も早く大規模に現れたエレクトロニクス産業で大躍進する姿を、半導体デバイスやDVD、液晶テレビなどの事例で紹介する。その本質は、先進国から技術が伝播してくることを前提に、企業経営や国のビジネス制度設計（特に税制）に知恵を絞ることであった。すなわち、徹底してトータルなビジネスコストを下げる勝ちパターンを完成させていたのである。

このような競争政策や企業の勝ちパターン設計は、技術が瞬時に国境を越えて伝播する製造業のグローバライゼーションが出現しなければ、そしてビジネス・エコシステム型の産業構造が出現していなければ、机上の議論で終わっていたであろう。

長期にわたる円高によって日本の技術が大量にアジア諸国へ伝播した。これによって急成長するキャッチアップ型のアジア企業が、日本のエレクトロニクス産業を追い越してしまった。

第5章では、日本の製造業がアジア市場で完成させた新たな勝ちパターンを紹介する。グローバライゼーションに遭遇した多くの日本企業が何度も市場撤退への道を歩んだのは確かだが、それでも日本のオフィスからでなく新興国市場の前線に陣取って知恵を絞り、新たな勝ちパターンを生み出す企業も数多く存在していた。

その代表的事例としてＤＶＤと自動車という異なる産業を取り上げたが、ＤＶＤの三菱化学も、そして自動車のトヨタであっても、新たな勝ちパターンが日本の企業文化から遠く離れたアジア市場の前線で創り出されていたのである。

第6章では、多くの先進国がリーマンショックを教訓に製造業重視へ政策転換する動きと日本の現状をレビューし、オープン＆クローズ戦略に基づく知的財産マネジメントという視点から、日本の製造業を強化するための処方箋を論じた。この処方箋の基本的な方向性は、ＩｏＴやインダストリー４・０が生み出す市場ではさらに強力な経営ツールとなるはずである。

処方箋の目的は、オープン＆クローズの考え方を駆使して「伸びゆく手」を形成しながら、新たな勝ちパターンを構築することにある。それには細分化された特定領域の専門家ではなく、知的財産の枠組みを超えて産業構造を俯瞰的に捉える軍師型の人材が必要だが、われわれは、スティーブ・ジョブズや盛田昭夫（ソニーの創業者）、ヘニング・カガーマン（元ＳＡＰ社長、現在ドイツ技術科学アカデミー会長）の出現を待つ時間的余裕はない。

しかしながら日本には、協業・協調の精神がある。それぞれの専門分野で軍師の才能を秘めたスタッフがタスクフォースを組むという協業によって、チームとしての軍師機能を育成できる。この具体的な方法についても第6章で提案する。

今回新たに書き加えた補論では、ドイツとアメリカにインダストリー４・０やインダストリアル・インターネット・コンソーシアム（ＩＩＣ）が生まれた経緯、および先進国にＩｏＴやＩｏＳ（Internet of Services）のビジョンが出現した歴史的な背景を解説した。またドイツが先導する第四次産業革命を、本書が定義する第三次経済革命の中で位置づけた。

ドイツもアメリカもCPS（Cyber Physical System）をキーワードに、インダストリーそれ自身のイノベーションを起こそうとしているが、ドイツは得意とするインダストリーの付加価値生産性を高める方向へCPSの概念を拡張している。一方、アメリカは得意とするサービス産業の視点から、人工知能やビッグデータを含むCPSの概念を新たに創り出した。

いずれもCPSという考え方でビジネスモデル・イノベーションを次々に起こし、ソフトウェアのレバレッジを効かせてインダストリーの付加価値生産性を高め、自国の雇用を増やし、ここから新興国が追いつけない方向へインダストリーの姿を変えていこうとしているのである。

この意味で日本が採るべき方向は、得意とするものづくりの付加価値生産件をソフトウェアのレバレッジを効かせて高め、そのうえでものづくりの周辺に付加価値生産性の高いサービス産業を生み出すことではないか。ダントツのものづくり力を持つ日本だからこそ、その仕組みづくりを先導できる。

付加価値の高いサービス産業がインダストリーの周辺から生まれるという考え方はドイツでもアメリカでも同じだが、我々はドイツ型のCPSでもアメリカ型のCPSでもなく、日本独自のCPSを自らの手で創り出さなければならない。その方向性と課題も補論で論じた。

最後の「おわりに」では、本書の基本メッセージとその背景を整理しながら2025年まで日本が目指すべき先進国型の製造業について、期待を込めて記述した。

国内の雇用を増やし、経済成長を持続させるには、技術イノベーション、製品イノベーション、そして生産管理・製造技術イノベーションを国内で次々に生み出すことが必要なのは論をまたない。しかし、製造業のグローバライゼーションが広範囲に進んで、グローバルなビジネス・エコシステム型になると、これらは単なる必要条件に過ぎなくなった。供給サイドを重視するリニアモデルが通用しなくなったのである。

われわれに必要なのは、国内で生み出されるこれらのイノベーションを、企業の付加価値や雇用・成長に結びつけるためのメカニズムとしてビジネス・エコシステムの中で再構築することあり、このメカニズムを持続させる仕組みづくりである。そしてこれを具体化する軍師型人材チームの育成である。

それには、オープン&クローズの視点から企業のコア領域と市場の境界を事前設計し、グローバル市場のエコシステム構造を自らの手で設計し、技術の伝播を事業戦略としてコントロールする知的財産マネジメントを、市場という出口側から事前設計する必要がある。

そのうえで、自社/自国のコア領域からエコシステム型の市場へ強い影響力を持たせる「伸びゆく手」の仕組みを具体化してゆく。これによって初めて巨額の研究開発投資がグローバル市場で製造業の強化に結びつき、雇用や経済成長に結びつけることができるのである。

産業構造も競争ルールも100年ぶりに変わったのであれば、そしてこれがIoTやインダストリー4・0でグローバル市場の隅々まで広がるのであれば、変わっていなかった時代の理論を捨て、現実に起きている事実をベースにした新たな理論が必要となる。これがグローバルなビジネス・エコシステムを前提としたオープン&クローズ戦略であり、「伸びゆく手」の形成である。いずれも製造業のグローバライゼーションの中で、先進国が製造業を維持強化するために必須のものとなった。

これを新興国側から見れば、非常に効率的に先進国の技術を取り込み、雇用を増やして経済成長を加速させる経済環境の到来を意味する。たしかに1990年代後半から顕在するアジア諸国の急速な経済成長は、ビジネス・エコシステム型に転換した産業領域から始まっていたのである。

オープン&クローズの考え方は、先進国と新興国がビジネス・エコシステムを介して協調しながら、共に産業を創出し、共に市場を拡大させ、共に経済を成長せる仕組みづくりのために重要な役割を担うことになる。

市場や経営戦略を語る多くの理論がポジショニング論とリソースベース論に集約されてきたと言われる。しかしながら上記2つのいずれも本書が提案するオープン&クローズ戦略の全体構造を捉えることができない。1990年代からグローバル市場で進むビジネス・エコシステム型の産業構造では、そしてIoTやインダストリー4・0が創り出す市場では、2つを新しく結合した戦略思想としてオープン&クローズの考え方が必要になる。

本書で紹介する事例はもとより、今後興隆するIoTやインダストリー4・0でも、グローバル市場が瞬時に巨大なビジネス・エコシステム型になるという意味で、オープン&クローズの戦略思想なくして市場の全体構造も、そして経営戦略も語ることができないのではないか。

オープン&クローズの戦略思想は、大規模に広がる21世紀のビジネス・エコシステムの中で先進国型製造業の方向性を定め、同時に新興国や途上国の産業高度化に貢献しながら経済秩序を守るための政策ツールとして使われることになるであろう。

【注】

オープンという言葉とクローズという言葉を同じ製品やシステムの中で使う事例は、２００９年の小川紘一『国際標準化と事業戦略』（白桃書房）で紹介した。ほぼ同じ時期に妹尾堅一郎氏もオープン&クローズという表現を使っている。またそれより10年以上も前から加藤幹之氏（元富士通法務・知的財産本部長）が、インタフェース情報をオープン化することが重要という視点でオープンとクローズという表現を使っている。

目次

第４章　アジア諸国の政策イノベーション　223

第1章

エレクトロニクス産業の失敗を超えて

◉製造業のグローバライゼーション

1980年代に全盛を誇った日本のエレクトロニクス産業が、1990年代からグローバル市場で勝てなくなった。このことが顕在化したのは、「デジタル型」と呼ばれる製品からであったが、2000年代になると太陽光電池やリチウムイオン電池、LED照明など、非デジタル型の製品でも顕在化する。日本企業が誇るものづくりが、グローバル市場の競争優位に結びつかなくなったのである。このことはすでに多くの論者が指摘してきた。

日本の製造業の衰退については、技術力の衰えや製品イノベーションの不足、あるいは「ガラパゴス化」などから説明され、「製造業敗戦」とまで語られるようになった。それらの論には一理も二理もあるが、たとえばエレクトロニクス産業と自動車産業ではまったく違うという事実を正面から取り上げて論じた人は少ない。この違いを論じなければ本質に迫ることはできない。

本書では、日本の製造業が直面する課題をより構造的なメカニズムから解明し、低迷の打破と再生に向けた方途を示したいと思う。この延長に今後の日本が目指すべき先進国型製造業のあるべき姿が見えてくるだろう。

エレクトロニクス産業が弱体化した理由は、第一にこれまでのような先端技術の開発や工場中心のものづくりで競争力が決まる時代が終わり、第二にグローバルなビジネス・エコシステムの構造や競争ルールを決めるための仕組みづくりで競争力が決まる時代が到来したからであり、そして第三に技術の伝播・着床スピードをコントロールする知的財産マネジメントや国の制度設計で競争力が決まる時代に移行したことである。この変化に2000年代までの日本のエレクトロニクス産業が対応できなかった。

このことはもちろん、現在では市場の前線に立つ企業の経営者が気づきはじめている。「ものづくり」で圧倒的な力を維持できていても、グローバル市場の競争ルールが変わればかつての勝ちパターンが通用しなくなる。こんな懸念が深刻になってきているのだ。

その背後に起きているのが、100年に一度とも言うべき産業構造の転換である。その構造転換の本質を本書では製造業のグローバライゼーションと捉える。IoTやインダストリー4・0がグローバライゼーションを大規模に加速させることはすでに述べた。

「グローバル化」「国際化」という言葉はこれまでも語られてきた。本書では、あえて「製造業のグローバライゼーション」という言葉を用いる。国際的な金融経済の加速とそれによる市場のグローバル化だけでなく、技術が瞬時に国境を越える産業領域が製造業の中で急速に拡大しているからであり、同時にその背後で技術伝播のスピード差が作り出す国際分業が大規模に進んでいるからだ。

◉ソフトウェアリッチ型への転換

製造業のグローバライゼーションは、製造業がソフトウェアリッチ型へ転換し、製品アーキテクチャが変わることによって大規模に出現した（小川紘一『国際標準化と事業戦略』の第1章を参照。）。ソフトウェアリッチとは、製品設計にマイクロプロセッサと組み込みソフトウェアが深く介在し、製品の主たる機能がソフトウェアによって実現されていることを言う。狭い意味でこれを語ればデジタル化となるが、技術用語としてのデジタル化という表現だけでは、100年に一度とも言うべき産業構造の転換を捉えることができない。IoTやインダストリー4・0もソフトウェアというキーワードなくして語ることができない。

100年に一度の産業構造転換が最初にエレクトロニクス産業で顕在化したのは、製品設計にソフトウェアが介在しやすかったからであった。コンピュータはもとより、今やデジタル家電の設計でも、工数の60％以上がソフトウェア開発になっている。

ソフトウェアが深く広く介在することで製品アーキテクチャが変わるということは、製品を部品の単純な組み合わせによって、寄木細工のように作れるということである。あるいはものとものとがつながりやすくなることである。もしこれらの部品がグローバル市場へ大量に流通すれば、たとえ技術蓄積の少ない途上国企業であっても部品を調達するだけで市場参入できる。こうして、それぞれの国が得意な領域を持ち寄って協業するビジネス・エコシステム型の分業構造がグローバル市場に現れた。

たとえばDVDを組み立てる主体が日本企業の中国工場ではなく、中国企業の中国工場であっても、使われる基幹部品の多くは日本や韓国、台湾などの企業が提供している。すべてを自社の中で完結することを前提にして生産工場を新興国に作るという企業内の国際分業ではなく、同じ製品産業の中で、それぞれの国の企業が得意領域を持ち寄って協業する、ビジネス・エコシステム型の国際分業が出現したのであるすでに紹介したように、本書で語るビジネス・エコシステムとは、先進国の企業と新興国の企業が、同じ製品産業の中で協業する状況を表現している。

これを国のレベルで語れば、それぞれの国が互いに得意領域を持ち寄って産業を発展させる比較優位の国際分業となる。このような大規模な国際分業は、製品の内部にさらにオープンな標準化が介在することによって瞬時にグローバル市場へ広がる。これが最も早く大規模に現れたのがパソコンでありCD-ROMやDVDであり、携帯電話や液晶テレビであった。

この延長に、現在のスマートフォンやタブレット端末などのデバイスおよびインターネットやクラウドを含むICT産業がある。そしてIoTやインダストリー4・0が生み出す巨大産業がある。巨大なビジネス・エコシステムを介してつながる比較優位の国際分業とも言うべき産業構造は、デジタル化、すなわちソフトウェアリッチ型製品の登場とオープン標準化によって生まれたといってよい。2010年代に興隆するIoTやインダストリー4・0は巨大なビジネス・エコシステム型の産業構造を世界の隅々へ拡大させる。

産業構造が変われば競争ルールも変わる。日本のエレクトロニクス産業が90年代の後半からグローバル市場で競争力を失ったのは、競争ルールが変わってそれまでの常識が通用しなくなったにもかかわらず、それ以前の常識のままで、狭い意味のものづくりを追求したからである。

製造業のグローバライゼーションとも言うべき第三の産業構造転換の中では、技術も知的財産も国際標準化も、そしてものづくりさえも、それ単独ではグローバル市場の競争力に結びつかない。単なる必要条件に過ぎなくなった。

エレクトロニクス産業の凋落の要因と指摘されることの多い円高やリーマンショックは、凋落の時期を単に早めただけに過ぎない。事実、ソフトウェアリッチ型に転換したエレクトロニクス産業では、リーマンショックの前からすでに貿易収支が赤字になっていた。たとえ円安になっても、これまでと同じように優れた技術を開発し、特許の数を競い、ものづくりを極めるといった部分最適を求める経営をしていては、日本のエレクトロニクス産業がグローバル市場で復活することはないだろう。

たしかにエレクトロニクス産業以外の領域でなら、21世紀の現在でも技術や知的財産やものづくりが製品の競争力を支える原点となっている事例が多い。しかしながら最も懸念されるのは、エレクトロニクス産業で起きたことが、他の多くの産業領域へ急拡大する兆候が出てきたことである。IoTやIoP（Internet of People）の進展がインダストリー4・0の潮流をさらに加速する。

われわれは、エレクトロニクス産業から教訓を学び、ここから競争力を維持拡大させるためのビジネスモデルや知的財産マネジメントを、そして契約のマネジメントを自らの手で再構築しなければならない。

このような問題意識を背景に、本章では日本の製造業で最も早くグローバライゼーションに直面したエレクトロニクス産業に焦点を当てながら、まずは競争ルールが変わってこれまでの常識がまったく通用しなくなった姿を浮かび上がらせたい。

◉技術だけではもはや戦えない

これまで日本は、科学技術創造立国や知的財産立国の政策を優先して推進し、たとえ不況時であっても研究開発費に手をつけることはなかった。国民も企業人もこれを当然のこととして受け入れた。たしかに研究開発投資は必須である。しかしながら、これだけで国の富が増えると信じられる古き良き日の常識は通用しなくなった。国富に変えるには、製造業のグローバライゼーションを前提にした勝ちパターンの再構築が必須となったのである。

日本は、過去15年以上にわたってGDPの3・3%から3・8%という世界トップの科学技術投資を続け、世界に誇るテクノロジー（技術）イノベーションやプロダクト（製品）イノベーションを世に問い、グローバル市場に巨大な需要を生み出してきた。日本の技術者はたしかに頑張ってきたのである。

最近になって製造業の敗戦、あるいはものづくりの敗戦とまで囁かれるエレクトロニクス産業も決して例外ではない。たとえばデジタル携帯電話、DVD、液晶パネルと薄型テレビ、太陽光発電、リチウムイオン電池、さらには3人の日本人がノーベル賞を同時受賞したLED技術の商品化など、21世紀を象徴する多くの製品イノベーションを生み出したのは、まぎれもなく日本のエレクトロニクス産業の技術陣であった。

工場のものづくりは、現在でも進化発展を続けてアジア諸国と欧米諸国から称賛されている。特にアジアでは、これが戦後の日本の最大の貢献とさえ言われる。またアップル再生のきっかけとなった

ｉＰｏｄのような製品さえ、アップルよりも早い１９９０年代の末に日本の技術者によって試作された。そもそも液晶テレビや携帯電話も、そしてｉＰｏｄやスマートフォンも、日本の技術者が世に送り出した高精細の薄型液晶パネルなくしてはこの世に生まれなかったはずである。

これまで日本の技術者が頑張った事例として、ＶＴＲやＣＤプレイヤー、ビデオカメラ、事務機器など、１９７０年代から90年代に世界中の人々のライフスタイルを変え、世界中の人々の暮らしを豊かにしてきた多くの製品を挙げることができる。また日本の生産技術や製造技術、品質管理が、アジアの産業高度化と経済成長に多大な貢献をしてきたことも事実である。日本企業は、技術イノベーションや製品イノベーションを自らの手で生み出すことで、世界の人々の生活水準向上に貢献してゆこうと考えていたと言っても過言ではない。

●知的財産立国が機能しない

しかしながらこの常識が90年代の後半から、特にデジタル化、すなわちソフトウェアリッチ型になったエレクトロニクス製品やネットワーク型産業で通用しなくなっていた。これまでのイノベーション論やものづくり論では説明できず、そしてこれまでの知的財産管理や品質管理の考え方でも説明できない事実が、次々に起きていたのである。

最先端の技術や匠の技、あるいは誰も真似のできない加工技術に挑戦していれば日本企業は勝てる、常に生産技術や製造技術を進化させ続ければ勝てるなどという考え方はまだまだ根強い。これは企業人だけでなく、多くの経済学者や経営学者も同様だ。

われわれは技術イノベーションによって新たな製品を次々に世に問い、グローバル市場に巨大な需要を生み出せば（大量普及させれば）日本企業の国際競争力は強まると素朴に信じてきた。あるいは、国際標準の規格づくりで主導権を握ればグローバル市場で日本企業が勝てる、という常識を暗黙の前提にして国際標準化を論じてきた。

さらに国は、重要特許をたくさん持つことが日本の競争力を強化するという考え方に立ち、2002年7月に「知的財産戦略大綱」をまとめ、2003年から知的財産立国への道を歩んだ。ここでは国の知的財産政策に使う予算の90％以上が、特許の数を増やすことに重点を置いて請求されており（毎年約7000億円から9000億円）、ごく最近までの知的財産白書も、その内容はいかにして多くの特許を効率的に出願登録するかの制度設計が中心となっていた。

ところが、この政策が施行される10年以上も前のエレクトロニクス産業でこれらの常識が通用しなくなっていたのである。（アメリカは1980年代の後半から、日本は1990年代の後半から）。

特許の出願登録情報を使ったイノベーション力の分析や産業競争力の分析が、少なくともエレクトロニクス産業ですでに無意味となっている。いま問題なのは、これが他の産業領域へ急速に拡大しているという事実だ。LED照明も決して例外ではなかった。

知的財産立国の政策にあるのは、自らの手で開発した技術とこれを支える特許制度への過信である。たとえば先に示した既存の研究分析が示すように、公開特許が技術伝播の主たるルートになっている。数多くの特許を出願したところで技術は瞬時に企業を超え、国境を越えてしまう。このことが日本のエレクトロニクス産業の市場撤退の繰り返しの原因である（そのメカニズムは第4章を参照）。

この経済環境は今後さらにＩｏＴやインダストリー４・０によって世界の隅々に広がるだろう。そうなる前に、われわれはエレクトロニクス産業の教訓から多くのことを学んで知的財産マネジメントを再構築しなければならない。

たしかに特許は開発された新技術や発明を保護するためにあるのであり、発明者には出願してから20年もの間独占使用の権利が与えられる。たとえば太陽電池やリチウムイオン電池、液晶関連の技術、さらにはＬＥＤ技術に代表されるように、日本企業は技術や製品イノベーションで世界のフロントランナーになった。これらの製品はいずれも基礎研究から商品化まで10年以上、場合によっては20年も必要とするのが普通であり、グローバル市場で大量普及する時期には大部分の基本特許で権利が失効するケースが多い。

失効しない技術領域が残っていたとしても、キャッチアップしてくる企業はクロスライセンスを武器に特許の効力を弱めようとしてくる。第4章や第6章で詳しく論じるように、もしクロスライセンスに持ち込まれたなら、たとえ圧倒的な特許の数を誇っても、その優位性はわずかなコスト削減効果に置き換わってしまう。

ここから言えることは日本企業が勝てなくなった根本原因は、知的財産のマネジメントにあったということだ。製造業のグローバライゼーションとビジネス・エコシステムの進展がもたらす競争ルールの変化を見誤ったことが、日本のエレクトロニクス産業の競争力を奪ったのである。にもかかわらず２０００年代以降でもなおキャッチアップ型だった１９８０年代の考え方を踏襲している。

ＤＶＤの研究開発や商品開発に携わった多くの技術者は、「ほぼすべての技術領域を特許で囲い込んで総力を挙げて開発したのに、出荷して5年も経たないうちに市場撤退した理由が今でもわからない」と溜息をもらす。最近では、「技術力を高め、多くの特許を持ってもなぜ勝てないのか」という悲痛な叫びが研究開発の現場から聞こえる。

にもかかわらず、国家プロジェクトでは、雇用や経済成長につなぐメカニズムを一切語ることなく、研究開発の予算獲得を競う。20年後に商品化するテーマであっても多くの特許を出願したことが大きな成果として報告されており、20年後にその特許が権利を失うことに気をとめない。ＤＶＤや液晶パネル／液晶テレビで日本が経験した貴重な教訓がほとんど活かされていない。ＤＶＤでなぜ日本が勝てなかったかについては、特に知的財産の視点から第4章で解説する。

産業構造の転換がまだかすかな兆候に留まっているという意味で、自動車産業や素材産業では技術力と特許が競争力の源泉になるというこれまでの常識が、21世紀の現在でも通用している。しかしそれも時間の問題である。今後ＩｏＴやインダストリー4・0が作り出す競争ルールの変化によって、これまでの常識が通用しない経済環境が自動車産業にも素材産業にも拡大することを、われわれは冷静に受け止めなければならない。

日本企業が競争力を持つとされる電気自動車はもとより、自動車の自動走行の分野でも、そして日本の科学・技術イノベーションを象徴するiＰＳ細胞や再生医療、そしてその関連の医療装置の分野でも、今後間違いなく競争ルールが変わるだろう。エレクトロニクス産業の教訓から学ばなければ、巨額の研究開発投資が日本の雇用や経済成長に貢献せず、またしても壮大な無駄を生む可能性が大きい。

そうならないためにも、これらの製品で産業構造が転換するメカニズム、すなわち製造業でグローバライゼーションが進むメカニズムおよびビジネス・エコシステムの進展がもたらす競争ルールの変化を冷静に見定め、これまでと違った取り組みを考える必要がある。

以後、日本企業が何度も市場後退をくり返す姿を具体的な事例で分析し、その処方箋を第3章以降で考えたい。

◉かつて世界を主導したDVD、液晶パネルを筆頭に市場撤退が繰り返された

1993年頃から開発が始まったDVDは、日本のエレクトロニクス産業が総力を挙げて基本技術や製品開発に取り組み、市場開拓と国際標準化もすべて日本企業が主導した。必須特許の90%以上を日本企業が持ち、出荷が始まる1990年代後半にはグローバル市場で圧倒的な市場シェアを握った。日本の技術陣は、DVD分野で世界に自慢できる製品イノベーションを生み出していたのである。

しかしながら大量普及の段階でグローバル市場のビジネスリーダーとなったのは、日本企業でなく韓国企業や台湾・中国企業であった。日本企業がDVDプレイヤーで市場シェアを急落させる様子を図1・1に示す。DVDの基本技術と製品化技術だけでなく、必須特許の90%以上を持ち、国際標準化もリードしたはずの日本企業は、DVDプレイヤーはもとより記録型DVD装置でもDVDディス

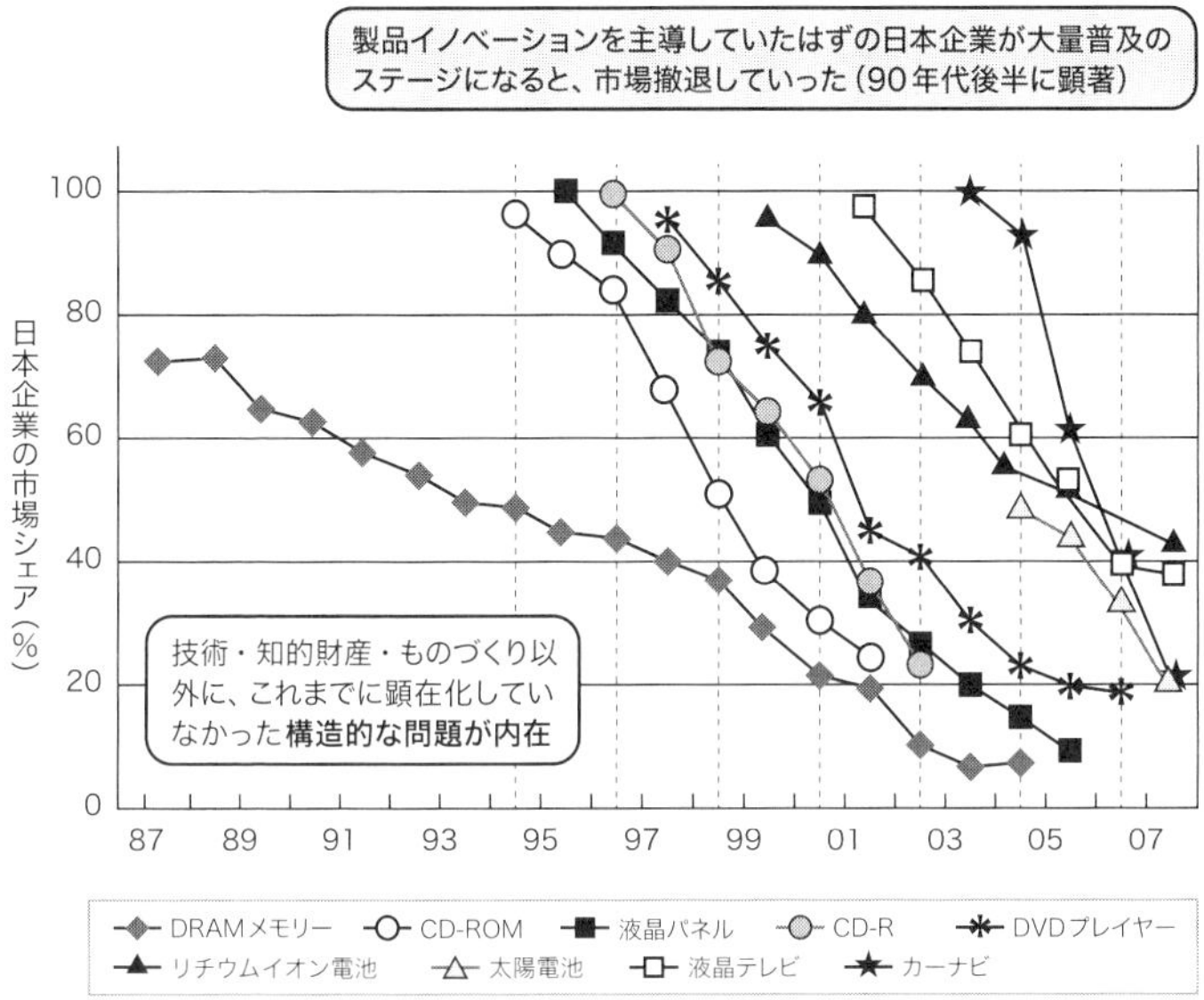

図1.1　各種エレクトロニクス製品に関する日本企業の市場シェア推移

出典：小川紘一（2009）「製品アーキテクチャのダイナミズムと日本型イノベーションシステム――プロダクト・イノベーションからビジネス・モデル・イノベーションへ」、赤門マネジメント・レビュー、第8巻第2号

クでも、普及の兆しが見えてから5年も経たないうちにグローバル市場から撤退への道を歩みはじめた。

特許の出願登録分析や技術のスピルオーバー分析から競争や雇用・成長を語る学問がまったく無意味になったことが、ここからも理解されるであろう。

日本企業は、液晶の技術でも圧倒的に多くの特許を持っている。たとえば2005年までにアメリカで登録された約2万5000件の88%が日本企業の特許だが、液晶パネルの市場が立ち上がるタイミングから日本企業の市場シェアが急落した。

その様子も図1・1に示されている。市場シェアを落とすカーブはDVDプレイヤーとまったく同じであった。わずか4年から5年という非常に短い期間に経営環境が一変してしまったのだ。たしかに生産技術・製造技術などの日本のものづくりの競争力は市場が立ち上がるまでなら多大な貢献をする。しかしながら大量普及の段階になるとこれが競争力に貢献しなくなっていた。背後でグローバル市場がビジネス・エコシステム型になり競争ルールが変化していたのだ。

液晶テレビも、日本企業が基幹技術と製品開発のほぼすべてを主導した代表的な製品イノベーションである。2000年代のはじめからまず国内市場で普及が始まった。液晶テレビもまた1990年代後半のCD-ROM装置やDVD装置と同じように、主戦場が日本以外の欧米市場（2004年以降）やアジア市場（2006年以降）へ移って、大量普及の軌道に乗るタイミングから日本企業がシェアを落とす。2006年には海外市場における日本企業のシェアが25%まで急落している（当時の日本市場を含めると世界市場の40%）。

わずか4年から5年でグローバル市場の産業構造が一変してしまったが、その2年後に到来するリーマンショックや超円高によって日本を代表する大手企業が巨額の損失を計上し、テレビ事業撤退の危機に瀕したのは周知のとおりである。

ここで再度指摘したいのは、図1・1に示す日本企業の市場撤退が、リーマンショックの前の、比較的円安だった時期に次々に起きていた事実である。

DVDなどの完成品の設計にソフトウェアが深く介在し、さらに内部構造までオープンな標準化にさらされてしまうと、基幹部品が大量に流通するようになり、関連する技術体系も瞬時に国境を越える。したがってグローバル市場がビジネス・エコシステム型に変わり、自らの手で技術を開発しない途上国のキャッチアップ型企業でも、流通する部品を調達して組み立てるだけで市場参入できる。

ここから市場が急拡大するので日本企業の市場シェアが相対的に下がるのは仕方のないことだが、その下がり方が尋常ではない。大量普及の軌道に乗ってわずか数年で、日本企業がまったく勝てなくなってしまったのである。製品設計やものづくりで技術者は大きな成果を上げたものの、事業で勝てなくなったのだ。

このような事例はCD‐ROM装置やCD‐R装置（記録できるCD）などの光ディスク産業で、すでに90年代の後半から起きていた。なぜCD‐ROMと液晶テレビが同じなのだろうか。あるいは90年代後半にCD‐ROMやDVDで何度も繰り返された市場撤退の教訓が、なぜ同じ企業の中の液晶テレビに活かされなかったのだろうか。

◉リチウムイオン電池も太陽電池も衰退パターンは同じ

製品イノベーションを次々に生み出し、そして巨大な需要を生み出したのは日本の技術者であり、彼らは間違いなく頑張った。しかしながら技術者がいくら頑張っても、技術が瞬時に国境を越えて競争ルールが変わるのであれば、変わる前のやり方ではグローバル市場で勝てない。

このような経営環境がまず1990年代の後半からCD‐ROMやDVDで顕在化したが、21世紀の現在では他の多くの産業領域にまで急拡大している。その代表的な事例が図1・1でも示した太陽電池であり、リチウムイオン電池であった。

リチウムイオン電池でも、正極・負極材料はもとより電解液から電池の応用技術にいたるあらゆる領域で、日本企業が世界の70%に近い特許を出願してきた。太陽電池の関連でも日本企業が世界の約60%以上をはるかに超える特許を出願してきたが、大量普及の段階になるとDVDや液晶パネル、液晶テレビとまったく同じカーブを描いて市場撤退への道を歩んだ。

われわれは、ここから教訓を学ばなければ、技術イノベーションも製品イノベーションも、そして成長戦略も語れないのだ。たとえば自動車産業は、円安になり、そのうえで税制などの制度設計を変えれば輸出競争力を回復できる。しかしエレクトロニクス産業は回復できない。

その違いを理解せずに研究開発や知的財産やものづくりだけを語るだけでは、過去15年間続いたエレクトロニクス産業の市場撤退を繰り返すだけだろう。そして今後も同じ敗戦への道を歩むだろう。

LED照明も燃料電池も決して例外ではない。

日本の機能材料はいまだに圧倒的な競争力を持つが、従来と同じ考えで5年後が安泰と言えるだろうか。大手化学メーカーの経営者は、このまま放置すれば5年後には液晶パネルと同じ運命が待っていることに気づいている。技術開発や工場のものづくりの視点ではなく、グローバル市場の事業戦略と競争政策の視点で対策を考えなければ、機能材料さえも製造業の敗戦に向かう可能性が非常に高い。

たしかに日本のエレクトロニクス産業は、景気の悪化と円高によって苦しくなったときから、DVDや液晶パネルのビジネスから撤退し、その技術と知的財産を新興国に売却した。これによって技術が国境を越え、また国境を越えた知的財産がクロスライセンスという武器となって日本企業の知的財産力が無力になっていった。

しかしながら、われわれがそれ以上にエレクトロニクス産業から学ぶべきもの、それは、100年に一度とも言うべき製造業の産業構造転換、すなわちグローバルなビジネス・エコシステムへの転換と、この転換がもたらす競争ルールの変化である。

競争ルールの変化を理解しなければ、リーマンショック前の円安時代でもグローバル市場で勝てなくなっていた事実を直視できない。表面上に現れたリーマンショックや円高だけのせいにして本質を理解しなければ、今後も市場撤退をくり返す。IoTやインダストリー4・0ではこの変化がロボット産業でも機械産業でも、医療産業でも、自動車産業でも、そして工場システムでも起きる。

製造業の産業構造転換は、まず初めに個々の製品それ自身の内部で起きる。したがって、グローバルなビジネス・エコシステム型の企業間分業が、同じ製品産業の中に現れる。これは、製品の生産が自社の中で完結することを暗黙の前提にした社内分業や企業内の国際分業とも本質的に異なる。

◉韓国・台湾・中国企業の躍進の理由は「ソフトウェアリッチ型製品の興隆」

日本のエレクトロニクス産業は、カラーテレビやＶＴＲの次を担うＤＶＤの開発に総力を挙げて取り組んだ。ＤＶＤは１９９０年代に日本が世界に誇る製品イノベーションであった。同じように液晶技術とその応用製品開発も、日本の産学官連携を象徴する技術イノベーションであり、製品イノベーションであった。しかしながら大量普及するタイミングで日本企業が凋落し、代わりにリーダーとなったのは韓国や台湾・中国の企業だった。

韓国企業による市場席巻のパターンをＶＴＲにさかのぼって見てみよう。ＶＴＲの中核技術であった時間軸の制御システムにマイクロプロセッサと組み込みソフトウェアが使われたのが１９８５年。ここから、たとえ加工精度の悪い部品を使っても、ソフトウェアを駆使した制御で修正できるようになった。

技術のすり合わせを必要としなくなり、流通する部品を寄木細工のように組み合わせることで、それなりの画質のＶＴＲを量産できるようになったのである。韓国企業は、これを機に１９８０年代の後半から欧米のＶＴＲ市場へ大規模に参入していく。韓国企業はＶＴＲの成功体験をそのままＣＤ-ＲＯＭ装置、ＤＶＤ、液晶テレビなどで繰り返し、大成功を収めたのだ。

製品設計に組み込みソフトウェアが介在するようになると技術モジュールの単純組み合わせ（寄木細工）で

製品を量産できるようになり（小川紘一『国際標準化と事業戦略』の第1章第5節）、技術モジュールが国境を越えて流通する。このタイミングから、それぞれの国の企業が得意領域を持ち寄る比較優位の国際分業が同じ製品システムの内部で生まれ、たとえ技術蓄積のないキャッチアップ型企業でも、基幹部品を調達して市場参入できるようになった。

これが製造業のグローバライゼーションを象徴する出来事であり、ビジネス・エコシステム型の産業構造への変化である。これをCD‐ROMや液晶テレビでもう少し詳しく説明したい。

◉CD‐ROMの技術構造の変化と競争ルールの変化

CD‐ROMは、音楽用のCDプレイヤー技術をコンピュータ市場向けに応用したものであり、1986年に東芝やソニーからアメリカのミニコンピュータ市場市場へ出荷された。その後1990年の初期にパソコン市場でも使われ、巨大な市場を形成する。この製品では、技術開発のみならず国際標準化と市場開拓に、オランダのフィリップスとともに、ソニーや日立、東芝などの日本企業が多大な貢献をしてきた。

CD‐ROM装置が開発された1980年代の中期は、まだアナログ技術が全盛の時代であった。アナログ技術時代のCD‐ROM組み立て工程では、各組み立て工程が微調整と検査との組み合わせによって構成されていた。これらの微調整に必要な治工具や検査装置の開発、およびこれを使いこなすノウハウは、設計部門と生産技術部門とのすり合わせ協業によって開発されてきた。またそれぞれの組み立てを担う人々も、長期にわたる勘と経験に支えられた職人でもあった。

したがって、たとえ基幹部品を調達できたとしても、技術蓄積がなく人材に乏しいキャッチアップ型の新興国企業が市場参入するのは困難であった。技術の全体系を内部に持ち、設計と生産技術のすり合わせ協業があって初めて低コストで高い品質の製品を量産することができたのである。

この時代には、すべての技術を内部に持つフルセット統合型の日本企業だけが、グローバル市場で圧倒的な競争優位を持った。アナログ技術の時代のエレクトロニクス産業は、たしかに技術と知的財産でまさっていれば勝てたのだ。そして、工場のものづくりで頑張れば、その成果を企業収益に直結させることができた。

しかしながらCD-ROM装置の設計にソフトウェアが介在すると製品設計も組立も一変する。マイコンと組み込みソフトウェアによってすべての調整が人の手を介さずに自動的に行われるようになり、設計・組立・生産技術・検査部門などがすり合わせによって作り出すノウハウが不要になったからである。

このタイミングでCD-ROM装置の基幹部品が大量に流通し、韓国や台湾、香港、シンガポールの企業が大挙して市場参入する。マイクロプロセッサ付きのICチップ（当時はシステムLSIがなかった）と他の基幹部品を購入すれば、誰でも簡単にCD-ROM装置を組み立てられる工程になったからである。ごく最近まで畑仕事をしていた人が最先端の製品を組み立てることができるようになった、と言い換えてもよい。

ここから産業構造が国際的なビジネス・エコシステム型の分業型に転換して競争ルールが変わり、

フルセット垂直統合型の日本企業が市場撤退へ追い込まれる。図1・1のCD‐ROM装置で日本企業が瞬く間に市場シェアを失った背景に、アナログ型（ハードウェアリッチ）からデジタル型（ソフトウェアリッチ型）への転換があったのだ。このとき同時に圧倒的な特許の数と技術力を誇ったオランダのフィリップスもIBMなどのアメリカ企業も、日本企業と同じように市場撤退への道を歩んだ。

技術、知的財産、ものづくりなどでまさっていたはずが、ソフトウェアリッチ型になったとたん途上国の企業に勝てなくなる。これはなぜなのか。これらについてはトータルなビジネスコストという視点から第4章で詳しく説明するが、一言で言うならば世界的な大企業であるフィリップスの中央研究所や日本企業の中央研究所が長年の研究投資によって最先端の技術を開発しても、そのノウハウは組み込みソフトウェアのモジュールとなって一瞬に流通・伝播してしまうということだ。

オープン&クローズの知財マネジメントを持たない企業は、ノウハウが集中カプセル化された技術モジュール（ここではICチップ）の技術伝播を事業戦略としてコントロールできない。特許の数を競う知的財産マネジメントは技術の伝播を加速するだけであり、技術開発の成果が収益に貢献するのはごく初期の段階だけとなる。したがってグローバル市場へ大量普及するステージになると、競争力が急速に弱まるのだ。

製品がソフトウェアリッチ型になると技術体系が伝播しやすくなる。グローバル市場のパートナーに公開して普及させる領域（オープン）と徹底して守るコア領域（クローズ）を最初から決めておかなければならない。コア領域と公開領域との相互依存性を事前に強めておけば大量普及と高収益を同時に手に入れることができる。

技術伝播を事業戦略としてコントロールするオープン&クローズの知的財産マネジメントが、製品開発と同等以上に重要となったのである。第3章で紹介するように、欧米企業は技術伝播をコントロールする知的財産マネジメントを1990年代に完成させていた。同じ時期の日本企業にはこのような知的財産マネジメント思想がなかった。そして現在でも非常に少ないと言える。

◉テレビの技術構造の変化と競争ルールの変化

かつてのアナログ型、たとえばハードウェアリッチ型の製品を代表するブラウン管テレビの場合、日本企業が競う色合いや画質の良さが大きなセールスポイントになっていた。電子の動きを制御するアナログ型のコントロール機能(ITC:Integrated Tube Control)がブラウン管の特性と一体化されており、匠の技のプロたちがその製品のブランドを支える独特の色合いと画質を生み出していたのである。

したがってブラウン管を内製し、その特性に合わせたITCの調整ノウハウを開発し、芸術家とも言えるような画質のプロを自社内に育成できる企業と、そうした画質のプロやテレビ設計者を初期の段階から協業させ、そのノウハウを量産ラインの検査調整工程に反映できるフルセット統合型の日本メーカーだけが、テレビ市場の主導権を取ることができた。

この時代の韓国や中国のテレビメーカーは、ブラウン管もITCも、また製造ラインで画質を調整するノウハウも持っていなかった。これらを一体化して画質が調整されたブラウン管モジュールを日本企業から調達して組み立てていたに過ぎない。技術が一体化されたモジュールではなく一つひとつの部品を別々に調達して組み立てると、画像を映し出すことすら困難だったからである。

この時代の画質調整はまさに匠の技で実現できたもので、企業の内部の大事なノウハウであり、決して流出することはなかった。したがって韓国企業も台湾企業も、日本のテレビメーカーを追い越すことができなかった。日本の統合型ものづくりが、グローバル市場の競争力に直結していたのである。

だが、デジタル型の液晶テレビになるとこれが一変する。液晶テレビは、主に電源システム、液晶パネル、パネルドライバーおよび画像エンジンで構成される。ブラウン管に相当するものが液晶パネルであり、パネルに画像を表示する機能が液晶パネルドライバーのＬＳＩチップである。また画質や色合いは画像エンジンのＬＳＩチップが担う。

ＬＳＩチップ中の組み込みソフトに蓄積された画質ノウハウも、ソフトウェアであればいかようにでも進化させることができる。匠の技をソフトウェアで表現するＬＳＩチップを調達できれば、たとえ画質ノウハウのない新興国の企業であっても、普通の人なら満足できる画質のテレビを量産できる。こうして匠の職人技がＬＳＩチップに刷り込まれ、大量に流通するようになった。

液晶が画像や文字の表示装置として最初に大規模に使われたのは、オープンな分業を当たり前とするパソコン産業であった。ここでは液晶パネルもドライバーも、そして画像エンジンも他のパソコン部品と同じように業界標準となって、公開されたデジタルインタフェースで結合できた。この意味で、液晶テレビが最初からオープンな国際分業型のビジネス・エコシステム形成に向かったのは自然の成り行きであった。

テレビに液晶パネルが使われた初期の段階（２０００年代初期）には、流通する画像エンジンのソフトウェアが未熟であり、液晶パネルとドライバーや画像エンジンとのすり合わせが必要だった。この意味で２０００年代の初期までであれば、ブラウン管テレビと同じように画質・色合いを競う日本企業の垂直統合型ビジネスモデルはたしかに機能していたのである。

しかし巨大市場へ発展する段階になると、パソコン用のドライバーや画像エンジンを作っていたベンチャー企業群が大挙して液晶テレビ市場へ参入し、ビジネス・エコシステム型の巨大な国際分業へと発展する。液晶テレビの部品産業に参入した企業たちは、パソコン産業で体験した行動をそのまま選んだのだ。

液晶ドライバーや画像エンジンのＬＳＩチップセットも、アメリカや台湾のベンチャー企業が世界中へ大量に流通させたことにより、液晶テレビ産業の競争ルールがさらに大きく変わっていく。たとえば液晶テレビ市場が年間５０００万台の場合、テレビメーカー1社の出荷はせいぜい１０００万台である。したがって企業が内製する部品は、５０００万台の市場を狙って作る部品専業メーカーにコストで絶対に勝てない。

ここからフルセット自前主義のコスト競争力が崩壊するのだが、日本の液晶テレビ産業と日本のチップセットメーカーが共倒れになって市場撤退する姿は、ＣＤ‐ＲＯＭでもＤＶＤでもまったく同じであった。

残念ながら日本のものづくり思想には、組み込みソフトウェアが技術構造（製品アーキテクチャ）を一変させ、グローバル市場の競争ルールを変えてしまうという事実を、経営の問題として捉える視点が弱い。大部分の人がハードウェアリッチなブラウン管時代のものづくりで液晶テレビを捉える。この状況は現在でも変わっていない。

2000年代の日本のテレビメーカーは、液晶パネルが品不足だったこともあり、そしてブラウン管テレビで成功体験をしてきたので、ハードウェアデバイスとしての液晶パネルにコスト競争力や画質ノウハウが宿ると信じて巨額の投資をした。

一方、韓国や台湾企業は、巨額の投資を必要とする液晶パネルでも、同じハードウェアデバイスの半導体メモリーで成功した体験をそのまま踏襲して競争ルールを一変させた。シャープやパナソニックが国内に巨大なパネル工場を作ったとき、「これで日本に勝てる」とほくそ笑んだのがサムスンであったという。技術ではなく税制を含む国のビジネス制度設計が、コストに大きな影響を与えるからだ。その詳細は第4章に譲る。

いずれにせよ日本のエレクトロニクス産業は、液晶テレビとその関連産業で20兆円もの市場を生み出した（2004年）。DVDとその関連産業も7兆円の市場を生み出した（2013年）。たしかに技術者も経営者も懸命に努力したが、技術も知的財産も、そして人やものづくりさえも瞬時に国境を越えて日本企業が競争優位を失い、雇用に結びつけることができなかった。このままIoTやインダストリー4・0の経済環境に取り込まれたなら、日本の製造業はどんなことになるだろうか。

少なからぬ経済学者が、研究開発投資の成果として技術のスピルオーバー（伝播）と特許の数を挙げる。もしこれが成果なら、日本のエレクトロニクス産業は、グローバル経済に多大な貢献をしたことになる。

われわれは新古典派経済学が語る知的財産論から脱皮し、1990年代からグローバル市場に広がる第三次経済革命や、これが生み出すIoTやインダストリー4・0の経済環境を想定しながら、知的財産マネジメントと国の雇用や経済成長との関係を再構築しなければならない。

◉80年代の視点からアップルを捉えてはならない

ソニーが窮地に追い込まれたのは、1990年代のソニーの経営者が技術と技術者を大事にせずiPhoneのような製品イノベーションがなかったからだ、という意見が目につく。しかしながらソニーこそ、技術イノベーションや製品イノベーションを重視し続けてカムコーダーやMD、DVD、ブルーレイはもとより、リチウムイオン電池、デジタル携帯電話などを次々に世に問うてきたはずである。パナソニックやシャープも同様だ。技術者たちは非常に頑張ったのである。

むしろ基本技術の自前開発を軽視したのはサムスンだった。少なくとも1980年代後半から20年もの間、「技術は調達するものであって自ら開発するものでない」と公言したのはサムスングループのトップだったのであり、自らの手で製品イノベーションを生み出したのではなかった。

にもかかわらず、自前による技術開発を軽視したと思われるサムスンのほうが、グローバル市場で圧倒的な競争力を持つに至った。むしろ「技術や知的財産でまさったはずの日本企業がなぜ勝てなかったのか」、「基幹技術を自前で開発せずに調達するサムスンがなぜ勝てるのか」という問いかけのほうが本質なのであり、こうした視点でアップルを語らなければ日本企業が抱える基本問題に近づくことができない。日本企業に技術イノベーションや製品イノベーションが不足していたわけでは決してない。

オープン&クローズの戦略思想を持てば日本の技術力が日本企業の収益を高める。技術が伝播しなくなれば、サムスンの勝ちパターンが崩れる。

スティーブ・ジョブズの死後、ジョブズ氏の偉業を称えるメディア報道が多くなされた。その中で目についたのは「日本のエレクトロニクス産業が技術を大事にせず、アップルのような製品イノベーションを生み出せなかったので衰退した」というトーンの主張である（NHKスペシャル「メイド・イン・ジャパン　逆襲のシナリオ　第1回　岐路に立つ〝日の丸家電〟」２０１２年10月27日）。

このような主張は、デジタル型あるいはソフトウェアリッチ型へ製品が変わっていくことで生じる競争ルールの変化を理解せず、単に１９８０年代の古き良き時代の日本のものづくりへ戻れという主張に過ぎない。この主張の先に待つものづくり敗戦を繰り返す余裕は、もう日本に残っていない。

製品設計にソフトウェアが深く介在することによって製品のアーキテクチャが寄木細工型（モジュラー型）へ変わる。ここから製造業のグローバライゼーションが進み、産業構造がビジネス・エコシステム型へ転換して競争ルールも変わる。

ＩｏＴの経済環境では、特に組み込みシステムを内部に持つスマートな技術モジュールがつながるメカニズムを自らコントロールできるので、競争のルールがさらにダイナミックに変わる。

詳細はアップルの事例とともに第３章で紹介し、本書の補論でこれを論じるが、オープン&クローズ戦略を起点にした企業と市場の境界設計と、技術の伝播着床を事業戦略としてコントロールする知的財産マネジメントがなければ、たとえ日本でｉＰｏｄやｉＰｈｏｎｅ、ｉＰａｄのような革新的な製品が開発されたとしても、ＤＶＤや液晶テレビと同じ運命が待っているのだ。

●日本の製造業に見る研究開発の投資効率

これまで紹介したＣＤ－ＲＯＭやＤＶＤも、そして液晶パネルとテレビやリチウムイオン電池も、日本の技術者による長期の地道な努力が生み出す技術イノベーションだったのであり、製品イノベーションであった。しかしながらその技術情報が、瞬時に国境を越えて流通するようになったことで日本企業が勝てなくなったというのが、過去15年のエレクトロニクス産業の変化であった。

このとき日本企業が出願・登録した膨大な数の特許が、なぜ競争力に寄与しなかったのかは第４章でキャッチアップ型新興国の視点から説明するが、日本を代表するトップ60社の製造業を選んで研究開発投資と営業利益の関係を調べると、エレクトロニクス産業だけが、研究開発へ投資をすればするほど営業利益が少なくなっていることがわかった。

一方、製品設計でソフトウェアがそれほど使われていない産業では、製品アーキテクチャが大きく変わっていない。したがって産業構造も競争ルールもゆっくり変わるので技術伝播を事業戦略としてコントロールすることが可能であった。従来と同じ経営思想を追求していても、研究開発投資が営業利益にしっかりと結びついていた（小川紘一『国際標準化と事業戦略』の第１章を参照）。

たとえば農業機械、産業機械、建設機械、事務機械、部品産業、そして素材や化学、自動車などの産業では、研究開発投資に比例して営業利益が大きくなっており、極めて正常な関係にある。特に素材産業や部品産業は、長期にわたって８％から13％という非常に高い営業利益率を誇っていた。たとえ同じ電機産業であっても、電力システムや工場システム、ビル管理システム、ビルマルチエアコン、製造装置など、社会インフラ市場の事業領域でなら、いずれも研究開発投資が営業利益に直結していた。技術が国境を越えるグローバライゼーションが起こらず、競争ルールも変わっていなかったからである。

一方、デジタル家電や情報通信、コンピュータ、半導体デバイスや液晶関連の製品では、研究開発投資が多ければ多いほど営業利益が少ない事実が、１９９０年代の後半から顕在化していた。いずれも企業の組織能力が、瞬時に変わる産業構造と競争ルールの変化に適応できなかったのであり、研究開発をすればするほど投資を回収できない状況に陥っていた。この延長に現在の携帯電話とスマートフォン産業の窮状があり、液晶テレビ産業の窮状がある。

以上の事実から言えることは、研究開発が従来の考え方のままで企業利益に直結するか否かは、その製品の基本機能や基本性能がソフトウェアによって実現されるソフトウェアリッチ型になっているか否か、そしてここにオープン標準化が深く介在するか否かによって決まるということである。

ソフトウェアが深く介在する製品領域であれば、製品アーキテクチャが変わって技術が瞬時に国境を越え、ビジネス・エコシステム型の産業構造が出現して競争ルールが一変する。ＩｏＴやインダストリー４・０が生み出す経済環境では、これが大規模に進展する。したがってそれまでの組織能力では対応困難になるが、組織も人も急には変わらない。技術でまさり、特許の数と質でもまさり、そしてものづくりでまさっていながら市場撤退していく自社の姿を、ただ茫然と見ているだけの状況に置かれてしまうのである。

これまで多くの経営書が、技術による価値の形成や価値の獲得が経営の本質であると説いてきた。しかしながらエレクトロニクス産業で起きたのは、獲得したはずの価値が瞬時に消えてしまう現実であった。この事実が日本では1990年代の後半にかすかな兆候として捉えられていたに過ぎなかったが、その10年後にこの現象はさらに拡大し、日本のエレクトロニクス産業全体が窮地に追い込まれた。この延長で起きたことが、先に紹介した研究開発投資と営業利益との関係である。

ここで強調したいのは、競争ルールが変わって伝統的な大手企業がグローバル市場で勝てなくなるのは、日本企業だけでなく1980年代のアメリカでも同じだったということである。日本企業が図1・1で示したように市場シェアを失う姿は、80年代のIBMがパソコンビジネスで市場シェアを失う姿と同じであった。

80年代にパソコン産業でIBMを追い越したのはアメリカで雲霞のごとく輩出したキャッチアップ型のベンチャー企業群であった。日本企業をCD‐ROMやDVDで、そして液晶テレビで追い越したのもキャッチアップ型のアジア企業群であった。

欧州でも、携帯電話市場で伝統的な大企業のフィリップスやシーメンスが、当時はまだキャッチアップ型企業であったノキアに追い越された。これもまったく同じ原因だったのである。製品設計の深部にソフトウェアが介在し、製品アーキテクチャが変わって技術の伝播が加速すると伝統的な企業が市場シェアを失うのは、決して日本特有の問題ではなかった。

しかしながら２０００年代の実態を調査したところ、アメリカや欧州、日本以外のアジア諸国の企業では研究開発投資が営業利益に直結していた。２０００年代になってもエレクトロニクス産業が異常な状況に置かれているのは日本だけだったのである。

１９９０年代の後半から２０００年代初期にかけて、欧米の伝統的なエレクトロニクス企業は、新興国企業が参入する市場を捨てた。多数の技術体系で構成される大規模システムであって、総合力としての全体最適の組織能力や安全性・信頼性が競争力の原点になり、基幹部品が流通することのない産業システム、医療システム、社会インフラシステムなどの市場へ、事業基盤を一気にシフトさせていたのである。ここで携帯電話や液晶テレビから学んだ教訓を活かし、オープン＆クローズの知的財産マネジメントを徹底させていたのは言うまでもない。

さらに欧米企業は１９８０年代から１９９０年代の市場撤退の教訓から学び、オープン＆クローズの戦略思想を活用したエコシステム型の垂直統合モデルで新たな勝ちパターンを完成させていたのだ。エコシステム型の垂直統合モデルについては、アップルの事例を引用しながら第3章で紹介するが、ＩｏＴやインダストリー４・０が作り出す経済環境では、ビジネス・エコシステム型の垂直統合モデルへ転換させることなくして企業は存続し得ない。

一方、日本のエレクトロニクス産業は、１９９０年代の末から２０００年代の前半までデジタル型家電とその要素技術開発（特にハードウェアリッチなシステムＬＳＩ）に産学官が一体となって取り組んだこともあり、２０００年になっても三菱電機を除いてビジネス・ドメインを大きく変えることはなかった。先進国のエレクトロニクス産業で、日本企業だけが2000年代の現在でも異常な状況に置かれているのである。この延長でIoTやインダストリー4・0の経済環境に遭遇する。

今後の日本の製造業を先進国型製造業として語るとき、技術や知的財産と競争力との関係を語るとき、そしてものづくりの生産技術と競争力との関係を語るときに重要なことは、いずれの場合でも「ハードウェアリッチな機械的あるいはアナログ的な製品」と「ソフトウェアリッチな製品」とでは本質的に異なるという事実である。そして同時に、製造業の多くの領域がソフトウェアリッチ型へ急速に移行し、製造業のグローバライゼーションが加速している事実も冷静に受け入れなければならない。

この意味で、日本国内の雇用を増やし、経済を成長させるには、製造業のグローバライゼーションとビジネス・エコシステム型の産業構造を前提にしたイノベーションシステムの再構築が必要であり、知的財産マネジメントの再構築が必要となる。ものづくり思想も、工場の製造技術や生産技術中心から脱皮し、ビジネス・エコシステムを前提にした勝ちパターンを再構築しなければならない。このような問題意識を背景に、100年に一度の産業構造の変化と、それがもたらしたグローバル市場について次の第2章で紹介したい。

第2章

製造業のグローバライゼーションとビジネス・エコシステムの進展

◉瞬時に国境を越える技術、人、ものづくり

これまで語られてきたグローバライゼーションとは、投資マネーが瞬時に国境を越えて移動することであった。リーマンショック後の２０１０年にグローバル市場で取り引きされる金融デリバティブが５００兆米ドルとなり、全世界のＧＤＰの10倍を超えた。この一部が、一国の経済を一切考慮することなく、単に利潤を求めて浮遊する投機的な資本となって国境を越える。

アダム・スミスの時代から１９７０年頃まで、国の実体経済を支える主役はモノを生産する製造業であった。しかし21世紀は実体経済の10倍を超えるカネが世界中の人々の生活を翻弄する。先進国の多くがリーマンショックから教訓を学んで製造業を育成しはじめたのは、金融グローバリズムに翻弄されない堅牢な経済基盤を強化するためであった。

情報やカネは、１９７０年代以後のアメリカの金融政策やデジタルネットワークの進展によって瞬時に国境を越えて移動できるようになった。しかしながら、モノ（生産物）の移動スピードは非常に遅い。その遅かったはずの製造業でもグローバライゼーションが１９９０年代から大規模に始まった。日本の貿易収支で輸出の95％を支えるのが製造業だが（２０１３年３月、経済産業省の調査）、国富を支える産業基盤としての製造業が瞬時に国境を越える時代となったのである。

20世紀の中期までなら、大部分のモノはその国の中に閉じて生産され、分業も国内で完結することが暗黙の前提になっていた。１９８０年代頃から日本でも製造業の国際化が語られるようになった

が、その多くは自社工場の海外展開（企業内の国際分業）に焦点を当てたものであった。

本書が焦点を当てる製造業のグローバライゼーションでは、同じ製品産業の中で、技術も知的財産も人も、そしてものづくりさえも瞬時に国境を越え、産業構造がビジネス・エコシステム型になって企業間の国際分業が急速に進む。これがソフトウェアリッチ型へ転換する製品領域から始まり、IoT（Internet of Things）やインダストリー4・0では世界の隅々まで大規模に進展することは先に述べた。

ソフトウェアリッチ型の製品は、技術の伝播・着床スピードが極端に異なる2種類のアーキテクチャによって構成される。21世紀のグローバル市場を特徴づける同じ製品産業の中のビジネス・エコシステムは、技術モジュールの伝播・着床スピードの違いによってもたらされる。

製品アーキテクチャによって技術の伝播・着床スピードが異なることを具体的に取り上げた議論は少なく、技術の伝播速度という視点でビジネス・エコシステムが語られることもほとんどなかった。

たとえばDVDプレイヤーでは、半導体レーザーやプラスチックレンズなどの光学系、精密アクチュエータや精密モーター、記録材料およびその製造装置で、日本企業は90％以上の市場シェアを持っている（2008年時点）。これらの部品は、技術が伝播しにくいだけでなく、たとえ国境を越えて伝播しても他国企業はこれを低コストで量産できない。このことは、すり合わせ型と呼ばれる製品に多く見られる。

しかしながらDVDに使うシステムLSIでは、台湾企業が80％以上の市場シェアを持つ。また、最終製品としてのDVDプレイヤーを低コストで量産するのは、いずれも韓国企業や台湾・中国企業であった。特に中国企業は、DVDプレイヤーで世界の70%以上も市場シェアを持つ（2008年時点）。

日本以外のアジア企業はいずれもDVDの基本技術開発に参加せず、特許も非常に少ない。それでも上記のような状況が生まれる。これがソフトウェアリッチ型に転換した製品の特徴である。DVDの基幹部品はもとより完成品であっても、DVDが登場した1996年からいずれも日本企業だけがすべてを国内で製造していた。たとえ海外で生産しても自社の海外工場が生産の中心であった。しかしそのわずか4年から5年で、ビジネス・エコシステム型の企業間分業がグローバル市場に現れたのである。

●製品アーキテクチャと伝播スピード

まず製造業のグローバライゼーションの特徴を、技術の伝播スピードという視点からまとめておく。

①ソフトウェアが製品設計・システム設計に深く介在して製品アーキテクチャが技術モジュールの組み合わせ型（寄木細工型）になること。

②技術モジュール相互の結合インタフェースがオープン環境で標準化され、あるいは業界標準となり、技術の伝播スピードと他国へ着床するスピードが、それ以前の10倍以上に加速して瞬時

に国境を越えるようになること。

➡インタフェース情報が公開されれば、技術モジュールの単純結合によって誰でも製品を作れるようになる。

③内部構造がブラックボックス化された技術モジュールであれば伝播・着床スピードが極端に遅くなって国境を越えにくいので、日本企業が競争力を保つことができること。

➡その製品（あるいは技術モジュール）の内部アーキテクチャの違いが競争力に大きな影響を与える。

これまでモジュール化に言及した議論は数多くあったが、伝播・着床スピードが内部アーキテクチャの違いによって影響されることを取り上げる議論は少なかった。たとえば、完成品としてのDVDプレイヤーで日本企業が瞬時に市場シェアを失うのは、DVDを構成する技術モジュールの結合インタフェースに関する情報がオープンになり、国境を越えやすくなっていたからである。

一方、DVDが出荷された10年後であっても、精密モーターやデータを読み書きするレーザー光学系、記録材料などの技術モジュールで日本企業が圧倒的なシェアを持つのは、内部アーキテクチャがブラックボックス化されて技術が伝播しにくいだけでなく、たとえ伝播しても他国に着床しにくいからである。

すり合わせ型やモジュラー型という表現は、学問分野でなら理解しやすい。しかしながら実ビジネスの世界では、むしろ「技術の伝播スピードが遅いか速いか」あるいは「伝播する技術が着床しやすいか否か」に置き換えたほうが理解しやすいだろう。ブラウン管テレビの時代やアナログ型ＶＴＲの時代（１９７０年代から80年代）には、日本企業にその意思がなければ技術が国境を越えることはなかった。

筆者の調査によれば、内部アーキテクチャがオープン・モジュラー型になったＤＶＤプレイヤーでは、技術が国境を越えるスピード（伝播・着床スピード）がＶＴＲの10倍以上も速くなっていた。液晶テレビでもほぼ同じである。

このように製造業のグローバライゼーションとは、まず技術の伝播・着床スピードが極端に異なる２種類のアーキテクチャが同じ製品産業の中に現れることから始まり、その伝播・着床スピードの差がビジネス・エコシステム型の産業構造をグローバル市場に創り出すことであった。

伝播・着床のスピードは、グローバル市場の利用コストで決まる。本書が定義するビジネス・エコシステムが、ソフトウェアリッチ型製品の出現とオープン標準化の進展によって生まれた。ＩｏＴやインダストリー４・０の経済環境では、２種類のアーキテクチャがオープン＆クローズの戦略思想を駆使した国際標準化活動によって作り出されることも、容易に推定されるであろう。

◉コア領域とオープン領域の境界を事前設計せよ

伝播・着床スピードの極端に異なる技術モジュールがビジネス・エコシステム型の産業構造を作って共存する製品分野なら、伝播・着床しやすい技術モジュールを積極的に提供することによって技術蓄積の少ない新興国企業にビジネスチャンスを与え、新興国の経済成長を促進することができる。

一方、伝播・着床スピードが非常に遅く国境を越えにくい技術モジュールを、コア領域として先進国内に留めつつ、ビジネス・エコシステムの構造を事前設計できれば、先進国は新興国企業の成長を取り込むことができる。

伝播・着床スピードが異なる技術モジュールが強い相互依存性を持っていれば、新興国の企業は先進国のコア技術を使わないとビジネスチャンスをつかむことができない。この仕組みを実ビジネスの中で完成させたのが1990年代の欧米企業であり、一部の日本企業であった。その詳細については第3章と第5章で紹介する。

これらの企業はいずれも、製品を構成する基幹技術モジュールの中で自社/自国に残すコア領域（クローズ）と、オープン標準化によって意図的に伝播させる非コア領域（オープン）の境界を事前設計し（オープン&クローズ戦略）、互いの結合ルールも自社優位に事前設計し、企業間の国際分業としてのビジネス・エコシステムも自社優位に事前設計していたのである。

アダム・スミスは市場の規模が分業の構造を規定すると言い、多くの人がこれを公理と考えてきた。しかし、これまで述べたような21世紀のビジネス・エコシステム型国際分業では、第一に事前に設計された製品システムのアーキテクチャ構造（技術モジュールの伝播・着床スピードの違い）、第二にオープン標準化を駆使した自国（自社）とパートナーとの境界設計、第三にこれらを背後で支えるオープン&クローズの戦略思想と知的財産マネジメント、が市場の規模を規定する。

これを象徴する事例がインターネットであり、ドイツのインダストリー4・0であり、アメリカのインダストリアル・インターネット・コンソーシアムである。これらはいずれも、製造業のグローバライゼーションが進展して現れる象徴的な出来事である。

◉製造業のグローバライゼーションと日本企業

第1章で述べたように、日本の製造業で最も早くグローバライゼーションに直面したのがデジタル型、すなわちソフトウェアリッチ型へ転換したエレクトロニクス産業であった。これが顕在化した当時は競争ルールが瞬時に変わっても打つべき手がわからず、市場撤退を繰り返した。製品アーキテクチャのモジュール化やオープン標準化、および技術の伝播・着床スピードの違いを活用するオープン&クローズの仕掛けを、事業戦略として事前設計するなど思いもよらなかったからである。

予測できないほど速く競争ルールが変わるのが事前にわかっているのであれば、その製品でグローバライゼーションが起きるか否かを事前に予測し、新たな勝ちパターンを事前設計しなければならない。しかし事前設計できなかったのは、日本企業だけではない。1980年代のアメリカのIBMや1990年代の欧州のフィリップスでもシーメンスでも同じだった。

アメリカにおいて製造業のグローバライゼーションの影響を最も受けたのがコンピュータ産業である。コンピュータ産業の巨人IBMでさえ、90年代初めに企業崩壊の寸前まで追い詰められた。常識が通用しなくなったのはアメリカでも同じだったのである。90年代の後半から2000年代になるとデジタル化を象徴する携帯電話で、伝統的な欧州の大規模企業もまた新興の企業群によって苦境に立たされた。

技術の伝播がまだまだ遅かった80年代までに成功を経験した大企業ほど、グローバライゼーションの時代の競争ルールの変化に適応できなかった。それまでの常識が通用しなくなったと理解しても、大規模組織の意識を変えるには膨大なエネルギーと時間を必要とする。このことは、日本のエレクトロニクス産業が市場撤退を繰り返す原因であった。

たとえば、第1章の図１・１にある製品では、基礎技術、製品化技術、市場開拓などすべてにおいて日本がリードしていた。また特許の出願・登録数も日本企業が世界の70％以上も保有していた。もしこれが80年代までであれば、ＶＴＲやブラウン管テレビなどで本書が定義するグローバライゼーションが生まれていなかったという意味で、日本企業は間違いなく圧倒的な国際競争力を持つはずだった。しかしながら90年代の後半から何度も市場撤退を繰り返したのである。

90年代の後半から日本に代わってビジネス・エコシステム型のグローバル市場でリーダーとなったのは、いずれも技術や特許で日本より劣勢だったキャッチアップ型の海外新興企業である。新興企業であれば、経営環境の変化に対応しやすいのは今も昔も変わらない。

圧倒的な技術力を持ち、多数の特許を持っていれば勝てるという常識が通用しない事実は、日本の大手電機メーカーの特許出願件数からも理解される。たとえば世界知的所有権機関（ＷＩＰＯ）によると、特許出願でパナソニックとシャープが、10年間も世界でトップテンの上位にランクされたという。

それにもかかわらず、日本のエレクトロニクス産業は市場撤退を繰り返した。特許取得が競争力に効いていなかったのである。イノベーション政策や知的財産政策はもとより、企業の事業戦略や知的財産マネジメントを再構築しなければ、技術イノベーションも製品イノベーションも、そしてものづくりさえも、グローバル市場の競争優位に結びつけることはできないのだ。

再構築するための方向性は第3章や第5章の事例で紹介し、第6章で体系化するが、その基本的な考え方がオープン&クローズの戦略である。自社と市場(パートナー)の境界を決め、国際分業としてのビジネス・エコシステムの構造も自社優位に事前設計することから始めなければならない。

◉製造業の第三の構造転換

現在、起きている製造業のグローバライゼーションは、第三の産業構造転換である。これについて述べる前に、第一と第二の構造転換について概括しておこう。

製造業の視点で見た最初の産業構造転換は、1760年代のイギリスで起きた。機織りが手作業から機械式になり、馬力や水力に頼った動力源が蒸気エンジンに置き換わり、製品イノベーションの成果を守る知的財産権などの所有権に関わる制度が確立して分業と専門化が進む。ここから多種多様な産業が興隆して資本主義が大規模に発展し、多くの株式会社を生み出したという意味で、経済史家と同じようにこれを第一次経済革命と呼びたい。

第二の産業構造転換は、1870年代以後のドイツやアメリカで次々に起きた巨大企業の登場である。これは、市場(特に価格)コントロールや経済合理性を追求することに伴う企業の巨大化であり、あるいは軍事技術の複合化に伴う企業の巨大化であった。企業の巨大化を背後で支えたのが、統合型企業内の技術イノベーション連鎖や製品イノベーション連鎖であり、これがもたらす工場機械化の発展および交通手段や情報通信手段の発展であった。この結果、製造コストと輸送・通信コストが劇的に下がって企業の巨大化を可能にした。

さらに、化学産業や電機産業など、科学的発見を起点に、それまで世に存在しなかった製品を大量生産する巨大企業が登場した。化学産業や電機産業が、人類がそれまで持ち得なかった製品コンセプトを、科学的な基礎研究の成果、すなわち自然法則を組み合わせることによって生み出したという意味でも、１８７０年代から始まる第二の産業構造転換は画期的であり、世界の経済システムを変えて世界の人々の生き方をも変えたという意味で第二次経済革命と呼びたい。

巨大企業が次々に登場することで、企業の所有者である株主資本家と専門経営者が分離していき、大規模な株式市場も生まれた。資本と経営の分離が進む１９２０年代から、事業部制に代表される企業統治の仕組みが次々に開発され、大規模化もさらに進んだ。欧米ではこれが１９７０年まで続いた（日本ではごく最近まで続くが、新興国では現在でも大規模化が急速に進んでいる。ただし、アジア諸国はビジネス・エコシステムを前提にした垂直結合モデルであり、フルセット自前主義ではない）。

１９７０年代の経営史家、アルフレッド・チャンドラーは、専門的経営者のマネジメント、すなわち「見える手（Visible Hand）」が経済活動の調整と資源の最適配分を担うと主張した。いわゆるアダム・スミスの「見えざる手（Invisible Hand）」という市場調整メカニズムに代わって「経営者の見える手」が主役になった、という主張である。

シュンペーターも大規模な単位（組織／企業）が市場を支配する事実を1930年代前後から認め、大規模組織がイノベーションを効果的に生み出すと主張した。1910年代の主張を大きく変えたのである。

◉コンピュータ産業から始まった第三の構造転換

第三の産業構造転換の兆候が最初に現れたのは1970年代、すなわち第二の転換から100年後のことであった。当時の製造業における代表的な事例としてミニコンピュータ産業を挙げることができる。

ミニコンピュータを世に送り出したのはDECのような当時のベンチャー企業群であった。小さなベンチャー企業はコンピュータを構成する技術体系の一部しか持っていない。したがって互いに技術を持ち寄るオープンな企業間分業によってコンピュータを作る以外に手がなかった。そのためには、コンピュータの製品アーキテクチャを寄木細工型とも言うべきモジュールの組み合わせ型へ転換させる必要があり、そのうえでさらに技術モジュールの結合インタフェースを、オープン環境で標準化しなければならなかった。

当時の富士通は、業界標準となって公開されるインタフェース情報を得るだけで、ミニコンピュータ用の大容量ハードディスクを開発することが可能となり、アメリカ市場で大きなビジネスチャンスをつかむことができた。遠く離れたアメリカのベンチャー企業と日本企業が互いに得意領域を持ち寄り、オープンなインタフェースを介して協業できるようになったのである。

このおかげで日本のハードディスク産業が１９８０年代から飛躍的な発展を遂げた。ソフトウェアリッチ型製品の登場とオープン標準化によって、ミニコンピュータの出現からわずか5年から6年で、ビジネス・エコシステム型の企業間分業がグローバル市場に現れた。この姿は１９９０年代後半の韓国や台湾のエレクトロニクス産業と同じである。

１９８１年にＩＢＭから発売されたパソコンは、技術モジュールの結合インタフェースが最初からＩＢＭの内部に閉じた企業内標準のものであった。しかしながらパソコンは、アメリカ政府が進めるオープン化政策に後押しされたこともあり、１９８０年代中期から製品内部のオープン標準化が急速に進んだ。そして技術モジュールが大量に市場に流通して互換機メーカーが雲霞のごとく現れ、ミニコンピュータのときよりはるかに巨大でオープンなビジネス・エコシステム型の企業間国際分業がグローバル市場へ広がった。

その直後に興隆したインターネット産業でも、大規模企業の独占を阻む技術者グループが、インタフェースや通信プロトコルのオープン標準化を徹底して追求した。その後、パソコンでもインターネットでも、世界中の企業が互いの得意領域を持ち寄ってつながり合うビジネス・エコシステム型の企業間分業が急速に進展する。ここから１００年ぶりに世界規模で創業者の時代を迎える。

以後、多くの産業領域でパソコンやインターネットの成功体験が踏襲されることになる。特に先進国のベンチャー企業群や新興国の企業で、これが顕著であった。こうした中にあっても伝統的な大企業は、窮地に追い込まれるまで動けなかった。

◉マイクロプロセッサによるソフトウェアリッチ型への転換

製品がソフトウェアリッチ型へ変わっていくには、もう一つの流れがあった。当初はアナログ技術で構成された家電製品の設計に、マイクロプロセッサとこれを動かす組み込みソフトウェアが使われるようになったことである（たとえば第2章参考文献の小川紘一（２００８）を参照）。

１９７１年に登場したマイクロプロセッサは、19世紀の蒸気エンジンと同じく、それ単体が汎用性を持った技術モジュールである。蒸気エンジンがモジュールとして汽車や船に組み込まれて蒸気機関車や蒸気船となったように、マイクロプロセッサが電話に組み込まれるとデジタル携帯電話やスマートフォンになり、テレビに組み込まれるとデジタル型の液晶テレビになる。

蒸気機関は機械システムを動かす動力源として使われた。一方、マイクロプロセッサは、ソフトウェアを介してミクロな電子回路を動かしながら、携帯電話やテレビの技術モジュールを結合させ、ネットワーク同士を結合させ、あるいは音声や映像のデータを処理して表示する。

蒸気エンジンはサイズが巨大なのでわかりやすい。マイクロプロセッサは、サイズが非常に小さく製品の内部に隠れているのでそのインパクトに気がつかない。たとえば、日本の家庭では１００個を超えるマイクロプロセッサが使われているが、われわれはその存在を意識することがない。

多くのベンチャー企業がパソコン産業やインターネット産業、デジタル家電産業へ参入するうえで、マイクロプロセッサが果たした役割は計り知れない。マイクロプロセッサがなければ製品アーキテクチャがオープンな寄木細工型（モジュラー型）へ転換せず、大規模企業が主役の産業構造がその後も続いていたと考えられるからである。

またマイクロプロセッサがなければ、液晶テレビやスマートフォンはもとより、ハイブリッド車や電気自動車さえこの世に出現しなかったはずである。

さらにマイクロプロセッサがなければ組み込みシステムが製品に内蔵されることがなく、１００年に一度とも言うべき産業構造転換もなかったと言える。そしてＩｏＴもインダストリー４・０も語られることがなかったはずである。

マイクロプロセッサが１９７１年に出現して２０年後の１９９０年代から、第三の構造転換がグローバル市場へ大規模の進展して世界の経済システムを変え、世界の人々の生き方をも変えた。この意味でこの構造転換を第三次経済革命と呼びたい。

そしてマイクロプロセッサの誕生には、嶋正利氏などの日本人技術者が重要な貢献をしたことも記憶に留める必要がある。

マイクロプロセッサの性能が飛躍的に向上したのが１９９０年代である。その性能は１９７０年代にせいぜい10倍しか進化しなかったが１９８０年代の10年でさらに30倍も向上する。しかしながら90年代には、マイクロプロセッサの性能がさらにその１００倍も向上した（１９７１年から3万倍）。マイクロプロセッサの性能を支える半導体デバイスの微細化技術が90年代から加速度的に進歩したからである。

この結果、エレクトロニクス産業のほぼ全域がソフトウェアリッチ型へ転換し、日本のエレクトロニクス産業を大規模な構造転換へさらすことになる。

◉組み込みソフトウェアの巨大化とプログラミング言語の進化

マイクロプロセッサの進化に伴い、これを動かす組み込みソフトウェアも膨大になる。プログラムの行数もマイクロプロセッサの性能に呼応して行数が急増するからである。1990年から2010年頃までの調査によれば、10年で10倍から30倍に急増していた。2005年の時点で言えば、デジタル家電の設計工数の60%が組み込みソフトウェアの開発に使われるまでになった。

当時最先端の携帯電話を開発するには、1000万行のソフトウェアが必要だったという。1000万行とは、200人の精鋭エンジニアが5年の歳月をかけて開発するソフトウェアである。こうした膨大な組み込みソフトウェアがなければ、DVDや携帯電話、液晶テレビはもとよりスマートフォンもこの世に生まれていない。

2010年に出荷されたマイクロプロセッサの数は150億個に及び、2015年にこれが250億個から300億個になると予想される。2020年までに1000億個をはるかに超えると予想する人もいる。しかも性能が10年で100倍も向上する。

したがって、組み込みソフトウェアがさらに巨大化するので、たとえば日本で生まれたRubyのようなプログラミング言語を普及させて、ソフトウェア開発の効率を10倍も100倍も向上させなければならない。

今のところ、組み込みソフトウェアの分野では、C言語やアセンブリ言語の使用が一般的だが、Rubyで開発してC言語に変換することも可能であり、またすでに組み込みRuby（m-Ruby）も開発されて急速に進化している。Ｒｕｂｙ言語なら高校生が数か月学ぶだけで自由自在に使えるようになるという。それ以上にＲｕｂｙならプログラミングの効率が10倍も向上するので製品の開発時間が大幅に短くなり、開発コストも大幅に下がる。したがって国外へアウトソーシングする必要もなくなり、日本の国内に新たな雇用が生まれる。

Ｒｕｂｙは使いやすく拡張性も高い。このような日本発のプログラミング言語の普及によって、国民総プログラマー時代の到来さえ期待できる。欧米では小学生にもプログラミング（彼らはコーディングと言う）を教えているという。日本でも読み・書き・そろばん（算数）以外にプログラミングを小学生に教えなければならない。そうしないと、ソフトウェアが価値形成を先導するＩｏＴやインダストリー４・０の市場で日本の存在感が失われる。

今後も組み込みソフトウェアが多種多様な製品で大量に使われ、寄木細工型への転換が急速に進む。誰もこの潮流を変えることができない。ＩｏＴやインダストリー４・０の経済環境になれば第三次経済革命がさらに大規模に進展し、マイクロプロセッサが世に出て50年から60年後には第四次経済革命とも言うべき姿へ進化・発展するであろう。これについては本書の補論で論じる。

◉経営者の「見える手」から「伸びゆく手」へ

日本で主要なデジタル型製品を生み出した企業は、いずれもフルセット自前主義の伝統的な大規模企業であった。したがって、産業構造がビジネス・エコシステムを介したグローバル分業型へ転換する時代になると、いずれも市場撤退への道を歩むことになる。先に見たように、これは2000年代の日本だけでなく、1980年代のアメリカでも1990年代の欧州でも同じだった。

たとえば専門的経営者が強力なマネジメントを行う企業、すなわち「見える手」が支配する企業であったIBMが、1990年頃に崩壊の寸前まで追い込まれた。19世紀末から続いて非常に安定していると信じられた産業構造が、ソフトウェアリッチな製品の登場やオープン標準化によって一瞬に崩壊したのである。

専門的経営者のマネジメント（見える手）が経済活動の調整と資源の最適配分を担うというチャンドラーの仮説が成り立たなくなったということである。リチャード・ラングロアは、専門的な経営者のマネジメントが機能しなくなったこのような現象を「消えゆく手」と言いはじめた。

しかしながら本書は、経営者のマネジメントによる見える手が決して消えたのではなく、さらに強化され、形を変えてグローバル市場に伸びていたと主張する。そして、これを「伸びゆく手」と定義する。この詳細は第3章で詳しく紹介することにして、これまで紹介してきたビジネス・エコシステムを、ここで再度整理してみたい。

◉ビジネス・エコシステムとグローバル分業

本書が定義するビジネス・エコシステムとは、「先進国や途上国を含む複数の企業が協調的に活動し、業界全体で収益構造を作り、発展させ、成長を維持する」という考え方である。産業構造がオープンな国際分業型になり、それぞれの国と企業が互いの得意分野を持ち寄って協業するグローバルな産業構造、と言い換えてもよい。

経済学で言われる比較優位の国際貿易とは、ブドウ酒と毛織物、あるいは自動車と農産物など、主に異なる製品／産業間の取引を意味していた。本書が焦点を当てるビジネス・エコシステムとは、主として同じ製品／同じ産業の中で生まれる国際分業を意味する。製品もその基幹部品も自国で完結せず、多くの国が得意領域を分担しながら協業して同じ製品産業を発展させる。本書ではこれを、「ビジネス・エコシステム型の比較優位の国際分業」と定義する。

これまでは、比較優位が歴史的経緯によってその国で自然発生的に生まれることを前提にして議論されることが多かった。またブドウ酒や毛織物のように、その製品が国の中に閉じて生産されることが暗黙の前提とされていた。自動車産業を議論する場合でも、同じ視点が暗黙の前提になっていた。

しかしながら、製品設計にソフトウェアが使われ、製品アーキテクチャが積木細工型になり、その結合インタフェースがオープン環境で標準化されると（業界標準もここに含まれる）、グローバルな産業システムが同じ製品産業の中でビジネス・エコシステム型の構造をとる。

ここで特に重要な点を再度くり返せば、伝播スピードが非常に速い技術モジュールと遅いモジュールが同じ産業の中で共存するビジネス・エコシステムとなっている事実である（小川紘一（2009）の第3章第2節および本書の補論を参照）。

このとき、新興国企業は、自国の比較優位を活かして伝播スピードの速い技術モジュールの一翼を担い、グローバル経済へ参加する。

初期の段階では、これがソフトウェアリッチへ転換する製品で大規模に発展した。その後、たとえば2000年代に興隆する太陽光発電やリチウムイオン電池さらにLED照明など、それ自身にソフトウェアが組み込まれていない製品でも、国際的なエコシステム型へ変わっていくようになった。なぜならば新興国の企業人がソフトウェアリッチ型で成功した体験をその他の製品市場でも同じように取り入れたからであり、またその技術を使う周辺の技術体系がソフトウェアリッチ型へ転換したからである。

新興国は、1980年代以前でも人為的に比較優位を自国内で作る政策を強力に推進した。しかしながら当時の政策で対象になったのが、主としてグローバライゼーションが起きにくい重化学工業だったこともあり、ビジネス・エコシステムへの転換は限定的であった。

製品を構成するのが機械的な技術体系であったり、たとえエレクトロニクス産業であってもアナログ的な技術体系が主役になっている分野であれば、製品の設計と製造の緊密なすり合わせ協業が必須となる。そうした分野ではオープンな企業間分業よりも統合型の企業が経済合理性を持つ。したがってビジネス・エコシステム型の産業構造がグローバル市場では生まれにくい。

これに対し、ソフトウェアリッチ型の技術体系であって、しかも技術モジュールをつなぐ結合インタフェースが公開されたり、パートナー企業相互で共有されるのであれば、すり合わせ協業は必ずしも必要とされない。

さらに、これまでのアナログ的ですり合わせ型と言われるプロセス型製品（たとえば液晶パネル）の製造装置であっても、その主要部分が組み込みソフトウェアで制御されるようになった。そして、高品質で歩留まり良く量産できるまでプロセス工場の技術者が心血を注いだ試行錯誤のすり合わせノウハウが、すべて組み込みソフトウェアに蓄積され、製造装置とともに流通する。技術のすり合わせノウハウを持たなくても、これを調達すれば量産できるようになるのである。こうした理由によりエコシステム型の国際的な比較優位の企業間分業が、同じ製品／システムの中で大規模に進展する。

２０１０年代になって出現したドイツ主導のインダストリー４・０では、オープンな比較優位の企業間国際分業を大規模に展開しようとしている。そしてまたドイツの大規模企業は、ビジネス・エコシステム型のビジネス・プラットフォーム（インダストリー４・０）を介して、新興国の比較優位とも言うべき低コスト・ビジネスインフラと巨大市場の双方を、自国（自社）へ取り込むメカニズムを持つことであろう。

もう一つの変化がある。それは規模の経済が企業の内部から調達市場へ瞬時に移ってしまうことである。たとえばテレビ市場が年間１億台のとき、自社のシェアが20％あるとして、２０００万個の部品を内製するよりも、１億台のテレビに使うことを前提にした部品を外部調達するコストのほうがはるかに安い。

つまり、部品を外部から調達しないとコスト競争に勝てなくなるのである。グローバルなビジネス・エコシステム型の分業構造が、同じ製品／産業の中で大規模に出現する理由はここにもあった。

さらにもう一つ別の変化として、品質に対する考え方が変わってしまったことを挙げなければならない。ソフトウェアが設計に深く介在して寄木細工型になった製品であれば、それぞれの部品の結合規約を守って組み立てるだけで品質が保てる。たとえハードウェア部品の精度にばらつきが大きくても、完成品側のソフトウェアが自動的に補正して品質を維持する。

まったく専門技能を持たない人でも、それなりの品質でＤＶＤも液晶テレビも、そしてスマートフォンをも組み立てることができるようになったのである。ここから、フルセット自前主義の統合型企業が品質で差別化できなくなり、何度も市場撤退を繰り返すことになる。

以上のような経緯を経て、特定の巨大企業ではなく、多種多様な小規模企業が協業し合いながら製品イノベーションや社会システムイノベーションを生み出すほうが、はるかに高度な経済合理性を持つようになっていく。したがって19世紀の後半から続く垂直統合型の企業制度が経済合理性を失い、競争政策でも事業戦略でも、そして知的財産政策や知的財産マネジメントでも、それまでの常識が通用しなくなるのである。

大規模企業は、わずか数年では、競争ルールが変わる市場へ適応できない。日本のエレクトロニクス産業の窮状は、技術力やものづくりが弱体化したからでは決してない。グローバル市場の競争ルールの変化に、企業組織が適応できなかったというのが本質的な理由だったのである。

製造業のグローバライゼーションによって競争力を失った先進国企業は、伝統的なフルセット垂直統合型から脱皮できなかった大規模企業であり、ビジネス・エコシステム型の比較優位の国際分業に参加できない企業群であった。一方、産業構造も競争ルールもゆっくりとしか変わらない産業領域であれば、伝統的な大規模企業であっても少なくともこれまでなら競争力を維持できた。

しかしながらこれも２０２０年代から通用しなくなるのではないか。インダストリー４・０では、ドイツの自動車メーカー４社が共同で主要部品の標準化を進めており、標準化してもコモディティー化する部品の組み合わせでそれぞれのブランドの自動車を設計しようとしている。ここではソフトウェアがブランドにふさわしい自動車の価値を決める仕組みになっているなど、エレクトロニクス産業のビジネスモデルが大規模に取り込まれようとしている。

◉グローバライゼーション時代の競争優位戦略

ビジネスモデルは特定の企業の収益構造を意味する表現であり、エコシステムとは多様な生物が共棲する生態系を意味する表現であった。この2つを合成したビジネス・エコシステムとは、自社と他社、あるいは自国と他国が、共に付加価値と国富を増やす産業モデルという意味である。

マイケル・ポーターが1985年に提案した競争戦略のモデルでは、他社の影響力を排除して自社の付加価値を増やすという経営思想が暗黙の前提とされている。当時のポーターが目にしていたのは、それぞれの国の企業が得意技を持ち寄って協業するビジネス・エコシステム型の国際分業ではなく、大規模化が進むフルセット垂直統合型の企業が主導する市場であった。そして技術が伝播・流出しにくい閉じた経営環境であった。

したがって、企業の収益構造に影響を与える要因として挙げたファイブフォースのモデルでは、オープンな分業構造や瞬時に技術伝播する産業構造の到来が考慮されていない。市場での優位なポジショニングがまずあり、ここでサプライヤーと買い手を競合とみなす関係であることが前提になってファイブフォースが定義されている。

一方、ビジネス・エコシステム型では、異なる国の異なる企業が互いに協業し合うグローバルな分業型構造と、これを支える国際的なオープン標準化の関与が前提になっている。しかも技術の伝播・着床スピードが非常に速い技術モジュールと、非常に遅い技術モジュールを共存させるオープン&クローズの戦略思想が前提になっている。この意味で1980年代のポーターが提案したファイブフォースとはまったく異なるモデルが必要となる。

◉新たな競争優位戦略としてのオープン&クローズ

21世紀の製造業に広がるグローバルなビジネス・エコシステム型の産業構造では、以下が競争優位戦略の基本思想となるのであり、市場が創出される初期の段階で事前設計されなければならない。

① 互いの協業によって付加価値を増やすためのビジネス・プラットフォームと協業のルールを事前設計する。

② 自社のコア領域を起点に、市場（オープン）と自社（クローズ）との境界を事前に決める。

③その手段としてオープンな国際標準化を先導し、国際ルールによってグローバル市場の産業構造を自社/自国優位に維持してゆく。

④ 技術がオープン市場へ伝播するスピードを事業戦略としてコントロールし、クローズのコア領域を守りながら、大量普及と高収益（特に価格維持）とを同時実現させる仕組みを構築する。

⑤ 自社のコア領域から市場に向かって強い影響力を持たせ、自社優位のビジネス・エコシステムを維持・強化する仕組みを構築する。

⑥ 同時にグローバル市場の技術イノベーション成果を、ビジネス・エコシステムを介して自社のコア領域へ直結させる仕組みを構築する。

⑦ これらをオープン環境で長期に維持・安定化させる知的財産マネジメントを、自らの手で創り出す。

たとえば、それが同じプラットフォーム上の市場であるなら、ポーターが挙げた新規参入や代替品／代替サービスは決して脅威ではなく、互いにビジネス・エコシステムを介して協業しながら付加価値を増やすための歓迎すべきものとして捉えることができる。このとき、サプライヤーの交渉力も買い手の交渉力も、オープン&クローズ戦略を起点にした事前の仕組み構築によって自動的に決まってしまう。先手を打って定着させたグローバルなビジネス・エコシステムの構造や競争ルールを、他社があとから変えるのは不可能に近い。

これが現実であることは、インテル、マイクロソフト、アドビ、アップル、グーグル、クアルコム、SAP、さらには携帯電話やスマートフォンの事例はもとより自動車産業のボッシュや航空機産業のボーイングに見られるビジネスモデルを見れば一目瞭然である。いずれも自社あるいは自陣営のコア領域からグローバル市場へ強い影響力を持たせる仕組みとしての、目に見えない強力な伸びゆく手を形成している。

たしかに同じ製品産業で生まれるグローバルなビジネス・エコシステムは、お互いの協業によって巨大市場を作り、交易し、それぞれの企業の富を増やす。同時に、技術イノベーションや製品イノベーションで先んじた企業は、それに見合うより多くの富を得るために、目に見えない強力な伸びゆく手をビジネスモデルや競争戦略として形成していた。

詳細については第3章で論じるが、経営者のマネジメントとしての見える手は決して消えたのではない。それどころか、さらに戦略性を持って強化され、ビジネス・エコシステムを介しながらはるかに広いグローバル市場に向かって伸びていたのである。

この兆候がインダストリー4・0（ドイツ）やインダストリアル・インターネット・コンソーシアム（アメリカ）が先導する巨大なビジネス・プラットフォームでも見え隠れしている。

産業構造も競争ルールも100年ぶりに変わったのであれば、変わっていなかった時代の理論を捨て、現実に起きている事実をベースにした新たな理論が必要となる。その一つがオープン&クローズ戦略であり、伸びゆく手の形成である。これらはいずれも、技術や人、ものづくりさえ瞬時に国境を越える製造業のグローバライゼーションの中で、先進国が製造業を維持強化し、その周辺に創出する付加価値の高いサービス産業を生み出すための経営ツールになっているのだ。

◉企業収益を支え、雇用と経済成長を支える伸びゆく手

堅牢な伸びゆく手を形成するには、いずれも自社あるいは自国の中に圧倒的な優位性のあるコア領域を持たなければならない。ここでいうコア領域とは、決して技術や製品などの単独で決まるものではなく、ものづくり単独で決まるものでもない。

技術力や製品力といったハードパワーだけではなく、知的財産マネジメントや契約マネジメントなどのソフトパワーにも支えられる。クローズにすべきコア領域とオープンにすべき非コア領域とを見定め、伸びゆく手を形成することである。これができない企業は、今後も市場撤退を繰り返すだろう。

２０００年代になると類似の産業構造が、ものづくりを象徴する金型産業や部品産業はもとより、機械産業、事務機械産業、航空機産業、自動車産業の領域でも現れるようになった。最近では、技術の伝播・着床スピードが非常に遅いはずの素材産業にも見え隠れする。

すでに述べたように、貿易収支で日本の輸出の95％を担うのが製造業である。サービス収支ではその５分の１に過ぎない。したがって少なくとも今後10年から15年は、雇用と成長の基盤を製造業に置かなければならない。

だが、製造業のグローバライゼーションが進み、産業構造も競争ルールも急速に変わろうとしている環境下で成長戦略を具体化するには、企業だけでなく国レベルでの施策も不可欠となる。以下に示す仕組みを事前設計して国内の雇用と経済成長を支える産業基盤を強化し、企業収益の源泉を維持強化しなければならない。

まず、圧倒的な競争優位を持つコア領域を、日本国内で生み出し続けなければならない。これがすべての出発点である。科学技術立国の基本思想もここにあったはずだが、問題なのは現在でも産業構造が変わる以前の政策が継続されていることである。

２０１４年６月に発表された成長戦略でも、また内閣府のイノベーション創出プログラム（ＳＩＰ）でも、ソフトウェアリッチへの転換や産業構造のビジネス・エコシステム型への転換が取り込まれていない。

これをグローバルなビジネス・エコシステム型の企業間分業を前提にしたオープンイノベーションへ変えなければならない。ただしこれまでのようなすべてをオープンにすれば優位性を保てるという楽観的なオープンイノベーションではなく、国内の雇用と成長の基盤を支えるクローズド領域を背後に持ったうえでのオープンイノベーションであるのは言うまでもない。

技術が伝播しにくい材料産業の領域ですら、オープンイノベーションではなく、オープン＆クローズのイノベーション思想を必要としている。

この基盤をまず国内に置きつつ、グローバライゼーションへ対応するための第二の施策で中心となるのは、次々に生み出されるコア領域のグローバル市場への伝播を、戦略的にコントロールする知的財産政策（国）や知的財産マネジメント（企業）の再構築である。特許の数を競うのではなく、前述（新たな競争優位戦略の基本思想）の①から⑥を支える⑦の知的財産マネジメントとこれを背後で支えるオープン＆クローズの契約マネジメントが必須となるだろう。

すなわち生産性が非常に高く、雇用と成長を支える製造基盤として国内に残すべきコア領域がまずあり、これを起点にした伸びゆく手の形成を担う競争優位戦略としての知的財産政策と知的財産マネジメントが技術開発や製品開発の時点で求められるのである。

多くの関係者によれば、第一期科学技術基本法には知的財産という言葉が出てこない。基本計画（1996年）でも、生み出された成果を知的財産でしっかり守り、産業競争力の強化や雇用と経済成長に寄与する、といった方向性が出ていなかったという。

これまで国家プロジェクトに関わる多くの人にこの視点が弱かったのであり、結果的に図1・1の事態に至る遠因となったのではないか。欧米の国家プロジェクトでは、雇用と経済成長が目的であることを、最初から明確に謳っている。日米構造協議で基礎研究への全面シフトを強制されたという背景はあったものの、後知恵ではあるがあまりにも無防備であった。

この反省を踏まえ、2003年から知的財産立国の政策が出願・保護・活用の三位一体政策としてスタートしたが、結果的に特許の数を効率的に増やす制度設計に終始し、企業もまた特許の出願登録数を競った。一部の経済学者が指摘するように、技術伝播の主たる経路が公開特許であることも事実である。その意味で、数を競う国の知的財産政策と企業の知的財産マネジメントは、結果的に技術伝播を加速させたことになる。これが日本企業の競争力にどのような影響を与えたかは第4章で新興国の視点から紹介する。

第3章で紹介するように、アップルの2000年代の特許登録数はせいぜい年間100件から300件であり、日本の大手エレクトロニクス関連企業の5分の1から10分の1に過ぎない。一方、キャッチアップ型の途上国企業は特許の数を競って競争優位を構築しようとする。フロントランナーとキャッチアップ型では、知的財産マネジメントを変えなければならない。この違いについては第3章と第4章で比較するが、まずこの事実を冷静に受け入れなければならない。

誰も製造業のグローバライゼーションを止めることはできない。したがって、自国が生み出す技術や製品というハードパワーのイノベーションの成果の中から、まずコア領域を選んで国内の産業基盤に位置づけ、これを起点にビジネスモデルや知的財産マネジメントを駆使した伸びゆく手を形成しなければならない。グローバルなビジネス・エコシステムを介した伸びゆく手の形成によって、巨大なグローバル市場を国内のコア領域に結びつける仕組みが生まれるからである。国内に残すコア領域を起点にした伸びゆく手なくして、グローバル経済の発展を国富や企業収益に結びつけることはできない。

製造業のグローバライゼーションが進む21世紀の競争優位戦略とは、他国の富を減らして自国を豊かにする1980年代のマイケル・ポーター的な戦略思想ではなく、協業によって生まれる巨大市場の果実を他の国々とともに分かち合うビジネス・エコシステムの中の競争優位の戦略に置き換わった。この仕組み構築を先進国側で支えるのが、オープン&クローズの思想戦略に基づくソフトパワーとしてのビジネスモデルと知的財産マネジメントである。

1980年代まで続く垂直統合型の産業構造では、伸びゆく手の形成が競争戦略の前面に出ることはなかった。伸びゆく手の形成が国富／企業収益の基盤形成で必須となったのは、製品設計やシステム設計にマイクロプロセッサと組み込みソフトウェアが広く使われるようになる1990年代以降であり、ビジネス・エコシステム型の巨大な産業構造がグローバル市場に現れてからである。

したがって、世界中のパートナー企業をあたかも自社の機能の一部のように位置づける仕組みが必要となった。経営者の手が企業内部からグローバル市場へ伸びる背景がここにあったのである。

伸びゆく手が最も尖鋭的に現れたのがエレクトロニクス産業であった。その代表的な事例がインテル、マイクロソフト、ノキアや現在のアップルであり、クアルコムであり、ＳＡＰやグーグルであったが、21世紀には自動車産業や航空機産業でもその背後で必ず強大な伸びゆく手が形成される。ドイツが先導するインダストリー４・０でも、またアメリカが先導するインダストリアル・インターネット・コンソーシアムでも決して例外ではない。

エレクトロニクス産業の事例については第３章で詳しく紹介するが、その前に、日本よりも欧米諸国が20年から30年も早く製造業のグローバライゼーションに直面し、その対応策を次々に繰り出していた事実について述べたい。

◉80年代のアメリカが強行した政策イノベーション

１９７０年代末から80年代のアメリカの大手企業は、現在の日本と同じようにキャッチアップ型企業の攻勢に苦しんだ。特にソフトウェアリッチ型になったエレクトロニクス産業では、日本企業だけでなく、アメリカの大企業も雲霞のごとく輩出するベンチャー企業群の攻勢によってニッチ市場へ追い込まれようとしていたからである。

キャッチアップ型だった当時のベンチャー企業がアメリカの伝統的な大規模企業を脅かす姿は、21

世紀の日本企業に迫る韓国や台湾・中国の企業の姿と同じである。歴史をさらにさかのぼれば、19世紀の後半にから20世紀の初頭にかけてドイツなど欧州大陸の企業群がイギリス企業を脅かす姿と重なる。

１９８０年代当時はキャッチアップ型の日本企業がフロントランナーのアメリカ企業を脅かすイメージがまだ強かったためか、日本企業が世界のコンピュータ産業やデジタルネットワーク産業を支配するという論調が１９８０年代の末からアメリカに広がりはじめた。１９８８年から93年頃までのＩＢＭが15万人以上のレイオフに追い込まれたからである。

しかしながらアメリカ政府は、それより前の１９７０年代末から80年代の中期にかけて、競争強化のための政策を次々に打ち出し、産業構造を大胆に変えはじめていたのである。

その代表的な事例が１９８０年のバイドール法である。バイドール法は、たとえ連邦政府の資金（税金）で研究開発された技術や発明であっても、その成果に対して大学や研究者が特許権を取得することを認めた。これがインセンティブとなって大学発ベンチャー企業が次々に生まれ、産学連携が急速に進むことになる。

１９８２年に施行されたＳＢＩＲ（Small Business Innovation Research program）は、当時の中小企業を資金面からサポートしてリスクを軽減させ、特に技術革新の担い手としてのベンチャー企業が市場で成功するうえで多大な貢献をした。１９８４年に施行された国家共同研究法も、アメリカ製造業の復権に多大な貢献をした。

１９８０年代初期までは、アメリカで独占禁止法が非常に厳しく運用されていたので、２社以上が協業する共同開発もその対象になり、自社の中に研究所を抱えて開発する以外に手がなかった。この意味で1970年代のアメリカでは大企業によるフルセット自前主義の追求がさらに進んでいた。

一方、独占禁止法がそれほど厳しくなかった日本では、1976年に、半導体産業を強化するための国家プロジェクト「超LSI研究組合」が多数の日本企業を結集して発足していた。1980年代初期になると、日本企業が半導体メモリー（DRAM）で世界市場の60%ものシェアを得てアメリカ企業を追い詰める事態が次々に明らかになった。

この事態に直面したアメリカも、独占禁止法を柔軟に運用する合理の原則によって、1984年に国家共同研究法を成立させた。同法の成立はアメリカの半導体産業を復活させ、結果的に日本企業がグローバル市場のシェアを急落させることになる。

1980年代に日本企業がアメリカを追い詰める姿は、1990年代の後半からDVDや液晶テレビでアジア企業が日本企業を追い詰める姿と同じである。DRAMはもともとアメリカ企業が基礎技術を開発し、製品を開発し、市場開拓に多大な努力を費やした産業であった。それにもかかわらずDRAMで市場撤退を繰り返す現実を見たアメリカの半導体産業が、独禁法の大幅緩和を求めてロビー活動を強力に進めた。国家共同研究法はこのような業界の強い危機感から生まれたと言ってよい。

この法律は、特定の企業や特定産業だけでなく、アメリカという国全体の雇用や成長に寄与するものであって、しかも途中経緯と成果を公開するという制限が付いていたものの、これによって初めて異なる企業同士を結集させるコンソーシアム型の共同研究が合法化された。例外なく違法とされた「当然違法の原則」から「合理の原則」への転換である。

これら一連の法律がその後のアメリカのイノベーションに多大な影響を与えた。複数の企業が結集して技術の方向性を決めるオープン標準化や、複数の企業の協業によるオープンイノベーションを加速させたからである。１９７０年代まで独禁法に阻まれて作れなかった共同研究コンソーシアムが、一連の法律が施行された2年後の１９８６年に18団体、１９８８年に30団体、そして１９９１年には60団体まで急増し、その後も増え続けた。

たとえばパソコン産業では、国家共同研究法が施行された時期に業界標準となったＩＳＡバス（Industry Standard Architecture）バスおよび１９８９年に業界標準となったＥＩＳＡ（Enhanced ISA）バスによって、オープンな企業間分業が加速し、パソコン産業の発展に多大な貢献をした。この延長でパソコン産業がビジネス・エコシステム型のグローバル分業を構築して、製造業のグローバライゼーションを先導することになる。

しかしながらその背後で、当時のベンチャー型企業が、ビジネス・エコシステムを介して形成される伸びゆく手のビジネスモデルと知的財産マネジメントを次々に生み出していたのである。決して牧歌的なオープンイノベーションではなかった（小川紘一『国際標準化と事業戦略』第5章を参照）。アメリカのＩＣＴ産業が、１９９０年代以降のグローバル市場を席巻する背景がここにあった。

業界全体が素朴なオープンイノベーションを追求した１９７０年代から１９８０年代のアメリカのミニコン産業は、１９９０年代に至る前に市場から消えた。一方、パソコン産業は、ミニコンから教訓を学んでオープン＆クローズの戦略思想を徹底させた人々だけが大量普及と高収益の同時実現に成功し、２０１０年代までグローバル経済に多大な貢献をした。

これら一連の動きの中で大躍進したのは、いずれもアメリカの伝統的な大規模企業ではなく、当時生まれたばかりのベンチャー企業を含む小規模企業であった。現在でも圧倒的な存在感を持つアメリカのＩＣＴ産業は、アメリカの政策イノベーションがなければ、もっと遅れてこの世に生まれたであろう。

もし、オープン&クローズの戦略思想がなかったなら、たとえパソコン産業であっても１９９０年代にアメリカ市場から消え、日本のＤＶＤや携帯電話、液晶テレビと同じように、グローバル市場のリーダーがアジアの新興国企業となっていたであろう。

日本も、日米構造協議を踏まえた後の１９９０年代中期に、アメリカから約15年遅れでイノベーション政策を大きく変えていく。その教科書になったのがヤングレポートであることはよく知られているが、実はこのヤングレポートがアメリカ議会で重視された形跡がない。これが議会に提出された１９８５年の12月までには、アメリカの産業競争力をインフラ側（制度設計側）から支える一連の法案がすでに成立し、政策側のイノベーションが実行に移行していたからである。

日米構造協議で日本が基礎研究重視を迫られ、競争政策もヤングレポートを主たる教科書にしたためか、日本ではインフラ側の構造をダイナミックに変える政策イノベーションが生まれなかった。たとえばアメリカから17年遅れで新事業創出促進法（１９９９年施行）に盛り込まれた日本版ＳＢＩＲ法を新規事業の創出という視点で見れば、その効果が極めて限定的だったと言わざるを得ない。同時に必要なインフラ側の構造改革が進まなかったためである。

◉80年代のアメリカに見る知的財産政策のイノベーション

産業競争力の衰えに危機感を持ったアメリカは、1980年代に知的財産政策も大胆に転換させた。1970年代までの独占禁止法の厳格な運用や特許権の制限を大きく転換させたのである。たとえば70年代までなら、知的財産に関する訴訟が起きると、特許所有者の70%が敗訴になったという。

しかしながら1982年に連邦巡回控訴裁判所（CAFC）、いわゆる知的財産高裁が誕生すると、これが一変して70%が勝訴になった。プロパテント政策の転換により、当時のキャッチアップ型企業であった多くの日本企業が、アメリカで提訴されて多額の賠償金を支払う場面が多くなった。

1980年代末のアメリカ政府は、WTOの場での多国間協議とスーパー301条（1989年に成立）による二国間協議によって知的財産のポリスファンクションを強化し、自国の技術イノベーションの成果を徹底して守ろうとした。これらの知的財産政策がアメリカから海外への止めどもない技術漏洩を阻止するうえで大きな貢献をした。

同時にアメリカ政府は、日本が圧倒的な技術優位を持つ分野に絞って日米共同の技術開発やシステム開発を提案・推進する。当時の多くの関係者へのインタビューによれば、ここに参加した日本側の技術者までアメリカ側が指名したメンバーであり、彼らによって、日本のコア技術が次々に国境を越えたという。その結果、その後のアメリカ企業の産業競争力は強力になり、一方、情報通信産業で日本企業は競争力を失ってしまった。

現在から当時のアメリカを見たとき、われわれが特に注目しなければならないのは、1980年にコンピュータのプログラム、すなわちソフトウェアに著作権が認められた事実である。これに続く1981年のディーア判決によって、ソフトウェアが特許権によっても保護されるようになった。

１９８０年代のアメリカがソフトウェアに知的財産権を与え、同時にオープン標準化を加速させる一連の競争政策によって、１００年に一度とも言うべき産業構造の転換が生まれた。この延長で製造業のグローバライゼーションが進み、新興国の製造業を躍進させることになる（たとえば第２章参考文献の小川紘一（２０１１）を参照）。

特に人工的な論理体系を活用するソフトウェアは、自然法則を活用するそれまでの製造業と明らかに異なる。製品設計に使われるソフトウェアが知的財産権で保護されると、自社のコア領域を起点にグローバル市場へ強い影響力を持たせる伸びゆく手の形成が容易になるからである。ビジネス・エコシステムを前提にして新興国の成長を取り込むビジネスモデルや知的財産マネジメントが、１９９０年代のアメリカ企業をグローバル市場で躍進させた。当然のことながら欧州でも同じことが起きていた。

たしかに１９８０年代は、ソフトウェアの知的財産権について解釈が揺れ、判例も揺れる時期であったが、ソフトウェアの知的財産権がマイクロソフトやアドビなどのソフトウェア産業をアメリカに興隆させ、同時にソフトウェアリッチ型の産業を次々に生み出した。１９９０年代以降のグローバル市場でアメリカのＩＣＴ産業が圧倒的な競争力を持つうえで多大な貢献をしたのである。

この延長でアメリカが先導するＩｏＴ、ＩｏＳ（Internet of Services）、ＩｏＰ（Internet of People）のコンセプトが生まれ、インダストリー（広い意味の製造業）とその周辺に新興国がキャッチアップできない新たな産業を作り出そうとしている。

ここで再びアメリカのソフトウェア産業に話を戻すと、2010年の時点で見たマイクロソフトの売上が625億ドル、営業利益39%、オラクルはそれぞれ96億ドル、34%、アドビが30億ドル、23%であり、グローバル市場で圧倒的な市場支配力を持つ。その延長に現在のグーグルが来る。しかしながら日本のICT産業を見ても、市場支配力を持つ企業はほとんど存在しない。たとえば企業向けのソフトウェア製品を持つオービックの売上は463億円であり、市場も日本国内に留まる。

以上が競争政策から見たアメリカの政策イノベーションであり、特に知的財産の政策に焦点を当てて紹介した。一方、その後の日本は、アメリカの知財政策、特にプロパテント政策を特許の数を増やす政策と誤解し、特許の出願・登録を自己目的とした政策を進めた。

たしかに当時の日本は多くの産業領域でまだまだキャッチアップ型だったこともあり、特許の数を増やしてクロスライセンスに持ち込む戦略が必要であった。しかしながら、フロントランナー側に押し出された2000年代になっても特許の数を競い続け、これが2010年代の現在も続いている。

たとえばアメリカから20年遅れの2003年に、日本再生の切り札として施行された知的財産立国の政策も、数多くの特許を出願・登録するという点では成功し、研究者人口の50%以上が特許出願するまでになった。アメリカの20%や欧州の10%に比べてダントツの成果と言える。

この意味で、日本の知的財産政策も特許出願・登録という意味ではたしかに成功した。しかしながら第1章で述べたように、圧倒的な特許の数と質を誇っていても、日本企業は何度も市場撤退を繰り返した。知的財産をグローバル市場の競争力に結びつけるオープン&クローズの仕組みが、知的財産政策にも知財マネジメントにも取り込まれてこなかったからである。この理由の一端は、日本にフルセット垂直統合型の企業が圧倒的に多かったため、ビジネス・エコシステムへの転換を冷静に受け入れられなかったためだと考えられる。

残念ながらわれわれは、1980年代の欧米諸国が強行した政策側のイノベーションを、産業競争力の視点から体系化してこなかった。また、この時期から同時に進展する製造業のソフトウェアリッチ型への転換にも、そしてこれがもたらす競争ルールの変化にも気がつかなかった。アメリカ市場で興隆するオープン化の潮流を表層で捉えていたに過ぎない。「オープン化しないから日本の競争力が弱体化した」という牧歌的な見解が、2010年代になってもまだ聞こえてくる。

2010年代になると、アメリカはもとよりドイツの企業ですら、ソフトウェアのレバレッジを効かせて製品システムの付加価値を創出する方向へ、大規模に移行しようとしている。ハードウェアを極力シンプルにしてコモディティ化し、これをアジアに任せ、ソフトウェアの力で付加価値を形成するのである。すでにドイツの自動車メーカーがこれに取り組みはじめた。オープンとクローズの戦略が実ビジネスで、しかも日本では思いもよらない自動車産業で大規模に始まっているのである。

次の第3章では、産業構造が変わり競争ルールが一変した製造業のグローバライゼーションの中で、特に欧米企業が生み出した新たな勝ちパターンと伸びゆく手の形成メカニズムについて、多くの事例を交えながら説明したい。

第3章

欧米企業が完成させた「伸びゆく手」のイノベーション

◉ソフトウェアリッチな製造業の興隆

グローバライゼーションが進む21世紀の先進国型製造業とは、技術イノベーションや製品イノベーションが生み出すコア領域を国内に残し、同時に非コア領域を担う新興国の活力を、ビジネス・エコシステムを介して自国に取り込むことであった。製造業がソフトウェアリッチ型へ転換する1990年代に欧米企業がこの仕組みを完成させた。

ドイツのインダストリー4・0でもアメリカのインダストリアル・インターネット・コンソーシアムでもこの仕掛けづくりが背後で行われているはずである。

従来型の「製造業」と本書で焦点を当てている「先進国型製造業」との違いを明確にするために、この章ではまず最初に、製造業がソフトウェアリッチ型へと転換することの意味を説明しておく。

われわれがこれまで追求してきたものづくりとは、物理法則や機械特性などの自然法則を活用したハードウェア中心の技術や製品の開発と製造であった。人間は自然法則を勝手に変えることができない。また、物理法則や機械特性を一つひとつ発見しながら進まなければならない。この意味で技術革新が遅く、しかも膨大な投資を必要とする。また技術の伝播スピードが遅いので、オープン化や技術情報を積極的に交流させる場が必要となる。

一方ソフトウェアは、自然法則ではなく人工的な論理体系のプログラム言語によって作られる。この意味で自由自在に設計ルールを変えることができる。そしてソフトウェアは、モノを動かしたりコントロールするといった人間にとって必要な機能だけでなく、個人のアイデア・創造性の世界を自由自在に表現することができる。

さらには、結合のルールさえ決めておけば技術が簡単に結合するので瞬時に伝播し、ルールを決めなければ伝播しない。この意味で、技術モジュールの組み合わせ結合を自由自在にコントロールすることができる。技術革新のスピードが非常に速いだけでなくコントロールしやすいのである。

ソフトウェアでは研究開発もプログラム言語やモデリング、シミュレーション、開発ツールなどが中心であり、巨額の設備投資は必要でない。21世紀の製造業では、製品イノベーションの主役が、これまでのハードウェア主導から技術革新が非常に速いソフトウェア側へ移ろうとしているのだ。

本書では、このような製品設計にソフトウェアが深く介在し、製品の価値がソフトウェアによって決まる製造業を、ソフトウェアリッチ型と定義してきた。ソフトウェアリッチ型の製造業では、従来のような工場起点のものづくりではなく、ソフトウェアを駆使して市場に強い影響力を持たせる仕組みづくりが重視される。こうした伸びゆく手の形成が、経営イノベーションとして極めて大きな役割を担うのである。

ソフトウェアリッチ型の製造業が最初に出現したのはコンピュータ産業からであった。半導体の技術革新によってマイクロプロセッサの性能が10年で30倍から100倍も向上する1990年代になると、それ以前なら自然法則だけを活用するハードウェアの技術体系だったはずの製品領域へも、組み込みシステム（マイクロプロセッサと組み込みソフトウェア）が活用されるようになった。同時に、多種多様な製品設計にCAD（Computer Aided Design）が使われるようになる。

組み込みソフトウェアやCADソフトウェアを動かすコンピュータ性能の飛躍的な発展によって、

テレビ、スマートフォン、情報通信ネットワークだけでなく、事務機械、産業機械や自動車、航空機など、現代の人間社会を支える大部分の製品がソフトウェアリッチな技術体系に変わってしまった。

またこれらの量産工場システム（スマート工場）も、スマートグリッドやスマートシティと呼ばれる電力の送配電システムや都市のインフラシステムも、膨大な組み込みソフトウェアによって実現されているのである。

ＩｏＴやインダストリー４・０が社会インフラとして定着する２０２０年代には、ソフトウェアが主役となる産業がグローバル市場で次々に生まれるであろう。

◉3つのソフトウェアリッチ

ソフトウェアリッチな産業を製品システム設計の視点で定義すれば、以下の3つに分類される。第一に製品設計で組み込みソフトウェアが使われることによって初めてこの世に出現した製品の産業。第二に製品そのものはすでに存在していてハードウェア技術の組み合わせで構成されていたが、その後、ハードウェア技術とこれを支える要素技術もすべてＣＡＤやコンピュータシミュレーションによって設計され、これらがソフトウェアを介してつながることによって常に全体最適化される製品産業。第三にソフトウェアだけで構成された新たな製品産業。

第一については、これまでパソコンやＤＶＤなどの事例で何度か説明したが、これ以外にもわれわれの身近に数多くの事例がある。たとえばボーズのヘッドフォンは、ソフトウェアによって新たな付加価値を生み出し、ヘッドフォンを高収益製品へ転換させた。アイロボット社の「ルンバ」のようなロボット掃除機も、掃除機の内部で動く組み込みソフトウェアが掃除機に新たな価値を与えて、高収益製品へ転換させた。

　トヨタのハイブリッド・エンジンシステムもデンソーのコモンレールも、ダントツのハードウェア技術と連動しながらソフトウェアが価値形成を先導している。製品の価値をソフトウェアが決めているのである。いずれも、ソフトウェアリッチが持つ基本的な力によって、高い製品価値が形成された代表的な例である。

　これは、サイバー空間（ソフトウェアが主役）と物理的なリアル空間（ハードウェアが主役）を連動・結合させて付加価値を生み出すＣＰＳ（Cyber Physical System）のイノベーション思想であり、詳細を本書の補論で説明した。

　ハードウェアの技術体系を得意としてきた日本企業は、トヨタやデンソーなどのように豊富なソフトウェア人材を持つ企業以外では、ソフトウェアによる付加価値創出で主導権を取ることができなかった。

　２０１０年代になって普及の兆候が見えてきたＩｏＴやドイツが先導するインダストリー４・０とアメリカが先導するインダストリアル・インターネット・コンソーシアムでは、ソフトウェアのレバレッジを効かせた付加価値創出のメカニズムが欧米企業によって次々に生み出されようとしている。いずれもソフトウェアがイノベーションを先導しているのである。

　第二の代表的な事例が、自動車、建設機械、鉄道、船舶、航空機などの大規模な機械システムである。これらはいずれも、ごく最近まで機械的な特性の組み合わせによって作られていたが、徐々にCADのソフトウェアやコンピュータシミュレーションのソフトウェアを駆使した設計となり、設計図面がソフトウェアで記述された技術モジュールとしてコンピュータに保存されるようになる。たとえ自動車や航空機の機械部品であっても、その形状はもとより機械的な剛性・強度もデジタル化された技術モジュールへ変換され、コンピュータに保存される。これも補論で紹介したCPSのイノベーション思想に連なる。

●デジタルな編集設計によるものづくり

CADによる製品設計とは、デジタル情報に置き換えられた機械部品や電子部品などの技術モジュールをソフトウェアによって最適に組み合わせながら製品とシステムを設計する一連のプロセスである。これは「編集設計」と呼ばれ、同じようにCPSのイノベーション思想に連なる。

これまで自然法則を駆使して設計されていたと無意識に思い込んでいたロボットも自動車も、建設機械も新幹線も、そして航空機も、さらには火力発電システムさえも、CADを駆使する編集設計によって作られるようになった。

フォルクスワーゲンのMQBや日産自動車のCMFなどに代表される設計思想がその代表的な事例である。ここから完成品メーカーと部品サプライヤーとの競争・協業関係が一変するだけでなく、自動車の付加価値も部品モジュールの付加価値も、徐々にソフトウェアによって決まるようになる。

自らの手でソフトウェアを開発できないサプライヤーは、先進国型の製造業としてビジネスの継続さえ困難になるのである。

編集設計は1970年代の研究者が取り組んだ重要テーマであったが、これが実用化されて製造業の現場に降りたのはコンピュータの性能が飛躍的に発展した1990年代のことであった。それ以降、製造業のソフトウェアリッチ型への移行が始まった。

先に紹介したように、ドイツが先導するインダストリー4・0では、自動車の主要部品を標準化してコモディティ化し、ソフトウェアの力で自動車の付加価値を創出しようとしているが、これを可能にしたのがCADによる編集設計の力であった。

3Dプリンタであっても、ハードウェアそのものよりも、むしろ3次元の物体をコンピュータ上で設計するCADソフトが本質である。たしかに3Dプリンタのハードウェアコストが下がって普及し、個人のアイデアで造形できるようになったことは重要である。

しかし個人のアイデアや匠の技がCADソフトへ自由自在に転写されなければ、3Dプリンタは機能しない。ものづくりのノウハウではなく、これをCADのソフトウェアとして表現するプログラミングのノウハウに付加価値が移行したと言える。

また3Dプリンタではプリンタというハードウェアではなく、CADのデータを具体的なモノの型に変えていくための造形制御ソフトウェアが、造形されるものの機能や品質に大きな影響を与える。3Dプリンタを制御する組み込みソフトウェアが付加価値の形成を先導するのである。

ソフトウェアなら、インターネットを介して世界中の人々が瞬時に共有することが可能になり、ソフトウェアが持つこの特性を活かした新しいビジネスが次々に生まれる。3Dプリンタをグローバルビジネスから見た本質はここにあるのであり、ハードウェアとしてのプリンタにあるのではない。

電子メール、自動翻訳や文書認識、人工知能、音声認識、自動翻訳、指紋認識、電子化ドキュメント、そしてクラウドやネットワークを介した大規模な検索システム、あるいはクラウドのサービスシステム、ネット配信システムなども同様である。これらはいずれもソフトウェアがなければこの世に存在しなかった。そもそもインターネットもクラウドも、ソフトウェアがあって初めてこの世に生まれた。ソフトウェアは、これまで人類が経験し得なかった新たな製品産業をこの世に出現させ、社会システムを一変させたのである。

人間は自然法則を変えることはできないが、人工的な論理体系を駆使したものなら自らの手によって自由自在に組み合わせ、編集設計することができる。したがってソフトウェアが使われている技術モジュール、あるいはソフトウェアによって作り出される技術モジュールであれば、これらをさまざまに組み合わせることによって、次々に新しい製品を生み出すことができる。

18世紀後半の第一次経済革命から20世紀までは、工場の機械で大量生産する製造業が主役の時代であった。21世紀のソフトウェアリッチな製造業では、世界中の個人の知恵と経験がインターネットによって瞬時にグローバル市場へ伝わり、全世界の人々に共有されるプラットフォームができ上がる。また、国際標準化によってビジネス・ルールが決められる。世界の隅々に広がる共通プラットフォームとビジネスルールの上で、人類社会が経験し得なかったサービス産業の大爆発が始まるであろう。

その兆候がすでにインターネットとつながるスマートフォンや、多機能なタブレット端末に現れ、IoTでこれが大規模に広がる。約5億5000年前から始まって多種多様な生命体を生み出したカンブリア紀の生命大爆発が、21世紀の製造業にも起きようとしている。

ソフトウェアリッチな産業領域の急拡大は、これまで述べたグローバル市場の競争ルールだけではなく、企業のあり方や関連する知の体系にも大きな影響を与えた。伝統的な大規模企業は存続の危機に直面し、既存の社会システムを前提に構築された経営理論や経済理論は、その適用範囲が限定的となった。

チャンドラー型の垂直結合モデルが経済合理性を失い、アップル、サムスン、ボーイングに代表されるビジネス・エコシステム型の垂直統合モデルが必要となった。またワルラス的な一般均衡ではなく、ビジネス・ルールの束としての人為的な均衡の上に、自由競争の場（オープン）と独占（クローズ）が共存する経済モデルとなった。ここで人為的な均衡とは、ビジネス・プラットフォームを指す。こうした事例は枚挙に暇がない。

複合的な技術体系で構成される製品にソフトウェアが介在すると、技術モジュールが互いに結合しやすくなる。ハードウェア技術がソフトウェアを介して自由自在に結合できるようになったのである。このとき、ビジネスの主導権を握るのがハードウェアと一体になったソフトウェアであるのは言うまでもない。ここで結合インタフェースがオープン環境で標準化されれば、さらに技術モジュールの大量流通が始まる。そうなると規模の経済が企業の内部からオープン市場へシフトする。

このような現象がエレクトロニクス産業から始まった事実を第1章で詳しく紹介したが、すべてを自前で開発するフルセット垂直統合型の企業制度が崩壊する要因がここにあったのだ。１００年以上も安定的に存在していた企業制度が経済合理性を失ったのである。決して、ラングロアの言う「市場の厚みを増し、その能力を高めたから」ではなかった。

したがって、ソフトウェアリッチ型に転換した製品領域では、これまでのフルセット自前主義から離れなければならない。工場を起点にしたものづくりからいったん離れなければならない。われわれはその教訓をエレクトロニクス産業から学んだ。

日本の製造業はハードウェアリッチな製品領域でなら、いまだに競争優位を持っていて欧米企業もアジア企業も寄せつけない。しかしながら製造業が急速にソフトウェアリッチ型へ移行しはじめた。放置すれば欧米型の完成品メーカーが事前設計したビジネス・ルール、すなわち伸びゆく手の手のひらで、新興国企業が競争を強いられるようになるだろう。日本だけ例外と言えるだろうか。

たとえば１９９０年代までなら他の製造業の2倍以上の営業利益を誇った日本の部品産業が、２０１０年代になって利益を激減させる。部品を使う完成品だけでなく部品産業まで競争ルールが変わったからである。日本の製造業は、これまで蓄積してきたハードウェア技術が競争優位を失う前に、そしてＩｏＴやインダストリー４・０の経済環境が広がる前に、ダントツのハードウェアを起点に新たな勝ちパターンを再構築しなければならない。

欧米企業が完成させた伸びゆく手の形成は、製造業がソフトウェアリッチ型へ転換するプロセスで生まれた事業戦略であった。早くからソフトウェアに知的財産権を与え、ソフトウェア関連の基礎研究とソフトウェア産業を重視し、ソフトウェアを駆使して仕組みづくりを担う人材を優遇する欧米企業は、ソフトウェアリッチな製品領域で圧倒的な競争力を持っている。

これを担う軍師型人材をアーキテクトと呼ぶが、欧米企業は1990年代からアーキテクトとエンジニアを明確に区別した。特に上位クラスのアーキテクトの仕事は、市場に強い影響力持たせる産業構造を自らの手で構築し、そしてグローバル市場へ定着させることにある。後追いの企業がこれに対抗することを不可能にすることである。このような伸びゆく手の形成こそが、国の競争政策や企業の事業戦略で最も重要となった。

本章では、現代の欧米企業を代表するインターネット市場のシスコシステムズ、欧州の携帯電話市場を代表するノキア、第三世代の携帯電話市場とスマートフォン市場を代表するクアルコム、iPodやiPhoneを世界の隅々へ普及させたアップル、そしてパソコン市場を代表するインテルなどの事例を紹介しながら、伸びゆく手形成のメカニズムを分析してみたい。

◉100億台の機器がつながる時代のビジネスと企業と国のあり方とは

21世紀のデジタルネットワークは、先進工業国から途上国に至る共通インフラとして世界の隅々に広がり、人類史上最も大規模な社会システムとなった。大量普及の原動力となったオープン化は、1980年代の欧米諸国が強行した政策転換と、個人が自由意思で参加しながら世界の知恵を集めるオープン標準化団体によって実現した。

IoTやインダストリー4・0、インダストリアル・インターネット・コンソーシアムでは、これがさらに先鋭化されて巨大システムを出現させる。1992年にはネットワークにつながる機器がパソコンだけであり、わずか100万台に過ぎなかった。1996年でもせいぜい1000万台であったが、携帯電話やスマートフォンがつながり出した2008年に10億台となり、2009年には15億台となった。2013年には30億台をはるかに超える。

毎年3億台以上も出荷されるパソコンや毎年20億台も出荷される携帯電話とスマートフォン、そして白物家電や事務機械、自動車、産業機械、ロボット、さらには医療機器すらもデジタルネットワークにつながる。どんなに遅くても2020年には、世界の人口の4倍にも及ぶ300億台以上の機器がデジタルネットワークにつながる。今後のこのような流れにあって、われわれは以下の問いかけが必要だろう。

製造業の中で多くの製品がネットワークとつながることを前提に設計されるとき、これを支える基幹技術モジュールとは何であろうか。そして技術イノベーションや製品イノベーションの方向性は、どのように変貌していくのであろうか。

ソフトウェアを介してハードウェアがつながり、これがさらにネットワークを介して互いにつながりながら産業構造が大規模に変わっていくとき、これまでの付加価値領域がどのように変貌するであろうか。そしてグローバル市場の競争ルールがどのように変わり、ビジネスモデルや知的財産マネジメントがどの方向へ向かって進化し、これを支える企業制度のあり方や組織能力のあり方がどのようになるであろうか。このとき、どのような競争政策が国の雇用と経済成長に、どのようなメカニズムで影響を与えるであろうか。

これらの問いかけはごく最近始まったばかりであり、われわれはまだ確固たる方向性をつかんでいるわけではない。市場の前線に出ていく企業人は、地図や羅針盤を持たずに進むようなものである。本章では、過去の企業人がたどった足取りを整理することで、地図と羅針盤の代わりとなるような見取図を提示したい。

1980年代から現在まで、ソフトウェアリッチ型の産業でわれわれが目にするのは、製品とシステムのアーキテクチャが技術モジュールの単純組み合わせ型への転換であり、さまざまな技術モジュールがつながって産業構造が瞬時にビジネス・エコシステム型へ変わる事実であり、既存の競争ルールが通用しなくなって、伝統的な大手企業が競争優位を失う事実でもあった。

そしてここで勝ち残った企業は、市場競争ルールを自社優位に形成する仕組みや、これをグローバル市場で安定化させるための仕組みづくりで勝ち残った企業であった。産業構造を自社優位に事前設計し、自社と市場の境界を自社優位に事前設計し、そして自社のクローズ領域からのオープン領域としての市場に向けた伸びゆく手の形成に心血を注いだのである。

牧歌的に語られるオープン化は、たしかに多くの人々の知恵を結集しながら巨大市場を作り上げる際に多大な貢献をする。しかしながら創り出された巨大市場で実ビジネスを主導しているのは、競争ルールを自社優位に市場へ定着させた企業人の知恵であった。

その知恵とは、市場原理を象徴する「見えざる手」に従うということではなく、ましてや牧歌的なオープン化を語ることではなかった。オープン&クローズの戦略思想を駆使した「伸びゆく手」の形成にあったのである。オープンでグローバルな分業構造になっても、経営者のマネジメントが持つ

「見える手」は、決して消えることはなかった。それどころか、さらに強力な力を持ってオープンな市場へ伸びている。

オープン化を象徴するインターネットであっても、欧州の携帯電話システムでも、アメリカの携帯電話システムでもスマートフォンでも、そして航空機産業や自動車産業ですら21世紀には例外なく強力な伸びゆく手が形成されていた。

インダストリー4・0やインダストリアル・インターネット・コンソーシアムでは、この伸びゆく手がわれわれの目に見えないところで、グローバル市場の競争ルールとなるであろう。

デジタルネットワーク型産業で生み出された伸びゆく手の形成メカニズムは、まず第一にインタフェースやプロトコルに知的財産を刷り込ませたうえで公開することにより大量普及させることであった。第二に技術の進化を主導・独占するメカニズムを構築することでもあった。技術進化を独占できれば、知的財産とのマネジメント契約を武器に市場に対して強い影響力を持たせることができる。

たとえば、国際標準化を巧みに使って企業と市場の境界を設計し、境界に散りばめた知的財産を自由に使わせながら多くの企業を誘い込み、その背後で知的財産権と技術改版権を使って製品市場の進化を独占するのが、勝ち残った企業に共通する勝ちパターンであった。このように、同じ製品産業の中で形成するオープン領域とクローズ領域の共存にこそ、オープン市場をコントロールする伸びゆく手の戦略が凝縮されているのである。

したがって確固たる競争優位の基盤としてのコア領域（クローズ）を自社の内部に置きつつ、オープンなグローバル市場に影響力を持たせてつながる伸びゆく手を形成することが、たとえばキャッチアップ型新興国の成長を自国に取り込むときに大きな役割を担う。

伸びゆく手形成の仕掛けづくりは、1980年代までのアナログ技術時代には存在し得なかった。たとえば80年代の欧州で普及したアナログ携帯電話では、その規格を決めたのは日本企業でなくすべて欧州企業であった。しかしながら欧州で50%を超える圧倒的な市場シェアを握ったのは、欧州企業ではなく日本企業であった。アナログ技術では企業と市場の境界設計が困難であり、伸びゆく手の仕組みも形成できなかったからだと言える。

以上の概観を踏まえながら、以下ではまずネットワーク型産業の中で圧倒的な競争優位を築いたシスコシステムズの事例を考えてみたい。

シスコシステムズの事例

●シスコシステムズの伸びゆく手

インターネットの原型が大学や研究機関を出て広く普及の兆しを見せたのは、1980年代の後半であった。その背後に、当時のアメリカのレーガン政権が産業構造の転換を目指して進めた小さな政府政策やオープン化政策があった。

オープン環境の標準化は多くの人々が得意領域を持ち寄る協業の場を提供するが、同時に企業人が知恵を絞るオープンな自由競争の場でもある。

当時のインターネットの推進者は、たとえ企業の一員であっても個人の資格でオープン標準化活動に参加することを前提とし、既存企業の影響力を排除した。それ以前は、通信プロトコルを公開しないでネットワークシステムを独占する既存の大手通信業者が、それぞれの国の市場を支配していたからである。しかしインターネットでは、ネットワークをつなぐ通信プロトコルをオープン環境で標準化し、オープンな場で議論しながら進化させる仕組みを推進していたのである。

こうした中でオープン化によって新たなビジネスチャンスをつかむ新興企業が生まれていた。こうした企業たちは、既存の大手企業の影響を排除するその背後で、新たな競争ルールを自社優位に再構築するための伸びゆく手の形成に知恵を絞っていた。

その中でも、自社のコア領域（クローズ）からオープン市場へ強力な影響力を持つ本格的な伸びゆく手を完成させたのが、インターネットのルーター市場で圧倒的な競争優位を持ったシスコシステムズである。

シスコシステムズは、スタンフォード大学のビジネススクールでネットワークシステムの管理者だったサンドラ・ラーナーと、コンピュータ・サイエンス部門でシステム管理者だったレオナルド・ボザックによって1984年に設立された。2人はそれまで大手企業がバラバラに設置して点在する大学内や他の大学との、電子メールとデータファイルを自由に交換するためのマルチプロトコルルーターを考え出した。

それ以前にも、あるいはその後にも、伝統的な通信事業者はもとより、IBMの大規模なSNA（Systems Network Architecture）やDECのデックネット（DECnet）、そして当時の生まれたばかりのワークステーションを使った３ＣＯＭのイーサネット（Ethernet）やアップルのアップルトーク（AppleTalk）など、優れたシステムを多くの企業が技術と知恵を結集して提供していた。

しかしながらこれらはいずれもオープンなネットワークではなく、それぞれの企業内に閉じたプロトコルを使う自前主義のシステムであった。１９８０年代は、デジタル型のネットワークシステムであっても、自社に閉じた独自アーキテクチャが当たり前だったのだ。

シスコシステムズ以外のほとんどの企業は、オープン&クローズ戦略や、「企業と市場の境界設計」という発想を持つに至らなかったため、たとえ高い先端技術を持っていたとしても１９９０年代に市場から消えた。90年代後半から２０１０年代の日本のエレクトロニクス産業が直面した状況が、すでに80年代から90年代のアメリカのネットワーク産業に生まれていたのである。

こうした中で、シスコシステムズは、インターネットというオープン化によって生まれた巨大市場で、圧倒的な競争優位を構築する。会社設立の5年後の１９８９年に株式を上場するが、この時期のシスコシステムズは、売上２８００万ドルに対し、株式の時価総額が2億２０００万ドル。１９９８年に時価総額１０００億ドルを超えたときですら、売上は85億ドルでしかなかった。

少なくとも１９７０年頃までは、アメリカの株式市場で評価が高かったのはフルセット型自前主義を追求するフォードやＩＢＭのような企業であった。しかしながらデジタルネットワーク型の産業が興隆する１９８０年代の後半から１９９０年代になると、自前主義を捨てて自社とオープン市場の境界を自社優位に設計し、自社のブラックボックス領域からオープン市場への強力な市場支配の伸びゆく手の形成に成功した企業を、株式投資家が評価するようになったのである。

◉インターネットルーターで展開したオープン&クローズ戦略

それでは、シスコシステムズが完成させた伸びゆく手とは何だったのであろうか。それは、シスコシステムズがインターネットルーターを、オープン市場に展開していく戦略から見てとれる。

シスコシステムズはインターネットを構成する巨大な技術体系の中で、ルーターという技術モジュールだけに特化することによってオープン&クローズ戦略を徹底させた。同時に、ルーターと他社技術をつなぐインタフェースに知的財産を刷り込ませながら、インタフェースを公開してここへ他社を呼び込みながら伸びゆく手を構築していた。

ルーターとは、巨大な技術体系で構成されるインターネットの中核を支える技術モジュールであり、その根幹はソフトウェアによって構成されている。電子メールの視点でルーターを語ると、たとえば日本からインドの友人へメールを送るとき、ルーターは、インドの友人のアドレスを調べてそこに届くまでの通信経路とその混み具合までを瞬時に判断し、最適な通信経路を探し出す機能を持っている。

したがってルーターは、世界中に点在する数多くのルーターと常に通信回線の状態や情報量、情報の種類などを交換し合う機能だけでなく、通信路に異常が起きてもこれを迂回する最短経路をも瞬時に探し出す機能、情報を守るセキュリティ機能、音声や動画などの連続データであれば優先して処理しながら自然な音声や動画として相手に届ける機能などを持っている。ネットワークの利便性や信頼性を支える基幹技術が、ルーターの中に集中的にカプセル化されているのである。

ここでシスコシステムズは、オープン環境で標準化したインターネットの通信プロトコルで上記のルーター機能を具現化するソフトウェアを当時のミニコンで開発し、これをシスコシステムズ製ルーター用のＯＳである「ＩＯＳ」(Internetworking Operating System) として世界中に普及させた。先に普及させて多くの人が使えば、これと互換性のない、すなわちこれとつながらないルーターは市場に受け入れられない。

多くの企業がシスコシステムズのルーターを使えば使うほど、ネットワーク外部性という経済効果が生まれる。ＩＯＳと互換性のないルーターが市場から消えてゆく構造を生み出したのである。

ここでわれわれが注目すべき第一の点は、シスコシステムズが提供・公開したのがＩＯＳの外部インタフェースだけだったことであり、世界中の点在するルーターや多種多様なサービス機能を送り出すノウハウが決して公開されることはなかったという事実である。

注目すべき第二の点は、外部インタフェースの仕様を改版することも契約で禁じられており、実質的にシスコシステムズだけがインターネットサービスの進化を主導する仕組みになっていた。ここでＩＯＳの内部だけでなく、これが他社の技術へ接続するインタフェース領域にも多くの知的財産を張りめぐらせたのは言うまでもない。

シスコシステムズのルーターを使えば世界中のネットワークとの接続が簡単にできるため、一度シスコシステムズのルーターを採用した世界のネットワーク事業会社は、この手のひらから出ることができなくなる。これが、一見してオープンと誰もが信じたインターネットの世界に広がる、目に見えない伸びゆく手である。

このような仕組みづくりは、パソコンという巨大な技術体系の中でウィンドウズOSに特化したマイクロソフトやPDFに特化したアドビシステムズでも、また、マイクロプロセッサとチップセットに特化したインテルでも、さらには携帯電話端末のチップセットへ特化したクアルコムでも、まったく同じであった。

いずれも企業と市場の境界を事前に決定し、グローバル市場でビジネス・エコシステムの構造を自社優位に構築していた。知的財産マネジメントと契約マネジメントによって技術の進化（技術の改版権）を合法的に独占し、競合企業の市場参入を合法的に抑制し、大量普及（オープン）と高収益（独占）を同時に実現させていたのである。

●シスコシステムズが得たオープン環境の覇権と知的財産マネジメント

シスコシステムズが次々にユーザーシステムを接続させながら躍進するにつれて、それまで圧倒的な力を持っていたIBM独自のLANやWANのシステム市場までも、オープンなインターネット環境のシスコシステムズによって包囲された。この事態を打破するためにIBMを含む数社は、シスコ包囲網としてNIA（Network Interoperability Alliance）と称するコンソーシアムを1995年に結成した。このメンバー企業であれば、提供するインターネット機器で互いに接続性を保証したのである。

市場支配力を切り崩される危機に瀕したシスコシステムズは、巧妙なオープン標準化戦略を採ってIBM陣営の攻略をかわすことになる。われわれが注目すべき第一の点は、シスコシステムズのIO

Ｓだけがすべてのネットワークの接着剤になるというコンセプトを前面に出し、同時にインターネット機器の接続性を保証するＩＯＳと、これが組み込まれたルーターとの販売権を、世界中の企業へライセンスしたことである。そのうえでルーターの動作方法や、インターネット機器の接続性を確保するための技術情報をライセンシー企業へ公開する。

販売ライセンスを受けたすべての企業は、シスコシステムズが接続を保証するインターネットのシステム環境をそのままユーザーへ納入できるようになった。もともとシスコシステムズ製品の利益率が非常に高かったので、シスコシステムズからＯＥＭで提供された企業は、すべてを自前で開発するよりも、ＯＥＭ調達によっても利益を得ることができた。クローズ領域を背後に持ったこのオープン化戦略が、シスコシステムズが自社ルーターを普及させるのに大きな役割を担った。

販売ランセンスを受けた企業には、日本のＮＥＣや富士通、北欧のエリクソン、フランスのアルカテルなど、アメリカ市場以外で圧倒的に影響力のある多国籍企業が多数含まれていたので、ＩＯＳが組み込まれたシスコのルーターは瞬く間に世界市場へ普及した。これらの企業は、インターネット市場でシスコシステムが構築するビジネス・エコシステムで一翼を担うようになったのである。

当時のＩＢＭは、自社のハードウェア技術を前面に出し、顧客に対してＩＢＭ製の機器を何度もアップグレードさせることで利益を上げようとしていた。一方、シスコシステムズは、ＩＯＳが組み込まれたハードウェア機器を低い価格で特に多数の中小企業へ提供する戦略を徹底させた。これによってＩＢＭの粗利益が激減するようになり、オーバーヘッドの大きいＩＢＭは、ニッチな大規模システム市場へ追い込まれて市場撤退への道を歩むことになる。

この戦略は、2010年代のアマゾンがAWS（Amazon Web Services）によって再現しており、IBMは同じメカニズムによって苦境に追い込まれている。

このように当時のシスコシステムズは、価格競争力を武器に中小規模システムに焦点を当ててユーザー数を急速に拡大させた。ネットワーク外部性という経済理論によれば、同じインフラを共有して互いにつながり合うユーザーの数が多くなればなるほど、ユーザー一人ひとりのメリットが急増する。

したがってIOSが組み込まれたルーターがパートナー企業の販売チャネルによって世界中に販売され、またルーターの設置台数が中小規模システムのユーザー層で飛躍的に急増したことは、シスコシステムズのルーターがネットワーク外部性の恩恵を理想的に活用できるようになったことを意味する。

ここでわれわれが注目すべきもう一つの点は、シスコシステムズがIOSのインタフェースと接続性に関係する情報を開示したものの、ライセンス先の企業に提供した技術に改良を加える改版権だけは決して与えず、これを契約マネジメントによって徹底させたという事実である。シスコシステムズからライセンスを受けた企業は、いずれも技術力に長けた企業であって自分でインタフェース機能を追加しながら、さらに接続性を強化する能力を持っていた。

しかしながらシスコシステムズは、改版する権利をルーターに集中カプセル化した知的財産とライセンス時の契約を活用することで、合法的に独占したのである。これがオープン&クローズの戦略思想に基づくシスコシステムズの知的財産マネジメントであり、契約マネジメントであった。

◉伸びゆく手の形成メカニズム

インターネットのシステム全体に大きな影響を与えるIOSでインタフェース技術を進化させていく改版権をすべて独占し、さらにシスコシステムズが機能拡大に圧倒的なリソースを注ぎ込んでこれら基盤技術の進化をリードすれば、シスコシステムズから販売権のライセンスを受けたパートナー企業は決してインターネット産業で技術進化の主導権を握ることができない。同時に、シスコシステムズのルーターを使わないと世界中に点在するルーターとの接続が保証されなくなるのでシスコシステムズから離れられなくなる。

これがシスコシステムズによって形成された市場コントロール機能としての伸びゆく手のメカニズムである。誰もがオープン化を標榜するインターネットシステムに対して、シスコシステムズが圧倒的な影響力を持つ背景がここにあった。

すべてをオープン化して存続できる企業はあり得ない。デジタルネットワーク型のビジネス環境に見る知的財産マネジメントとは、「自由に使わせるが権利を決して手放さない」という知恵であった。

特にオープン環境で標準化されたプロトコルは、ネットワーク環境に接続するすべての技術モジュールにつながる。これがシスコシステムズのルーターと一体になって普及したという意味で、シスコシステムズの技術と知的財産が集中するルーターから、インターネットにつながるあらゆる機器へ伸びゆく手が伸びていく。

インターネットを推進した人々が、オープン化の徹底によってクローズな統合型企業を市場から追い出し、瞬時に巨大市場をグローバル市場に創り出したのは重要な事実であった。徹底したオープン化は、たしかに今も昔も市場拡大を加速させるドライバーだったのである。

停滞する産業に小さな政府の自由競争の場を持ち込み、社会システム側のイノベーションを加速させたのが当時のアメリカの「強い政府」であった。強い政府による施策は、自由競争を進展させ、埋もれた技術や隠れた企業家精神を表に出した。

とはいえ、たとえ小さな政府の経営環境であっても、自由競争の中では必ず伸びゆく手の覇権争いが始まり、競争に勝った企業が自社優位に競争ルールを決めて市場をコントロールし、その産業の技術進化を主導していくものだ。いかなる市場であっても、牧歌的なオープン化だけでは効果を生まない。

競争に勝ち残った企業はいずれも自社と市場の境界を決め、自社の伸びゆく手がコントロールするグローバルなビジネス・エコシステムを介して、オープン化が持つ市場拡大の力を自社の成長に結びつけていた。そのような企業が１９９０年代の欧米から次々に生まれ、欧米諸国の雇用と経済成長に寄与していた。

雇用と経済成長に貢献したのは完全自由競争でもオープン化の追求ではなく、オープン&クローズの戦略思想なのであった。

このような仕掛けづくりは１９８０年代以前のアナログ時代では不可能であった。デジタル技術の登場、すなわち製品産業がソフトウェアリッチ型へ転換することによって、初めてグローバル市場の巨大なビジネス・エコシステムを支配する仕掛けが可能になったのである。

知的財産のマネジメントも、このような経営環境の到来によって初めて技術開発以上に重要な役割を担うようになった。伸びゆく手による市場支配のメカニズムと、これを支えるオープン＆クローズ型の知的財産マネジメントが、パソコンでもスマートフォンでも同じように適用されたのである。以下に詳しく紹介するが、１９９０年代に欧米企業が完成させた標準化・知的財産マネジメントでは、国際標準化によって低コスト化を狙うのはあくまでもオープン化させたセグメントだけである。当然のことながら決して自社にとって重要な付加価値を生み出す領域に適用することはなかった。

そのうえで彼らは、自社の付加価値領域からオープン市場（パートナーがいる市場）をコントロールする仕組みと、その産業で技術進化を常に主導するための仕組みも同時に形成していた。この仕組みをオープンな自由競争の場で内部化させる経営ツールが、伸びゆく手の形成であり、これを支えるオープン＆クローズ型の知的財産マネジメントであることを再度強調したい。

◉欧州ＧＳＭ陣営の伸びゆく手

欧州諸国は、１９８０年代に登場した「強い政府」（大きな政府ではない）によって産業構造を強制的に転換させたが、以後、政府が関与せずに自由競争させる小さな政府に向かって歩みはじめた。第二次大戦後のマーシャルプランによって成長軌道に乗った欧州経済が、１９７０年代の二度にわたる石油危機で崩壊寸前まで追い込まれていたからである。

既得権で固定された社会インフラを「強い政府」によって強制的に変える政策思想は、１９８０年代のアメリカとまったく同じであった。1980年代に強制的な構造転換によって生まれた代表的な成功事例を製造業の中で挙げれば、アメリカではパソコンやインターネット産業だったが、欧州の代表的な成功事例はデジタル携帯電話であった。

デジタル携帯電話は、1970年代の後半から世界中で技術開発が始まった。1990年代から2000年代にかけて世界で最も普及した欧州のGSM方式は、1982年に開催された欧州通信主管会議を起点に標準化が始まった。その後、1985年から標準化のニューアプローチ政策が強行されて標準化の主体が国家から産業界へ移行した。

いわゆる既存の大手通信事業者（現在のオペレーター）の関与が、通信システム構築のための機器の調達や国際的なローミング（国境を越えてつながる仕組み）および課金などに限定され、影響力が大幅に制限された。

欧州諸国に閉じた携帯電話システム（GSM方式）としての基本パラメータが1987年3月までに決定され、同時にオペレーターによる機器調達の承認プログラムや国際ローミングのための携帯電話の接続フレームワーク、料金モデルのフレームワークも同年9月に決定された。また翌年の1988年には、標準化活動の主体を企業に移行させ、これを担う機関としてETSI（European Telecommunications Standards Institute：欧州電気通信標準化協会）がフランスのニースに設立された。

ETSIでは携帯電話端末（以下、携帯端末）の細部仕様やSIMカード、無線基地局、交換機、およびこれらをつなぐ通信プロトコルなどの標準化がオープン環境で議論され、商品開発のための細部技術が欧州規格（GSM規格）として定められ（1990年）、1992年からサービスが始まった。

たとえ欧州企業に閉じられていたとはいえ、多数の企業が集まるオープン環境で標準化されたこともあり、少なくとも2000年代には日本のPDC方式の約20倍まで市場が拡大し、2007年の出荷台数が10億台に及んだ。デジタル携帯電話を使うユーザーは、サービス開始からわずか15年の2007年の時点で約30億人に達したと言われる。

一般にデジタル型の携帯電話システムは、携帯端末、無線基地局、交換機、そしてゲートウェイで構成される（図3・1）。大部分が大規模で新規の技術体系で構成されており、しかも国境を越えてつながるシステムが求められていたので、特定の企業はもとより、一つの国でさえすべてをカバーすることはできない。

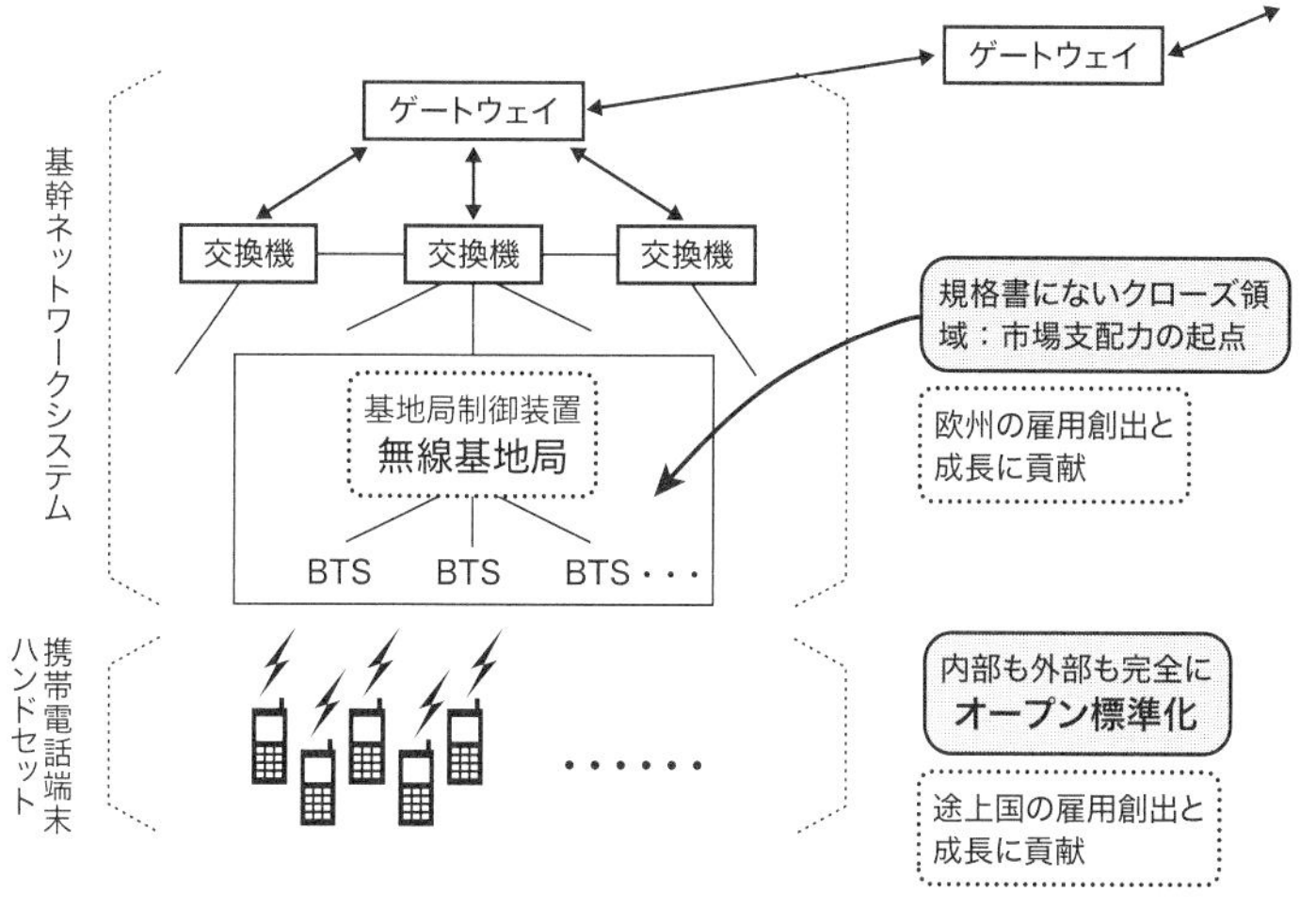

図3.1　欧州の携帯電話企業がオープン市場をコントロールする「伸びゆく手」の形成メカニズム

開発するシステムがデジタル型だったことに加えて、既存の大手通信事業者の独占に風穴をあけるためにも、そしてまた、巨大な技術体系を開発するためにも、必然的にオープン分業型の開発が必要となった。

そして同時に、欧州企業の産業復活が強く期待されたプロジェクトであったことから、大量普及と高収益を同時に実現させる仕組みとして、必然的にオープン&クローズの考え方が取り入れられた。

ここでのオープン化は、衆智を集めて短期間に開発する経済合理性の追求であり、同時に参入障壁を下げて自由競争させながらコストを下げ、誰もが使えるように広く普及させることが目的である。

一方、オープンな自由競争の中でクローズ領域を設けるということは、技術と知的財産が集中カプセル化された特定領域だけに参入障壁を設けるということであり、独占して価格を維持するということであった。

そしてさらに、独占領域からオープン領域のエコシステム・パートナーに対して強い影響力を形成することであった。

◉欧州デジタル携帯電話市場のオープン&クローズ戦略

欧州GSM方式にとって、結果的に大量普及と高収益の同時実現を可能にするのがオープン&クローズ戦略を徹底させた第一の目的であった。その後の欧州陣営は、これをさらにグローバル市場に向けた伸びゆく手の形成へ知恵を絞っていくのである。

◉通信プロトコルの進化・改版による市場支配

欧州GSM方式の基本戦略を構築したアーキテクトは、携帯端末の内部仕様と外部仕様（インタフェース）を徹底してオープン化し、携帯端末に差し込むSIMカードさえ交換すればどこでも使えるようにした。この結果、携帯端末側が熾烈な競争へ突入してコストが劇的に下がり、大量普及への道を歩む。

しかしながら、携帯端末から出る電波を交換機へつなぐ図3・1の無線基地局では、基地局の技術を支える特許をGSM陣営だけが使えるようにし、それ以外の海外企業に公開しない方針が採られた。欧州陣営は、無線基地局をクローズド領域と定めたのである。この意味で企業と市場の境界は、携帯端末と無線基地局とのインタフェース、およびシステム全体をつなぐプロトコルに決められた。

欧州のGSM携帯電話システムが国際標準化された最初の規格書は、6374ページという膨大なものである。これを詳細に分析した立本博文氏（筑波大学）の研究によれば、携帯端末に関するページ数が3029ページと圧倒的に多く、全ページ数の約半数（48%）を占めていた。しかしながら基地局の内部やその制御装置に関する規格は1ページもなかった。

携帯端末の内部構造を完全にオープン化しながら低コスト大量普及の役割を担わせる一方で、携帯端末から出る電波を交換機につなげる役割の基地局の内部だけはブラックボックス（クローズ）領域とした。基地局側から市場をコントロールする構造が、欧州規格の基本的なビジネスフレームワークとなっていたのである。

すべてを公開して自由に使わせる通信プロトコルにも、市場コントロールのメカニズムが刷り込まれていた。われわれがポケットやバッグに入れて持ち運ぶ携帯端末から相手に情報を伝達するサービス機能は、ネットワークシステムの情報の流れを担う通信プロトコルの規約によって構築される。

ここで欧州のGSM陣営は、通信プロトコルを誰にでも使わせることで市場利用コストが非常に低くなるようにしつつ、同時に多数の知的財産を散りばめてGSM陣営の標準化機関（ETSI）が実質的に主導してプロトコルを進化させた。そして多種多様なサービスを提供するために必要な技術の改版権やロードマップは、すべて欧州のGSM陣営が独占することになった。

この通信プロトコルを次々に進化させてサービス機能を向上させれば、基地局とその制御装置を握る欧州企業が市場支配力を持つ。携帯端末の接続性を支配する機能は、基地局と制御装置にあるからである。

したがって世界中の携帯端末メーカーは、常に欧州企業が支配する基地局との接続性を認証してもらわなければ、製品として出荷できない。認証がなければ接続性が保証されなくなるからである。

欧州GSM方式は、大量普及が始まる1995年頃から毎年のようにプロトコルを進化・改版させることによって、常に主導権を握りながら大量普及と市場支配を同時に実現させるメカニズムを強化させた。この改版を主導したのが、欧州全体で携帯電話の標準化を担う機関としてのETSIであったが、その背後で圧倒的な市場シェアを持つノキアやエリクソン、シーメンスなどが、技術の方向性を主導したのは言うまでもない。

プロトコルは、すでに多くの人が使う既存のものと必ず互換性を維持して進化させる。したがって最初の通信プロトコルに知的財産を刷り込ませれば、常に進化の方向を主導することができる。たとえ欧州以外の国が圧倒的に優れた新規サービスを提供しても、既存の通信プロトコルと互換性がなければ誰も使わない。ユーザーが使い続けた通信プロトコルが巨大なインストールベースを築いたあとでは、これと互換性のない新規プロトコルを普及させようとしてもユーザーに受け入れられないからである。このような戦略思想はマイケル・ポーターのファイブフォースをいくら組み合わせても生み出せない。

これは決して技術の問題ではなく、仕組みづくりの問題である。その仕組みとは、オープン化によって市場参入のチャンスをつかんだメーカーがいかに低コストの携帯電話を開発しても、またいかに高機能でデザインに優れた携帯端末を開発しても、無線基地局を握る欧州のＧＳＭ陣営が電波を交換機につないでくれなければ、市場で販売することができないというものだ。欧州ＧＳＭ陣営が通信プロトコルを次々に改版・進化させれば、欧州以外の企業はその使用許可を得て詳細な仕様を入手するまで、決して新規サービスに対応する携帯端末を開発することはできない。

欧州ＧＳＭ陣営が刷り込む伸びゆく手は、このような一連の仕組みによって形成されていた。ＧＳＭ陣営だけが１９９０年代から２０００年代にかけて圧倒的な市場支配力を持つことができた背景には、この仕組みがあったのである。ここで一連の仕組みをオープン環境で支えたのがＧＳＭ陣営の知的財産マネジメントである。優れたビジネスアーキテクトが軍師となって、グランドデザインを起案・推進したと考えられる。これは、後にスマートフォン市場でグーグルがアンドロイドＯＳで採った市場コントロールのメカニズムと同じである。

アメリカも欧州も、デジタル携帯電話のサービスをスタートさせた直後からアジア諸国への採用を働きかけていた。アメリカのCDMA方式については、1995年に韓国で採用が決まり、香港や中国もほぼ採用が決まりかけて実証実験に移行していたが、ロイヤリティーが非常に高額で交渉が難航していた。

この間隙を突いて、欧州GSM方式は中国に新しく生まれたチャイナモバイルへの働きかけを行い、1995年頃に中国で採用が決定される。中国市場で製造販売するならほとんどロイヤリティーを払う必要がなかったことが採用の決め手となった。

その後、中国市場の携帯電話が欧州方式となって生産が急増し、年間3億台以上に急増する。すでに2000年頃には、中国企業もノキアやシーメンスなどと同じ土俵で善戦するようになっていた。この意味ではたしかに中国が最先端の技術を手に入れながら巨大な雇用を生み出し、経済成長の軌道に乗ったのである。

しかしながら欧州陣営が知的財産を開放したのは、規格書でオープン化を徹底させた携帯端末だけだったのであり、図3・1に示す無線基地局の知的財産だけは欧州陣営が握っていて、公開することがなかった。1999年から2007年まで中国市場で販売された無線基地局を見ると、欧州企業が80%から90%という圧倒的な市場シェアを維持していた。中国で携帯が売れると欧州企業が潤うという構図になっていたのである。

たしかに中国企業は最先端の携帯電話技術を手にしたが、この携帯電話を生産すればするほど欧州の基地局を使わざるを得ない。たとえ独自方式の携帯電話を開発しても、巨大な社会インフラとなった欧州の基地局を使わないと普及しない。中国で携帯電話が普及すればするほど、中国が欧州のGSM方式から逃げられなくなる。これが欧州陣営によって中国市場に向けられた伸びゆく手の仕組みである。

欧州から途上国へ向かう伸びゆく手の形成は、中国市場における自動車の排気ガス規制や環境規制のケースでも同じである。これらはいずれも高度なビジネスインフラを途上国へ形成するうえで大きな役割を担っているが、同時にこのインフラが広がれば広がるほど欧州企業が潤うメカニズムになっている。アジアの製造業への投資が生み出す成長を自社の成長に結びつけるメカニズムの一端をここに見ることができる。

欧州の人々が完成させたこれらの戦略思想は、今後ドイツから全世界へ向かうインダストリー4・0の中にも必ず潜んでいるのではないか。

実際のビジネスに見られるオープン国際標準化やオープンイノベーションとは、決して牧歌的なオープン化ではない。オープン化の背後に必ずクローズ領域を持ち、オープン領域のパートナーに向けた強い影響力を持つ伸びゆく手が事前に形成されている。途上国の成長を欧州の雇用と成長に取り込む仕組みも、このメカニズムによって構築されていた。

牧歌的なオープン化の研究は、いわゆるリニアモデルを信じる供給サイドの思想であり、一部の学者に委ねたい。われわれは実社会で起きている実態を反映させたオープン&クローズのイノベーション論を展開したい。たとえオープン化を標榜する市場であっても、その背後で必ず伸びゆく手の仕掛けが形成されている。これが欧米諸国が完成させた先進国型の製造業であった。

製造業のグローバライゼーションが進む21世紀では、この仕組みづくりこそ企業が獲得する付加価値の源泉であり、先進国の国の雇用と経済成長を支える原動力なのだ。欧州GSM陣営の仕組みづくりは、先進国型の製造業が採るべき新たな方向性だったのであり、この戦略思想がインダストリー4・0にもインダストリアル・インターネット・コンソーシアムの中にも見え隠れしている。

ここで強調したいのは、このような伸びゆく手による事前設計を可能にしたのは、デジタル技術、すなわち組み込みソフトウェアによるということだ。アナログ技術では企業と市場の境界設計が困難であり、技術の改版権を知的財産と契約で握って技術進化を独占することもできず、したがって伸びゆく手の仕掛けも形成できなかった。

◉Wi-Fiが持つ携帯電話市場での破壊的意味

欧州諸国の中でも特に北欧諸国は、100年以上にわたって磨き上げた高度な無線技術や通信システム技術を蓄積しており、これが欧州方式のデジタル携帯電話システム（GSM）を決めるうえで重要な役割を担った。人口密度が非常に低い北欧諸国では、少ない電力で遠くまで電波を飛ばす無線電話の開発が最も重要だったのである。

しかしながら図3・1に示すオープン&クローズのシステム構造に見られるように、欧州の携帯電話システムがグローバル市場を席巻する原動力となったのは、技術的な優位性というよりも、むしろ国際標準化を競争戦略として駆使した市場支配の伸びゆく手の形成にあった。

世界の携帯電話市場で圧倒的な競争力を維持したフィンランドのノキアは、携帯電話の基幹部品を自ら開発せず、ほぼすべてを外部から調達する。自ら手掛けた技術領域は主に製品企画・設計と組み立て量産であったが、その量産工場も中国にあり、工場を支える生産技術は日本から学んだものだった。そもそもノキアの母国フィンランドには、携帯電話の基幹技術を支える部品のメーカーがなく、組み立て工場もない。それにもかかわらずノキアは、オープン化された巨大市場に向かう欧州の伸びゆく手を効果的に活用しながら、グローバル市場で圧倒的な競争優位を築いたのである。

欧州の携帯電話ビジネスを成功させた要因が、ブラックボックス化された基地局であるなら、基地局と同じ機能を持つ技術領域を新たに考え出して、その技術をオープン標準化すれば、欧州携帯電話陣営が拠り所とした市場支配のメカニズムは一瞬にして崩壊する。

完全にオープンなインターネット環境を将来のビジネスインフラにしたいアメリカ企業群は、基地局と類似の機能を持つＷｉ‐Ｆｉアクセスポイント（ＡＰ）を提案し、その内部構造を徹底してオープン標準化することによって携帯電話市場の競争ルールを変えようとした。

ここから生まれたのが現在のスマートフォンである。人工的な仕組み構築によって築かれた欧州陣営の競争優位が、徹底したオープン化を前面に出す新たな仕組みの出現によって失われた。

スマートフォンにはさまざまな定義があり、統一されていない。スマートフォンをオープンなグローバル市場の覇権争いという視点に立って定義するならば、既存の携帯電話機能を持ち、同時にＷｉ‐Ｆｉによるインターネットへの直接アクセス機能を持つ多機能携帯端末と言える。

スマートフォンは、基地局を介して携帯電話システムにつながる既存の携帯電話機能だけでなく、また既存の基地局を介してインターネットに直接アクセスできるだけでなく、パソコンと同じように、Ｗｉ‐Ｆｉアクセスポイントを介して直接インターネットのサービス機能を活用することができる。携帯電話事業者（オペレーター）がコントロールする既存の携帯電話システムを経由せずに、個人がアクセスポイントだけを介して、データや音声、グラフィックス、動画、ゲームなどを活用できるようになったのである。

たとえば２０１２年のロンドンオリンピックでは、インターネット経由で映像が配信され、これをスマートフォンで見ることができた。高速通信が可能な第四世代（４Ｇ、Ａ‐ＬＴＥ）が普及すれば、テレビの役割が大きく変わっていくであろう。公共放送以外のテレビ局がなくても多くの人が困らない状況が到来しているのではないか。動画配信などによってテレビをスマートフォンで見るのは普通のことと言える。ネットワーク環境の主役がスマートフォンを手にする世界中の個人へシフトし、多くの分野でビジネスの競争ルールが大きく変わることになる。

これまでのインターネットコンテンツの活用は、すでに存在しているものを配信するのが中心であったが、今後はスマートフォンが世界中に広がる共通のプラットフォームとなって、多様なビジネスやサービスが世界の隅々から生まれる。しかもその多くが個人によって創り出されるのである。

既存の携帯電話事業者ではなく、スマートフォンを持つ個人が自由自在に参加できるという意味で、ビジネスの競争ルールがさらに変わる。この意味で２００７年に登場したアップルのｉＰｈｏｎｅは、最初の本格的なスマートフォンであったと言える。ｉＰｈｏｎｅによってスマートフォンのアプリケーションやコンテンツの巨大な市場が生まれたからである。

以上のような視点から見たスマートフォンのシステム構想を図3・2で模式的に示す。図の右に書かれたアクセスポイントは、内部構造がアメリカのIEEE規格としてオープン標準化されていて参入障壁が低く、台湾などのアジア企業が大挙して市場参入した。このため製品が過剰に供給されるようになり価格が急激に下がっていった。下位機種なら数万円以下、場合によっては1万円以下でも買えるようになった。たとえ上位機種でも5万円以下なので、普通のオフィスやお店、喫茶店、レストラン、駅の構内や飛行場など至るところで、パソコンとまったく同じように、スマートフォンからインターネットのサービス機能を利用できる。アクセスポイントの内部構造をオープン標準化したことが、スマートフォンの普及を加速化したのである。

図3・2の左側に示している携帯電話の無線基地局は、強い電波を出して3〜4キロメートルの範囲をカバーできる強靭なシステムである。一方、Wi-Fiのアクセスポイントでは電波法による規制の対象にならない弱い電波が使われ、せいぜい100メートルしか届かない。しかしながら国の特別の認可を必要とせず、アクセスポイントをどこにでも自由に設置することができる。Wi-Fiを大量普及させるうえで、この自由度が特に大きな貢献をした。現在では300メートル以上へ広げる技術の標準化が進んでいるという。

伝統的な通信事業者は、Wi-Fiを単に「ラスト100メートルの接続」である、と主張してきた。しかしながらここで再度繰り返せば、スマートフォンを市場の覇権争いとして見たとき特に重要なのは、従来の携帯電話の通信事業者を頼ることなく、Wi-Fiのアクセスポイントを介して直接インターネットへ接続できる点にある。

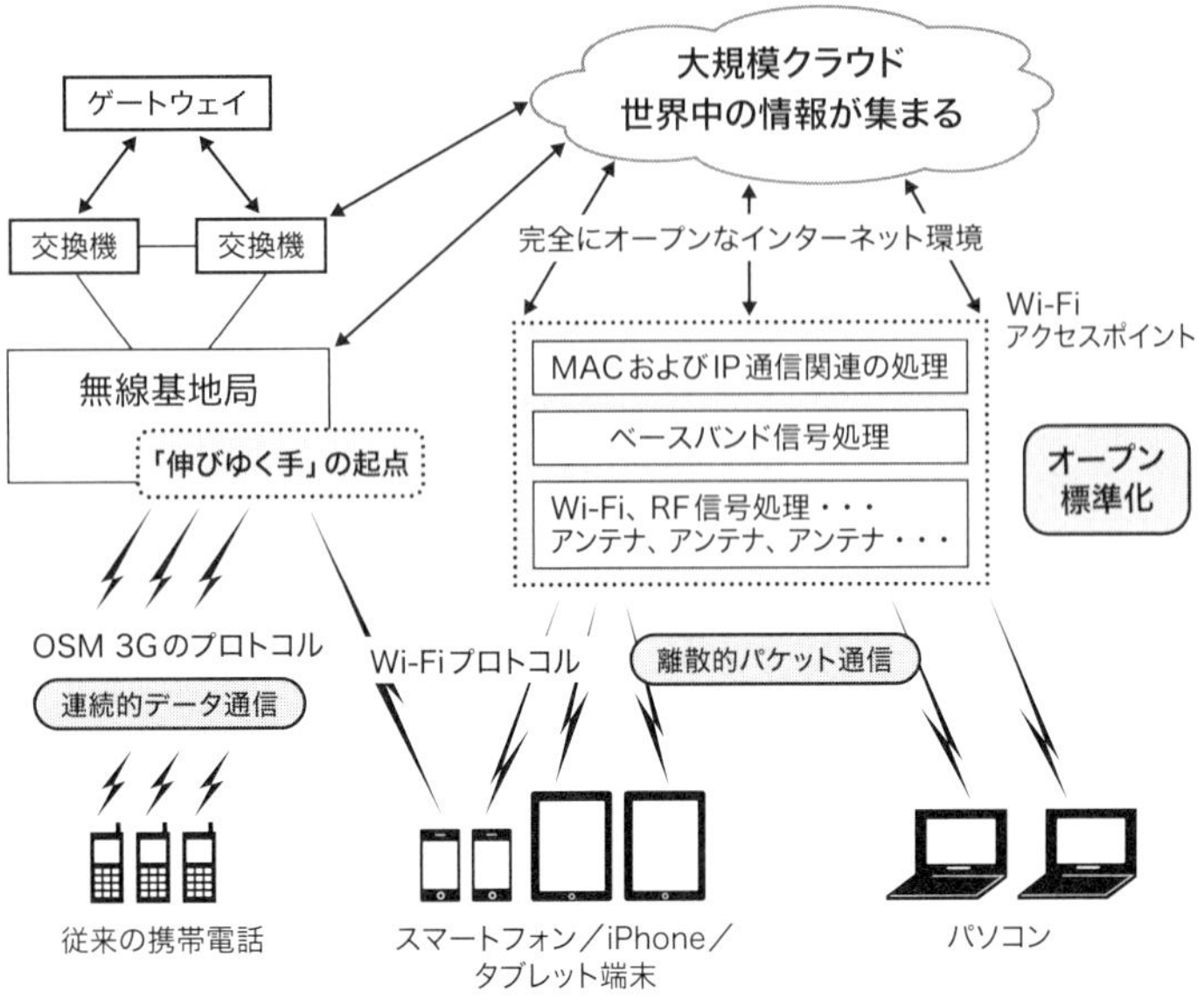

図3.2　アメリカが主導するWi-Fiのオープン標準化が欧州方式の「伸びゆく手」を切り崩すメカニズム

iPhoneでは、Wi-Fiのアクセスポイントを介してインターネットへ直接つながる機能の使いやすさこそが最も重要なのであり、したがってブラウザやユーザーインタフェース開発にアップルの総力がつぎ込まれた。アップルにとって、既存の携帯電話につながるのは、単に従属的な機能に過ぎない。

一方、ノキアにとっては、既存の携帯電話システムをユーザーに使ってもらうことが最も優先すべき事項だったのであり、Wi-Fiのアクセスポイントを介してインターネットにつながる機能を、少なくとも経営陣は、本質的なものと捉えていなかったふしがある。ブラウザもユーザーインタフェースも単に機能としては提供したが、これを使うユーザーの目線から作り込まれたものではなかった。

インターネットの技術環境と既存の携帯電話ネットワークシステムの違いを、ハードウェアの基本アーキテクチャから比較してみたい。Wi-Fiのアクセスポイントを経由した情報のやり取りでは、インターネットと同じパケット通信（IP方式）を使っている。したがってシステムを構成する技術モジュール相互の結合性が極めて良く、コンテンツ情報やサービス情報の交換と結合性が極めて良い。いわゆる世界中で湧き起こる技術イノベーションやコンテンツイノベーションの成果を、インターネットを介して、簡単に結合できて利用し合えるのである。

一方、従来の欧州携帯電話システムはパケット通信ではなく、同じデジタル型ではあっても連続した音声通信を前提に構築されている。したがってサービスの結合性という意味では、基本的にインターネットより劣る。しかもコンテンツやサービス情報の交換・結合のルートが通信事業者によってコントロールされやすいので、ビジネスの広がりに限界がある。

これまで観察された他の産業の栄枯盛衰を考えると、欧州諸国が携帯電話システムで完成させた強力な伸びゆく手の力は、Ｗｉ‐Ｆｉの登場によって急速に失われていくであろう。事実、２００８年から登場したスマートフォンによって、既存の通信事業者の枠組みの中で携帯端末のビジネスをしてきた欧州のノキアもアメリカのモトローラも、そして日本メーカーも、わずか3年から4年で劣勢に立たされた。既存の通信事業者が完成させた伸びゆく手のメカニズムが機能しなくなり、競争ルールが変わってしまったからである。

そもそもＷｉ‐Ｆｉの原型となるコンセプトがオープン標準化の対象になったのは、パソコンが一般家庭に普及する１９９０年代の初期であった。複数の人が何台ものパソコンを同時に使うとオフィスや家庭に何本ものケーブルが乱雑に置かれて手に負えない。この問題を、せいぜい１００メートルぐらいしか飛ばない無線通信で解決しようとしたのである。

Ｗｉ‐Ｆｉのアクセスポイントに関するオープン標準化が始まった初期の頃は、たしかに欧州の携帯電話関係者も参加した。しかしながら、これがオープン化されて普及するその先に、自ら構築した伸びゆく手の市場支配力が弱まるという事実に経営陣が気づき、その後は標準化を遅らせる戦略に転じている。

◉ノキアの苦悩とその背景

すでにノキアは、既存の基地局・交換機を介してインターネットへアクセスするスマートフォンの原型を、2002年と2005年に出荷していた。2007年にWi-Fiのアクセスポイントを介してインターネットへ直接アクセスできるiPhoneがアップルから出荷されると、類似の機能を持つスマートフォンをすぐ出荷した。

しかしながらこの時点のノキアの経営判断は、既存の通信事業会社（オペレーター）の基地局／交換機を使ってインターネットにアクセスする機能が最優先だったのであり、インターネットアクセスのブラウザ機能やユーザーインタフェースを、単なる機能として持っていたに過ぎない。いわゆるアップルが徹底して追求したフルブラウザの開発をおろそかにしていたのである。

また、交換機を介してインターネットにつなぐプロトコル（WAP：Wireless Application Protocol）をノキアは公開せず、またオペレーター側にサーバーを置いて機能を制限した。しかしながら、このようなオペレーターの枠組みの中でビジネスを行うという経営判断が、結果的に命取りになった。このようなノキアの経営判断は、日本の携帯電話メーカーでも同じだった。

たしかに当時のオペレーターは、携帯電話が直接インターネットにつながることを最も警戒していた。ノキアは2000年代に何度かオペレーターのビジネスの枠組みから離れる動きを見せたが、そのたびにノキアの市場シェアが落ち込んだ、と少なからぬアナリストが分析している。

技術力でまさる日本企業は、Wi-Fiのアクセスポイントを介してインターネットへ直接アクセスするスマートフォンをアップルよりも数年早く商品化していたが、その市場は特定の企業内から出ることはなかった。ノキアも日本企業も技術者は間違いなく頑張った。しかしながら、その後のノキアと日本の携帯電話メーカーがたどった経緯は周知のとおりである。

ノキアの技術者はすでに2000年代の初期にiPadとほぼ同じシステムを開発していた。また ノキアの多くのソフトウェア技術者は、すでに2000年代前半の時点で、Wi-Fiのアクセスポイント経由でインターネットへ直接つながることの意味に気がついていた。彼らは、フルブラウザ機能を持つアップルのiOSとノキアのシンビアンOSとの違いを理解していた。オープンでフルブラウザ機能を追求していたアンドロイドOSの採用さえ、ノキアの内部で検討されていたのではないだろうか。

たとえば、2007年にグーグルがクアルコムと連携してオープン・ハンドセット・アライアンス（アンドロイドの開発・規格団体）を発足させるが、その直後からアンドロイドOSのソースコード開発に最も貢献したのが、実はノキアのソフトウェア技術者であった。

ところがノキアの経営陣は、マイクロソフトの「ウィンドウズ・モバイル」OSを採用したので、ノキアのソフトウェア技術者も2010年頃からアンドロイドOSの開発から完全に手を引いた。その背後で、2009年にノキアとマイクロソフトが業務提携の協議を開始し、2010年9月にマイクロソフトの幹部がノキアのCEOに就任している。

この意味でノキアの経営陣は、採用すべき基本ソフトウェア（OS）でも、結果的に判断を誤ったと言わざるを得ない。2008年頃までなら、マイクロソフトのウィンドウズ・モバイルがスマートフォン市場を席巻する機運にあったのは事実だが、もしノキアがアンドロイド採用に踏み切っていたなら、マイクロソフトの戦略が一気に崩壊していたであろう。

また、もしノキアがアンドロイドＯＳでスマートフォンを出荷していれば、スマートフォン市場を席巻したのはサムスンでなくノキアだった可能性がある。サムスンは、ノキアが手を引いた直後の２０１０年から、アンドロイドＯＳのソースコード開発に大量の人材を送り込んで主導権を握った。ここからサムスンが大躍進する。

一方、ノキアと同じように、ウィンドウズ・モバイルを採用した台湾企業は、緒戦の遅れが響いてサムスンの後塵を拝することになる。日本の携帯電話メーカーも独自ＯＳを採用していて同じ運命をたどった。

サムスンは、開発に必要な巨額の投資をサムスン全体の事業から判断し、関連部門が共同で負担していた。翌年２０１１年にサムスンは、ハードウェア企業からソフトウェア企業へ転換する、と大々的にアナウンスした。

日本企業も早くからアンドロイド陣営に参加して主導権を取ろうとする動きもあったが、携帯電話事業部門に開発投資の余力が残っていなかった。また会社としての全体最適の視点から開発投資を判断することができなかった、と多くの人が証言している。企業内部で分業が進みすぎていて、ソフトウェアリッチ型へ転換することの意味を、事業戦略へ翻訳できる経営幹部が非常に少なかったことが大きい。

これまで述べたインターネットブラウザの問題やＯＳ選択の問題は、まさに製品がソフトウェアリッチ型へ転換し、オープンなインターネットへつながることで顕在化する経営問題である。日本のものづくり論にソフトウェアの視点が欠けていることの深刻さが、ここからも理解されるであろう。わわれわれは古き良き日のものづくりへ回帰してはならない。ソフトウェアの役割を戦略に取り込まずして、先進国型の製造業を語ることはできない。

◉工場中心のものづくりが競争力に貢献しない

ここで再びノキアに戻りたい。ノキアのハードウェア部門は、2001年のITバブル崩壊でこうむったサプライチェーンの混乱を契機に、日本から生産管理とものづくりを学び、世界で最も堅牢なサプライチェーンを完成させて、世界に誇る低コスト生産を実現させた。

2000年代前半に中国市場で直面した価格攻勢に、ノキアだけが価格で対抗できた背景に、日本から学んで進化させた生産管理システムがあったのである。その後ノキアは、コスト競争力を武器にインド市場やアフリカ市場をも制覇する。

1990年代の初期に欧州陣営が完成させた目に見えない市場支配のメカニズムが変わらないのであれば、そこに住む人々の所得水準で買える適地適価の製品開発や、そこに住む人々のライフスタイルと嗜好に合った「適地良品」の低コスト製品開発が、途上国市場で勝つために最も重要な要件であった。ノキアはたしかにこの方向を向いて走っていた。

しかしながら圧倒的な競争優位を獲得した後のノキアでは、携帯電話の本質的な技術革新や新たな機能・性能を社内で提案しても、巨大な量産工場で動く生産システムに適合しない商品は、コストアップになるという理由で量産を拒絶されることが多かったという。

ノキアは世界中に多数の自社工場を持つが、互いに生産コストを競っていたので、既存の生産システムをそのまま使って量産できる製品、すなわち単に携帯電話の色やデザインだけを変え、あるいは既存の部品をそのまま使える範囲で機能アップした製品だけが、優先して製造現場に受け入れられたのである。

工場中心の生産管理が大きな力を持つものづくり組織能力は、市場の競争ルールが同じであれば最も強力な市場競争力となる。しかしながら市場側で競争ルールが変わると、この組織能力が一瞬にして弱点に変わってしまう。その代表的な事例が日本の光ディスク産業や液晶テレビ産業であったが、ノキアの携帯電話でも同じだった。

製品アーキテクチャと組織能力の相性がこの分析で最も重要な視点となる。競争ルールが3年から4年という非常に短い時間で変わってしまうと、すでにルーチン化された変わる前の組織能力が適応できなくなるのである。

これが第1章の図1・1に示した日本の製品群の凋落のパターンであったが、ノキアの場合も同じであった。ものづくりを信奉する日本企業への重要な教訓がここにある。

ノキアの凋落はスマートフォンが世に出た直後の2009年から始まった。調査会社IDCによれば、2012年に出荷された携帯端末の数（携帯電話とスマートフォンの合計）は、2011年からわずか1・2％増の17億4000万台に留まるものの、サムスンが前年の23％も出荷台数伸ばし、アップルは46％も伸ばした。伸びの大部分はスマートフォンだったのである。

一方、ノキアの出荷台数は20％も減った。スマートフォンの出荷台数が2012年に41％も伸びて

7億台を超えたが（2013年は10億台と予想されている）、ここでのノキアの市場シェアはわずか5％に過ぎない。2012年に出荷された携帯端末の40％がスマートフォンだが、2013年の1月から3月まで出荷された台数では50％を超え、従来の携帯電話を追い越した。

スマートフォン市場で躍進する欧州企業は、今のところ1社もない。この事情は日本でも同じである。欧州陣営の伸びゆく手が機能しない自由競争のスマートフォン市場で、なぜアップルやサムスンだけが躍進できているのか。そしてなぜ中国や台湾企業だけがこれに続いているのか。われわれはこの問題を解き明かさなくてはならない。

たしかにノキアの経営陣は、Wi‐Fiとオープンなアクセスポイントの出現によって携帯電話市場の競争ルールが一変することを理解していた。スマートフォンの市場でグーグルが主導するアンドロイドOSの仕組みが、これまでのノキア戦略を根底から揺るがすものであることも理解しており、2008年1月にビジネスモデルの方向性とこれを担うノキアの組織構造も大きく変えた。OSやソフトウェア・ソリューショングループを、携帯端末というハードウェアデバイスの事業部門から独立させて強化するなど、ノキアはスマートフォンの興隆を踏まえた対応戦略を、次々に打ち出していたのである。

しかしながらノキア独自のシンビアンOSは、アンドロイドという世界中の知恵を集めながら統合するオープンなOSに対抗できなかった。2008年に53％のシェアを誇ったシンビアンOSは、2009年に48％、2010年に37％、そして2011年には20％以下に下落する。

一方、2009年にわずか数％だったアンドロイドOSが、2010年に20％を超え、2011年には47％まで急上昇していた。２０１２年にはこれがスマートフォン市場で70％を超え、２０１３年は80％を超えている。

ノキアのシンビアンＯＳとマイクロソフトのウィンドウズ・モバイルＯＳに対抗したグーグルのアンドロイドＯＳも、そして欧州の基地局に対抗したアメリカのＷｉ-Ｆｉとアクセスポイントも、すべて同じオープン化という定石を使って先行する伸びゆく手を破壊し、競争ルールを変えた。強力なオープン化の攻勢と新たな伸びゆく手に囲まれたノキアは、２０１３年９月に携帯電話事業をマイクロソフトに売却して市場から撤退することになる。

実ビジネスで繰り広げられるオープン化とは、決して牧歌的なオープン化ではない。オープン標準化する土俵に、世界中の人々の知恵を結集させれば技術進歩が加速するのはたしかだが、同時に、経営判断を誤ると既存の付加価値を一瞬にして消滅させる。

１９８０年代のノキアやエリクソンは、ドイツやフランスの伝統的な大手企業に対してオープン化を武器に戦いを挑み、北欧方式を欧州の携帯電話規格にした。このためヨーロッパの伝統的な大手企業は劣勢に立たされ、北欧企業が大躍進した。

２０００年代のアメリカ陣営もまた、Ｗｉ-Ｆｉとアクセスポイントをオープン標準化してインターネットへ直結させることに成功した。彼らは１９８０年代の欧州携帯電話産業よりもさらに強力にオープン化を徹底させ、非常に利用コストの低いビジネス・プラットフォームを新たに創り出す。しかしながらアメリカ企業は、その背後で、オープン標準化された領域とはまったく別のビジネス層でクローズの独占領域を持ち、新たな付加価値を創出していたのである。

既存の大手通信事業者に対するインターネット推進グループのオープン化戦略も、そしてIBMが君臨するコンピュータ市場に対抗するパソコン陣営のオープン化戦略も、あるいはマイクロソフトに対抗するグーグルのオープン化戦略も、まったく同じである。

ここでわれわれが特に留意すべき点は、オープン化の仕掛けとその背後に隠す付加価値領域の形成、すなわちオープン&クローズの考え方が、いずれもソフトウェアリッチ型へ転換した製品やシステムで創り出された事実である。これは、アナログ的な技術体系や機械特性が主役になる技術体系になかった経営思想なのである。

ソフトウェアリッチな製造業の出現によって、企業人が自らの手で世界の産業構造さえも変えられるようになった、と言ってもよい。100年ぶりに現れた産業構造の転換を象徴する出来事がここにもあった。

クアルコムの事例

実は、スマートフォンが登場するほぼ10年前に、スマートフォンで使われた第三世代(3G)携帯電話の機能の中で、欧州や日本の携帯電話メーカーの競争優位を揺るがす、強力な伸びゆく手が刷り込まれていた。情報通信産業の競争ルールを大きく変える強力な伸びゆく手が、アメリカのクアルコム社によって形成されていたのである。

◉クアルコムの伸びゆく手

クアルコムが知的財産の力で作り上げた強靭なビジネスインフラは、先進国型の製造業が具備すべき新たな方向性をわれわれに示している。新たなビジネスインフラに張りめぐらされたクアルコムの伸びゆく手もまた、極めて高度な知的財産マネジメントによって支えられている。この詳細を述べる前に、クアルコムが第三世代（３Ｇ）の携帯電話で主導権を取るに至る経緯を紹介したい。

クアルコムは、１９８５年にアーウィン・ジェイコブスとアンドリュー・ビタビによってアメリカのカリフォルニア州サンディエゴに設立された。同社の設立目的は、軍事技術として使われていた通信方式を民間へ応用することであった。この技術は、ＣＤＭＡ（Code Division Multiple Access：符号分割多元接続方式）と呼ばれ、たとえ基地局が非常に少なかったり、携帯端末が非常に多くなっても安定して使える優れた技術であった。しかしながらその実現には、他の方式の10倍以上もの高速演算処理を必要とし、当時は小型トラックほどの大きさの高速コンピュータを必要とした。人が持ち運ぶ携帯電話へ使うことなど、誰も想像すらできなかった。

これが携帯電話の端末に使われるようになったのは、ひとえに半導体の技術革新に支えられたマイクロプロセッサ性能の飛躍的な向上による。１９８５年当時にせいぜい1秒間に５００万回（５ＭＩＰＳ）しか出せなかった処理命令が、１９９０年代初期にその20倍を超えた。それでも１９９４年のクアルコムによる屋外公開実験を見学した日本の技術者は、実用化に程遠いと感じたそうである。しかしながらその数年後にはプロセッサの性能が１００倍を超え、不可能を可能にしてしまった。

一方、当時の欧州と日本は、技術的に実現しやすい時分割方式（欧州はＴＤＭＡ：最大14・４キロビット／秒、日本はＰＤＣ：最大９・６キロビット／秒）を採用していた。同じ周波数を一定時間ごとに分割して複数の通信を行う方式なので、プロセッサの性能がクアルコム方式（ＣＤＭＡ）の10分の１で済んだという。このため欧州企業と日本企業は、クアルコムより早い１９９２年と93年にデジタル携帯電話を商品化できた。これが第二世代（２Ｇ）の携帯電話である（第一世代はアナログ携帯電話）。ＣＤＭＡ方式のクアルコムと、アメリカ以外で唯一クアルコム方式を採用した韓国が２Ｇの携帯電話を市場に出せたのは、マイクロプロセッサの性能が十分に向上した後の１９９６年になってからであった。

◉クアルコム躍進の原点はダントツの技術と知的財産マネジメントの連携

しかしながら、欧州や日本の方式では高速通信に限界があった。１９９０年代の後半から規格化の議論が進む第三世代（３Ｇ）では、すでに第二世代（初期の２Ｇ）の１００倍の高速通信を目指しており、その延長でさらに１００倍の第四世代（４Ｇ）がロードマップに描かれていた（20年で1万倍）。また、90年代の末に世界でせいぜい5億台程度しか稼働していない携帯電話が、２０１０年代に30億台から50億台も稼働すると予想されていた（実際には２Ｇだけでも２０１０年には30億台に達した）。

１００倍以上の高速通信であってしかも30億人以上もの人が使うのであれば、周波数効率の良い方式にせざるを得ない。デジタル携帯電話の国際規格を勧告する標準化団体（３ＧＰＰ）がクアルコムのＣＤＭＡ方式の採用を勧告したのは、欧州や日本の技術がこれらの要件に対応できなかったからである。

これらの事実から言えることは、国際標準化や知的財産マネジメントを語る以前に、やはり次世代携帯電話が求める基本技術で圧倒的な優位性を持ったことが、その後のクアルコムを大躍進させたということである。日本企業はごく一部を除いて、1990年代にクアルコムの存在を強く意識していなかった。ドコモにとってもそれは同じだった。一方、1995年頃に2Gでクアルコム方式を採用した韓国企業は、結果的に3Gやスマートフォンで大躍進した。

CDMA方式をベースにした第三世代（3G）の規格が3GPPなる国際標準化機関から勧告されたのは1999年だったが、日本企業は規格の細部がまだ決まっていなかった2001年の時点で商品化し、少し遅れて欧州企業も商品化する。日本と欧州はこれをW-CDMAと呼んだ。

基地局側の技術に少し違いがあるものの、基本技術はクアルコムが基本特許と周辺特許を持つCDMA技術であることに変わりはない。このため、すべての企業がクアルコムからロイヤリティーの支払いを求められるようになる。エリクソンは、クアルコムの技術で携帯電話を販売するビジネス上の意味を、3G規格が勧告された1999年の時点ですぐ理解し、電撃的にライセンス合意をした。

一方、ノキア、テキサス・インスツルメント、ブロードコム、NEC、パナソニックの5社連合は、2002年に共同でクアルコムを欧州委員会、韓国の公正取引委員会、そして日本の公正取引委員会に、独禁法違反で訴えることになる。他の日本企業も何度か誘われたようだが5社連合には参加しなかった。

その後ノキアは、2004年に5社連合から離脱してクアルコムと手を組んだ。背後でクロスライセンス契約が結ばれたという。ここまで3Gへ布石を打ったノキアは、低コスト路線を徹底させ、再び市場シェアを伸ばした。2004年に30%だったノキアの市場シェアが2008年に40%という驚異的なレベルに達した。

しかしながらノキアの成長は、スマートフォンが普及しはじめる2009年から完全に止まり、シェアを低下させた。世界の40%（5億台）もの生産台数を支えた工場中心のものづくり組織能力も、競争ルールが変われば有効性を失う。アップルのiPhoneの登場、Wi‐Fiのアクセスポイントからインターネットへ直接つながることで生まれたスマートフォン市場の競争ルールの変化、そしてすべての処理基盤であるOSそのものをオープン化したアンドロイドOSの興隆に対して、いかに工場のものづくりを磨いても対応できない。

これまで、日本企業がグローバル市場で勝てない理由に「国際標準化を主導できなかったため」と言う人が多かった。たしかに、3GPPTで規格の細部が決まる前であっても3Gを最初に商品化できたのは日本企業であった。そして多くの日本企業は、3Gの技術進化を主導できるのが日本だけであり、欧米企業や韓国企業はまだまだローエンドの携帯電話市場に留まると、繰り返し主張していた。

しかしながら、後知恵で語るならば、日本が最先端の3Gを商品化する技術力でまさっていたのは確かだが、いずれもクアルコムの背後に潜む伸びゆく手の存在に気づいていなかったし、基本技術、知的財産マネジメント、国際標準化のいずれの分野においても主導権を取れなかったと言わざるを得ない。

韓国企業は、技術も知的財産も国際標準化も主導せず、決して最先端の技術に手を出すことはなかった。2005年の時点でも、韓国企業がまだ2・5世代機に集中していたのは、利益率が最も大きかったからである。「技術は調達するものであって自ら開発するものではない」と公言していたサムスンのほうが、技術の先端を走る日本企業よりもグローバル市場で圧倒的にまさっていたのである。

これも製造業のグローバライゼーションと競争ルールの変化を象徴する事例である。競争ルールが変わるメカニズムを理解できなければ、いくら日本が技術でまさり知的財産でまさり、生産技術や製造技術でまさっていても市場撤退を繰り返すだろう。

あらためて言うまでもないが、日本企業にとって、まず世界中の人々を感動させる製品の開発がすべての前提となる。しかし、技術を企業収益に結びつけられるかどうかは別問題である。技術それ自身は単に必要条件に過ぎず、技術だけでは市場競争力に直結しない。まず自社のコア領域と市場の境界を事前に決め、コア領域の技術革新を常にリードし、知的財産マネジメントを駆使して伸びゆく手の仕組みをつくることなくして、技術を市場競争力に結びつけることはできない。

この背後にあるのが、100年ぶりに現れた第三次経済革命とも言うべき製造業のソフトウェアリッチ型への転換であり、この転換によってもたらされたグローバル市場での競争ルールの変化である。競争ルールが変わったのであれば、技術や知的財産でまさっても、そしてものづくりでまさっても事業で勝てない。

◉クアルコムのオープン&クローズ戦略

ここで再び主題をクアルコムに戻す。その後のクアルコムは、欧州や日本が採用したW - CDMAで基地局関連技術にも特許を張りめぐらし、鉄壁の守りを築いた。また第三世代（3G）から3・9Gや第四世代（4G）へと進化するうえで重要なLTE（3Gの100倍高速、現在ではLTEも4Gに加えられた）の関連技術と知的財産を持つ企業、あるいはWi - Fi技術とその知的財産を持つ企業を次々に買収して知的財産ポートフォリオを完成させた。

クアルコムは、1996年に2Gの携帯電話を商品化したすぐ後の1999年に無線基地局などをエリクソンへ売却し、2000年に携帯端末の事業を京セラへすべて売却した。そしてクアルコムは、CDMA方式の基本技術が集中カプセル化された半導体チップの事業に集中することになる。

ソフトウェアリッチ型の製品では、基本機能の多くが半導体チップ（システムLSI）の中の組み込みソフトウェアによって実現される。組み込みソフトウェアを動かすマイクロプロセッサが進歩すれば、ソフトウェアのプログラミングによって技術革新が次々に生まれ、その知的財産も半導体チップの中に集中カプセル化される。

CDMAを特徴づけるクアルコムの技術体系でも同じであった。この技術体系を詰め込んだ半導体チップ（基幹部品）のビジネスに特化すれば、完成品の事業をしないクアルコムは完成品メーカーからクロスライセンスを強要されることはない。知的財産で鉄壁の守りを築き、あとは半導体チップの中のコア領域を徹底して守り抜くだけでよい。

半導体のチップセットに特化する1999年のクアルコムの選択は、ある意味では携帯電話の価格競争が激しくなって収益が悪化し、追い込まれたうえでの選択であった。しかしながら、これを企業と市場の境界設計という視点で見直せば、クアルコムの選択は功を奏した。自社のコア技術を知的財産で完全に守れる半導体チップに特化し、チップと他社の技術をつなぐインタフェース領域にも知的財産を刷り込ませて公開し、そのうえで他をすべてオープン標準化するという、いわゆるオープン&クローズ戦略を徹底させたのである。

繰り返しになるが、これは決して最初から成功を予想して選択したのではなく、追い詰められて市場撤退の絶壁に立たされて生まれた経営判断であった。それ以前のクアルコムはフルセット垂直統合型を追求していたのであり、たとえばパームOSとCDMAとを一体化した「ｐｄＱ」という現在のスマートフォンに近い製品を、1998年にすでに発売していた。しかしオペレーターが高額なデータ通信料金を設定したためにまったく普及しなかった。オペレーターが構築した枠組みの中では、自社優位の仕組みを構築できなかったのである。

このような経験を幾度か積み重ねて到達したのが、企業と市場の境界設計から始まるクアルコムのオープン&クローズ戦略である。クアルコムは、自社のコア領域へ知的財産を集中させてクローズ領域を形成し、国際標準化が創る巨大なオープン市場と自社との境界を決め、技術の進化とロードマップを主導する。このようなオープン&クローズ戦略を事業戦略の中枢に据えることによって初めて成功を収めたのである。

1997年にｉモードのサービスを開始していた当時のNTTドコモや日本企業が、クアルコムの仕掛けを上記のように捉えた形跡はない。そもそもクアルコムが提案した3G規格（CDMA2000）などは、少なくとも1990年代の末の時点でまったく眼中になかったのだろう。

すべての技術を内部に取り込む統合型を追求していた当時の日本企業は、グローバルでオープンな企業間分業を前提にするオープン&クローズ戦略を持ち得なかった。さらにこれを支える知的財産マネジメントも持ち得なかった。これは、1980年代のIBMでも同じだった。IBMがその後のインテルやマイクロソフトの躍進を予想できなかったのと同じように、1990年代末から2000年代初期の日本企業は、誰もクアルコムのその後を予測できなかったのである。

◉伸びゆく手の形成メカニズム

半導体チップと完成品（携帯電話）側との境界が、クアルコムと市場との境界である。クアルコムはこの境界を自社優位に設計し、自社が優位になるビジネス・エコシステムの構造をグローバル市場で構築していた。完成品側に広く伸びるクアルコムの伸びゆく手を、もう少し分析してみたい。

本書が定義するスマートフォンとは、これまでの携帯電話機能とWi‐Fi接続機能の2つを一体化したものであることは先に述べた。スマートフォンなら既存の基地局を介さず、Wi‐Fiチップからアクセスポイント経由で直接インターネットにつながる（図3・2）。このような簡便さのために、出荷直後の2008年から誰も予想できない巨大な需要を生み出して半導体チップの供給が追いつかず、半導体チップの数が普及速度と市場シェアを左右する状況になった。

クアルコムは自前の半導体工場を持たないファブレス型ではあるが、半導体チップの設計で世界有数の技術を持つ企業である。Ｗｉ‐Ｆｉ技術を持っていなかったクアルコムは、その後Ｗｉ‐Ｆｉ関連の技術や知的財産を持つ会社を次々に買収し、スマートフォンを支える３ＧとＷｉ‐Ｆｉのコア技術と知的財産をすべて手中に収める。

知的財産で鉄壁の守りを固め、チップを量産する台湾のＴＳＭＣなど、量産専業メーカー（ファウンドリー）と設計・製造を分業すれば、半導体チップの供給を一手に握ることができる。すなわち、スマートフォンメーカーの市場シェアが少なくとも初期の段階では、クアルコムから調達できるチップの数によって決まるようになったのである。

スマートフォンのチップにはクアルコムの知的財産が集中カプセル化されている。これによってスマートフォンを進化させる技術イノベーションを常に主導できる立場にクアルコムが躍り出た。このような状況を作り出したことで、クアルコムはチップからグローバル市場に向けて強力な伸びゆく手を形成することとなった。

２０１２年に、クアルコムは世界の半導体メーカーの売上トップ5に初めてランクされた（世界の4位）。また株式時価総額でインテルを追い越した。株価がインテルの約3倍になったという。

第二世代（2G）の携帯電話で、ノキアを中心とした欧州企業へ大量の半導体チップを提供していたテキサス・インスツルメンツは、３Ｇでクアルコムの知的財産を使わざるを得なくなり、Ｗｉ‐Ｆｉ技術の開発・調達も遅れ、スマートフォンの半導体チップ戦線から脱落した。テキサス・インスツルメンツは、ノキアから離れた独自のチップ戦略を推進できなかったのである。

日本企業も非常に早い2005年頃にシャープがウィンドウズ・モバイルOSでスマートフォンを出荷しており、東芝や日立も2007年と2008年に出荷しているが、いずれも従来型の通信事業者（オペレーター）の通信インフラを経由したインターネット接続であった。これはノキアの場合と同じである。たとえば日本で最も早くアンドロイドOSを搭載した台湾HTC製のスマートフォンは、2009年の7月にドコモから出荷されているが、これもいわゆるスマートフォンにおけるドコモのiモード機能を活用することを目的としたものであった。

NTTドコモのような通信事業者（オペレーター）のビジネスインフラを優先せず、Wi-Fiのアクセスポイントを経由して直接インターネットへつながる機能を前面に出すスマートフォンが日本で最初に現れたのが、アップルのiPhoneであった。2008年の7月にソフトバンクモバイルから出荷されて爆発的に普及した。IDCによれば、2012年に国内で販売された携帯端末が4181万台だったが、その内スマートフォンが2972万台であり、スマートフォンの36％がiPhoneだった。

NTTドコモが現在と同じアンドロイドOS搭載のスマートフォンを本格的に取り扱ったのは、2010年の4月から発売したソニー・エリクソンのスマートフォンからである。その年の7月から秋にかけて、日本メーカーもアンドロイド搭載のスマートフォンを、ドコモやKDDIなどを経由して一斉に発売した。結果論とはいえ、その2年も前の2008年にiPhoneを出荷したソフトバンクモバイルの慧眼に敬意を表さざるを得ない。

ドコモは2011年12月にドコモと関係の深い日本の携帯電話メーカーやリムスンと一緒に、独自のサービス機能を自由に付与できるチップの共同開発会社を発表したが、翌年春にサムスンの強い反対で解散した。すでに2010年の時点でサムスンは別の道を歩み、成功していたからである。

このような背景があったためか、日本メーカーがクアルコムから調達できる半導体チップの数が十分ではなく、チップを量産できる日本メーカーもなくなり、市場シェアを伸ばすことはもとより維持することさえ困難になった、と多くの関係者が証言している。日本と欧州がスマートフォンで躍進できなかった背景としては、なによりも初動の遅れを挙げなければならないが、同時に中核技術が集中する半導体チップの開発に問題があったと考えられる。

一方、サムスンは、制限付きとは言われるものの、第三世代（3G）からチップを製造できるようになった。クアルコムがロイヤリティーの対象を完成品に絞り、チップにはロイヤリティーを設定しないという戦略転換を行ったからである。ここからサムスンは、第三世代（3G）の携帯電話機能とWi‐Fi機能はもとより、得意とするアプリケーション・プロセッサを搭載したサービス機能を他社に先駆けてチップへ取り込み、スマートフォンで躍進する。サムスンはラッキーだったのである。

その背後でサムスンが、ノキアに代わって2010年頃からアンドロイドOSの進化・開発で主導権を握っていた。アンドロイドOS開発から手を引いてマイクロソフトと組むというノキアの経営判断が、結果的にスマートフォン市場でサムスンを躍進させたと言ってもいい。この意味でサムスンはラッキーだった。

サムスンの世界のスマートフォン市場におけるシェアは、2013年の春にアップルの18％をはるかに超えて30％以上となった。サムスンがスマートフォンから空前の利益を上げたのは言うまでもない（ただし利益率は、アップルの2分の1から3分の1）。

日本企業やノキアとサムスンの違いは、第一に既存の通信事業者が設定したビジネスの枠組みを超えられたか否かにあり、第二に半導体チップの調達や開発スピードにあった。そして第三に、すべての機能を支える基盤としてのOSの選択にあったと考えられる。

これらはいずれも日本的なものづくりで成功した企業にとって、判断が非常に難しい選択肢だったのではないか。

●クアルコムは新興国市場を狙う

先進国市場で鉄壁の守りを固めたクアルコムは、急成長する途上国に向けて、さらに伸びゆく手を広げるだろう。たとえば、世界共通規格の第三世代（3G）携帯電話機能とWi-Fi機能だけでなく、ここに電波の受信・送信機能などを含むすべての機能を一体化するフルターンキー型の技術モジュールを、クアルコムが提供することも考えられる。

技術蓄積の少ない途上国企業に対して、フルターンキーで基幹技術モジュールを提供するビジネスモデルは、1980年代末から90年代初期にソニーがCDプレイヤーやビデオCDの中国市場で展開した、独創的な勝ちパターンであった。その後、このビジネスモデルは、パソコン市場のインテル、CD-ROMやDVDプレイヤー市場の三洋電機、携帯電話市場の台湾のメディアテック、液晶テレビ市場の台湾のMスターなどに踏襲され、多くの成功をもたらした。

技術力のない小さな企業にフルターンキー型のチップや開発環境を提供し、彼らの活力を使ってチップを大量普及させるビジネスモデルは、中国市場で第二世代（2G）携帯電話が大量普及する2005年頃に台湾のメディアテック社が仕掛けて大成功を収めた。メディアテックは、中国のスマートフォン市場で今度も同じ成功体験を追求するであろう。

一方、このモデルの本質を理解した中国のチップメーカーも、これに対抗する独自の成功モデルを追求するはずである。機能は劣るものの、すでに1万円を切るスマートフォンが、中国市場に出現して大量普及の機運にある。また、その背後に中国のチップメーカーの姿も見え隠れする。

中国市場で中国企業製のスマートフォンが60%の市場シェアを超えるまでになると、アップルも新機種のiPhoneを2013年秋に中国市場へ投入した。しかし、中国製スマートフォンの約4倍から6倍もする販売価格であり、市場シェアに与える影響はまだ限定的だ。

中国企業による低価格スマートフォンの出荷は、アップルよりもサムスンを苦境に落とし込む。スマートフォンやタブレット端末の技術革新が止まるか、あるいは人々が必要とする機能以上のものを搭載してしまうようなオーバーテクノロジーの時代になれば、あるいはサムスンと同等の中高級スマートフォンを中国企業が低コストで提供すれば、サムスンは、間違いなく普及帯の市場からニッチな高機能市場へ追い出されるだろう。現在のサムスンには、トヨタグループからTPSを学んで中国企業の低価格攻勢を追い返した2000年代中期のノキアの戦略が必要なのではないか。

現在のサムスンの苦境は日本のエレクトロニクス産業が、パソコンやDVD、液晶テレビで直面した苦境と同じである。サムスンは、日本のエレクトロニクス産業の教訓をどのように活かすのだろうか。

チップメーカーとしてのクアルコムも、遠からずして同じ困難に直面する。先に述べたように、2012年にクアルコムの株価がインテルの3倍となり、時価総額でもインテルを追い越した。株主はさらに高い利益率をクアルコムに求めるはずであり、利益率の低下を許さない。

特に台湾のメディアテック社や中国のチップメーカーの価格攻勢という課題を、クアルコムがどのように解決しようとしているのか明らかではない。

中国市場のメディアテックは、図面と部品表さえも公開するモデルへとさらに進化させている。これが徹底されたら、サムスンはますますニッチ市場へ追い込まれる。そして同時にクアルコムですら中国市場で劣勢になるであろう。

フルターンキーで基幹技術モジュールを提供するビジネスモデルの基本法則については、本章の後半にインテルの事例を使って紹介したい。これは先進国と途上国との間、あるいは企業相互間で圧倒的な技術格差があることで機能するビジネスモデルであり、いずれも基幹技術モジュールで圧倒的な技術力か、圧倒的なコスト競争力を持つ企業だけが仕掛け得る、伸びゆく手形成の勝ちパターンであった。

◉製造業のサービス化が始まる

現在のＷｉ‐Ｆｉとアクセスポイントは非常に使い勝手がよく、たとえインターネットとの接続が不安定であっても個人が使う限り問題はない。しかしながら自動車や事務機械、産業機械、医療機器、介護ロボットなどのような、常に高い安全性や信頼性を必要とするケースでは、現状のＷｉ‐Ｆｉをそのまま使うには限界がある。たとえば近くにいる人がスマートフォンを一斉に使いはじめたり、あるいは隣のスマートフォンが動画を頻繁に転送したりすると接続性が不安定となるからである。

たしかに既存の通信事業会社がコントロールする第三世代（３Ｇ）やＬＴＥなどの第四世代（４Ｇ）のネットワークは、誰もが安心して使える公共インフラという意味で圧倒的な信頼性を持つ。しかし新たなビジネスモデルを追求する企業は、自社独自のサービスビジネスを推進しようとするうえで、こうした通信の利用料金をも自由に戦略的に設定したいと考えるであろう。

自社の製品がネットワークにつながってその端末になれば、付加価値（収益）が新たなビジネス層へシフトする。ここから競争ルールが大きく変わる。このことは先に述べた新たなビジネスモデルを追求するような企業人は理解している。付加価値（収益）を得る領域も競争ルールも自ら主導して変えなければ、ビジネス基盤が危機にさらされることも理解している。

公共インフラで使う３Ｇや４Ｇと同じ安定性を持ち、Ｗｉ‐Ｆｉ感覚でインターネットへ直接つながるという新たな通信機能が、多くの産業領域で必要であると議論されはじめた。それぞれの企業が、自らのサービスビジネスの領域内で安定接続や信頼性担保に責任を持ち、個々の企業の範囲を超える通信領域では、現在と同じ安定性・信頼性を公共の通信インフラによって担保してほしいというニーズがある。

もしこの機能が現在のＷｉ‐Ｆｉの電波帯で可能になり（新たな電波帯の割り当てが不要なので行政の関与

が小さい）、新規機能が図3・2の右に示すWi‐Fiのアクセスポイントのそばへ置くだけで可能となるのであれば、インターネットのクラウド側に配置されたサービスとこのサービスを用いるアプリケーションがつながり、さらにこのアプリケーションから新たなサービスが連鎖的に生み出される。そうなれば、自動車、事務機械、産業機械、建設機械、医療機器、ロボットなど、非常に多くの産業領域で、製造業のサービスビジネス化が一気に進むはずだ。

このとき、新たに生まれる付加価値がこれまでとまったく異なるビジネス層へシフトするだけでなく、既存の付加価値さえも新たなビジネス層へシフトする。放送業界、流通業界や既存のサービス産業はもとより、農業や漁業でも、あるいは新たな産業として期待されるスマートシティ関連産業であっても例外ではない。

このような一連のイノベーションは、同時に既存の通信事業者の競争ルールをも大きく変えてしまう。この意味で具体化には大きな困難を伴うはずだがこれを乗り越えなければ企業人の活力も知恵も結集できず、日本の製造業が先進国型へ変わることができない。変わらなければ、日本の社会システムイノベーションは遅々として進まない。進まなければ日本の製造業全体が取り残される。

ドイツのインダストリー4・0やアメリカのインダストリアル・インターネット・コンソーシアムがグローバル市場の共通インフラになれば、大規模な競争ルールの変化が実ビジネスの現実となって日本企業に迫る。ドイツの自動車産業も工場の設備産業も、すでに先手を打って動きはじめた。自動車産業全体の付加価値領域も競争ルールも大きく変わる現実が目の前に来ているのである。

インダストリー4・0の本質は、工場がつながるスマート工場にあるのではない。つながりをコントロールするノードを握り、つながりをコントロールするメカニズムを自社／自国優位に決め、ここから産業の構造を変えてビジネス・ルールを先導することに本質があるのである。

◉個人が主役のサービス産業が世界の隅々に生まれる

これまで考えられた製造業のサービス産業化は、あくまでも企業が主役になることが暗黙の前提になっていた。しかしながらネットワーク型サービス産業のその先に、先進国だけでなく新興国でも、個人が主役となるサービス産業が待っている。

もしここでクアルコムが技術力と規模の経済を活かしながら、4つのCPUコアからなる最先端の高速チップを使ってフルターンキー型のプラットフォームを大量に流通させ、ここにHTML5対応のブラウザが標準品としてバンドルされれば、世界の隅々で個人が主役のサービス産業が次々に生まれるはずだ。同じ仕組みづくりをメディアテックも中国のチップメーカーも必ずやる。

そもそもHTMLは文章の編集・表示を目的にしたマークアップ言語だったが、HTML5では、高度なグラフィックス表示（SVG）が可能になり、動画や音声もデフォルトで扱えるようになっている。これまでネットワーク環境のサービスビジネスは、すでに存在しているものを配信するのが中心であった。しかしHTML5対応のブラウザがスマートフォンの上で動作するようになれば、今後は画像・グラフィックス、音声などを活用した新たなサービスビジネスが創り出されるようになる。

新興国の人々は一切の巨大投資を必要とせず、1台のスマートフォンを買うだけでよい。しかもスマートフォンのユーザーインタフェースであれば、誰でも簡単に高度なブラウザを使いこなせる。ハードウェアと違ってソフトウェアであれば、人間の思いを自由自在に表現できる。世界中のどこでも個人が主役になるサービス産業が生まれる背景がここにある。

専門家は、ネットワークとつながる機器が２０１０年に１００億台であり、ＩｏＴやインダストリー４・０、インダストリアル・インターネット・コンソーシアムが実ビジネスの基本インフラとなる２０２０年の中期までには５００億台以上になるという。このとき、大部分の携帯端末や自動車はもとより、事務機械、産業機械、建設機械、医療機器など、あらゆる製品がネットワークにつながることを前提にしたものへ変貌する。ロボットも３Ｄプリンタも例外ではない。

２０１３年春に、中国の深圳市だけですでに60社が１５０種にも及ぶスマートフォンを出荷した。1万円を切るスマートフォンさえ売られはじめた。この流れは人口15億人の中国全土へ広がるが、同時に人口6億人のＡＳＥＡＮや12億人のインドへ拡大する。そしてその先で中東や南米はもとよりアフリカへも広がる。このときスマートフォンや多機能タブレット端末にＨＴＭＬ５対応のブラウザや、もっと進化したブラウザが標準機能としてバンドルされるはずであり、新たな産業が世界の隅々で次々に生まれるようになる。

クラウド側に配置されたサービス、あるいは世界中の人々が生み出す新たなサービスは、製造業のあり方のみならず人々のライフスタイルを根本的に変えていくことになる。約5億5千年前から始まったカンブリア紀の生命大爆発は、地球上に多種多様な生命体を生み出した。カンブリア紀の生命大爆発にも匹敵する出来事がソフトウェアリッチ型へ転換した製造業で生まれ、これをビジネス・プラットフォームにしたサービス産業が先進国でも新興国でも生まれようとしている。

このとき必要なのは、自然法則を使うものづくりの市場ではなく、人工的に形成する伸びゆく手で知恵比べをする市場なのである。われわれはこのような時代の潮流を止めることはできない。この潮流に先手を打ち、先進国型製造業のあり方を常に進化させなければならない。日本のものづくりが３Ｄプリンタによって強化されるという議論もあるが、それが通用する領域が限られているということもこれまでの議論から理解されるであろう。

スマートフォンのビジネス・プラットフォームで大躍進する日本のＬＩＮＥや、アメリカのツイッター、フェイスブック、中国のアリババ集団などは、人類社会が持ち得なかった新たなサービス産業を創出した。18世紀後半の第一次経済革命も19世紀後半の第二次経済革命も生み出せなかった新たな産業が、ソフトウェアリッチ型製品を象徴するスマートフォンの登場によって、世界の隅々へ広がろうとしている。

◉匠よりビジネスモデル型軍師の養成を

製造業がソフトウェアリッチ型へ転換して生まれる産業では、匠の技を磨く人材よりも、むしろ産業構造や競争ルールを俯瞰的に捉えて方向性を示す軍師の育成が、企業のグローバル競争力を強化し、国の経済活性化や雇用の創出に大きな影響を与える。

この意味で21世紀の製造業では、まず自社のコア領域を定め、自社と他社領域との境界を事前に設計し、境界に知的財産を刷り込み、あるいは公的な標準化機関を活用しながら安定化させる仕組みの事前設計が事業企画の時点で必須となる。さらには国のイノベーション戦略を策定する時点でも必須となる。

このとき自社／自国のコア領域からグローバル市場に向かって強い影響力を持たせる伸びゆく手の仕組みを自らの手で形成できるのであれば、グローバル市場の（特に新興国の）成長を自社／自国の成長に取り込むビジネスモデルができ上がる。これを担う軍師型の人材がいて初めてグローバルビジネスを主導できる。

この代表的な事例が欧州のGSM携帯電話陣営でありクアルコムであったが、以下で紹介するアップルやインテルもまた同じように、オープン&クローズ戦略を駆使して伸びゆく手の仕組みを追求する代表的な企業であった。

アップルの事例

●iPhoneに刷り込まれたアップルの伸びゆく手

アップルの復活は、2003年に出荷されたiPodから始まる。当時の売上は60億ドルに過ぎなかったが、iPhoneが出荷される2006年には3倍の200億ドルに近づき、さらに3年後の2010年にiPadが出荷されたとき、売上は400億ドルを超えていた。

利益率も2003年までほぼゼロか赤字であったが、iPodが出荷された翌年に3・9％、その翌年の2005年から2006年は約12％に急増した。iPhoneが出荷された翌年（2007年）から利益率が20％へとさらに急増し、2011年には売上800億ドルを超えて営業利益率も30％を誇る（サムスンは10％）。2014年6月の決算では売上が1400億ドルを超えて営業利益率も40％に近づいた（サムスンは中国企業の台頭によって減収減益）。

単に素晴らしい製品を世界中に普及させたというだけならここでアップルを取り上げる必要はない。ここでわれわれが注目したいのは、まず第一に、非常に高いレベルで利益率を増加させながら、同時に売上を急成長させる仕組みであり、第二に、企業（アップル）と市場（調達市場および販売市場）の境界がアップルによって事前設計されていて、アップル側から強力な伸びゆく手がグローバル市場で形成されているという事実である。

再度強調するが、まず世界中の人々が感動する製品開発がすべての前提であるのは言うまでもない。しかしながら、これまで見てきたようにこれだけでは十分でない。たしかに日本でも1980年代までなら、人々に感動を与える製品を開発すればこれがそのまま企業収益へ結びつきやすかった。しかしながら、現在のように技術、知的財産、人、そしてものづくりさえも瞬時に国境を越える21世紀の時代では、製品企画の段階で企業と市場の境界を事前設計し、企業から市場側へ向かう伸びゆく手が事前に設計されていなければ、企業収益へ結びつけるのは困難だ。

アップルに関する書籍はこれまで数多く出版されている。その大部分はスティーブ・ジョブズによる技術や品質に対するこだわり、デザインやユーザーインタフェースに対するこだわり、あるいは製品コンセプトに対する卓越した感性を称賛するものであった。またものづくりの定義を拡大しながら、アップルの成功をものづくりの成功と言う人さえいる。しかしながらこれらは、いずれもアップルの一断面に過ぎない。というより企業経営の中の製品開発という側面の議論でしかない。スティーブ・ジョブズのような人が育たないので、あるいは日本企業から消えたので良い製品が生まれない、だから日本のエレクトロニクス産業が衰退した、という意見は依然として多い。

その背後に潜むのが、「世に広く受け入れられる商品を開発できれば企業収益に直結する」という牧歌的なリニアモデルである。またこれは、「技術と経済成長」を論じてノーベル経済学賞の対象となった新古典派経済学の外生的経済成長理論や、その後の内生的経済成長理論で暗黙の内に仮定されたアカデミアの理論でもあった。最近のオープンイノベーション論にも、牧歌的なリニアモデルが暗黙の内に仮定されている。

しかしながらこのような技術起点のリニアモデルは、ソフトウェアリッチ型の製品産業のほぼ全域で、1990年代からすでに通用しなくなっている。われわれはこの現実を冷静に受け入れなければならない。良い製品づくりがすべてであると誤解するなら、スティーブ・ジョブズが日本に何人いても同じことが今後も繰り返されるであろう。

たとえば、2000年代にアップルから出願・登録された特許の数が年間せいぜい200件以下であって、日本の大手エレクトロニクス企業よりはるかに少ない（10分の1以下）という事実がある。アップルについて語る人は、この事実に着目していない。なぜDVDや液晶テレビですぐ価格競争が始まるのか。なぜアップルは取得している特許が非常に少ないにもかかわらず価格を維持できるのか。

この謎についての議論もない。あるいは携帯電話関連の特許をほとんど持たなかったアップルが、なぜiPhoneでビジネスへ参入できたのかを議論する人も稀だった。

アップル躍進の本質は、製造業のグローバライゼーションが生み出す大規模なビジネス・エコシステムの中で、技術や製品を長期にわたって企業収益に結びつけるための目に見えない仕組みを完成させた点にある。これがアップルによる伸びゆく手の形成である。

●アップル・iPodが生まれる前の日本企業と韓国企業

ユーザーから見たiPodの基本コンセプトは、ネットワーク側から音楽をダウンロードし、これを持ち運びながら聞いて楽しむことにあるが、これと類似のコンセプトは、サムスンからスピンオフした若者が1997年から98年に韓国で開発していた。また日本でも、ほぼ同じ時期に三洋電機を含む少なくとも3社が、それぞれ独自に製品コンセプトを考え出して試作品を開発し、実証実験を始めていた。

1990年代のソニーでも類似の製品コンセプトを提案し続けた人もいたが、アップル型の成功が誰の目にも明らかになるまで、オープン&クローズ思想を反映する事業として考察されたことはなかった。

すべて1980年代のCDプレイヤーや1990年代のMD（ミニディスク）などと同じように、ソニー独自の技術と独自の製品群の中に閉じたビジネス思想、たとえば独自の圧縮技術を使い、ソニーが独占するメモリースティックやウォークマンだけでライセンス管理しようとした。このため、これらの製品は普及しなかったのである。

その後のソニーは、アップルと同じようにオープン標準化されたMP3方式を使うようになり、ソニー製以外の製品とビジネス・エコシステムを作るオープン&クローズ戦略へ切り替えた。こうしてソニーは、少なくとも日本国内では一時的にアップルに対抗できるまでになった。しかしオープン&クローズへ切り替える時期が遅すぎた。

韓国企業と日本企業は、いずれも小型の2・5インチハードディスクの搭載を前提にしていた。一方、最初にアップルが考えたのは、記録できるCD（CD-R：CD-Recordable）へ音楽をダウンロードする製品コンセプトであって小型ハードディスクではなかった。その後アップルは、東芝が1・8インチハードディスクを開発中であることを知り、これを搭載するｉＰｏｄを開発することになる。

◉ジョブズの提案を断ったソニー

最初の製品コンセプトが記録できるCDであったためか、1990年代の末にスティーブ・ジョブズが、CD関連の商品で圧倒的な技術と知的財産を持つソニーのトップを訪ね、共同開発を提案している。しかしソニーはこの誘いに乗らなかった。ソニーのトップがアップル への対応を指示したのがMDウォークマンの事業責任者だったからだ、と当時を知る人は言う。

MDとは1992年にソニーの大賀典雄氏主導で世に出すミニディスク（Mini Disc）のことである

が、1990年代後半から販売台数が減り続けていた。ソニーの関係者によれば、アップル提案の商品が世に出てミニディスクの市場がさらに小さくなることを懸念したという。常に売上と利益の予算達成のために全力で取り組まなければならない事業責任者が、このような対応をせざるを得ないのは当然である。アップルとの提携判断は、会社としての全体の方向性に責任を持つ上位の経営者が行うべきであった。

類似の出来事は、これよりさらに20年前の1978年に、オランダのフィリップスからCDプレイヤーの共同開発を提案された松下電器でも起きた。当時の松下幸之助氏は、ビデオに興味があって音楽に興味はなかった。フィリップスへの対応を任されたのは、日本で圧倒的な市場シェア（40％弱）を持つLPレコード装置の事業責任者であり、CDの登場によってLPレコード装置が影響を受けるという懸念からも、フィリップスの提案を拒絶している。

フィリップスはその後ソニーの大賀典雄副社長（当時）に会うが、対応した大賀氏がその場ですぐ賛同し、盛田昭夫社長も共同開発を強力に支援したという。ソニーはアナログのオーディオステレオ機器で松下電器にまったく勝てなかったからである。フィリップスから提案があった1か月後に大賀氏が、2か月後に盛田氏がフィリップスを訪問している。その後、CDプレイヤーが1980年代のソニーを躍進させる強力なエンジンとなったのは周知のとおりである。

盛田氏は、ソニーがCDプレイヤーでフィリップスと組んだほぼ同じ時期の1979年に、社内の技術者の反対を押し切って初代ウォークマンを世に出した。これが、その後20年もの長期にわたってソニーを潤したのだ。

ウォークマンのプレイヤーそれ自身は、手軽に入手できる部品で構成されていて（オープン）、特許も数件しか申請していなかったという。しかしながら再生される音楽を素晴らしい音質で聞くイヤフォンには、特別の工夫がなされていて、ここに多くの特許が刷り込まれていたと、当時の関係者は言う。ソニーというブランドとこのイヤフォン技術がソニーのコア領域（クローズ）だったのであり、現在のアップルと同じオープン＆クローズの戦略思想がすでに当時のウォークマンに刷り込まれていたのである。

１９８０年代のソニーはＣＤプレイヤーでも、音楽コンテンツを守った上で基幹部品を販売するなど、積極的なオープン＆クローズ戦略を展開したが、その後のソニーは自前主義のクローズ＆クローズへ立ち戻ってしまう。

１９７０年代後半のソニーと１９９０年代後半のソニーで何が違うかは、読者の想像に任せたい。ただ一言追加すれば、ソニーは20年前と違って巨大組織になっており、カリスマ的個人がすべての意思決定をすることは不可能になっていたということだ。

◉アメリカ音楽業界が直面した深刻な事態とジョブズの対応

ここで再びアップルに戻りたい。１９９０年代の末に、ネットワークを介してＣＤ－Ｒ装置へ音楽をコピーするソフトウェアモジュール、すなわちその後のｉＴｕｎｅｓミュージックストア（iTunes Music Store）の原型がアメリカのベンチャー企業によって開発されていた。そして、アップルはこの企業を買収して音楽のコピー先をＣＤ‐Ｒからハードディスクに変えた。

当時のアメリカ音楽業界には深刻な問題があった。記録できるＣＤ（ＣＤ‐Ｒ）が１９９６年頃からパソコン環境で大量普及しはじめ、パソコン経由でＣＤ‐Ｒへ音楽をコピーして楽しむ若い人が急増していたのである。その後の１９９８年に音楽データを圧縮するＭＰ３プレイヤー（Ｗｉｎａｍｐ）が無償で利用できるようになり、１９９９年にはパソコンのＭＰ３ファイル（音楽情報）がデータベース化されて自動的にインターネットで公開するナップスターと呼ばれるソフトが登場する。コピーした音楽をインターネット経由で交換できるようになったので、音楽業界の売上が大幅に減ってしまった。しかし誰もこの潮流を止めることができなかった。

このタイミングでスティーブ・ジョブズは、一曲１ドルという当時として格安の値段でｉＰｏｄへ音楽をコピーできる権利を手にした。ただで大量に不法コピーされるよりもマシだ、というのが音楽業界の判断だったという。

以上がｉＰｏｄが世に出るまでの出来事であったが、日本企業がアップルよりも少し早く類似の製品コンセプトを考えたにもかかわらず、大規模に展開できなかった背景として、企業幹部のビジョンやビジネスへの方向性に問題があったのは確かである。そしてまたｉＴｕｎｅｓミュージックストアのようなコンセプトが日本で生まれていなかったのも確かである。しかしながらそれ以上に、日本の音楽業界が著作権を固く守ってコピーを許さなかった点のほうがはるかに大きな問題だった。これは２０１０年代の現在でもあまり変わっていない。

◉なぜアップルに付加価値が集中したのか

アップルがｉＰｏｄから大躍進した第一の理由が、その素晴らしい商品コンセプトにあることは当然だが、これは単に大量普及のための条件に過ぎない。アップルがビジネスとして圧倒的な成功を収めた本質は、価格を下げなくても世界中で大量に普及し、非常に高いレベルで利益率を増加させ、同時に売上を急増させる仕組みにある。

価格を下げなくても売れる素晴らしい製品だったという意味でスティーブ・ジョブズの功績は圧倒的だが、競争相手が出てくればいかに素晴らしくても価格競争は避けられない。日本企業が液晶テレビのビジネスで苦境に立つのは、毎月のように価格が下落するからであった。参入企業が非常に多かったのである。

今でこそアップルのｉＰｈｏｎｅ市場には、アンドロイドＯＳ搭載のスマートフォンや最近発表されたタブレット携帯端末などがたしかに出現しているものの、ｉＰｏｄやｉＰｈｏｎｅと同じ基本コンセプトを持つ直接の競合相手は当初はいなかったし、現在でもアップルが作り上げた市場ドメインに競争相手がいない。したがって価格はアップル自身の事業戦略によって決めることができる。

アップルが大躍進した理由は、競争相手が同じ製品市場へ参入できない仕組みを合法的につくり、常に価格を維持できる仕組みをつくっていたからである。この仕組みがなければ、たとえアップルでもその後のｉＰｈｏｎｅ、ｉＰａｄのビジネスで成功するのは極めて困難であったはずだ。

この仕組みは、まず第一にビジネスの主導権（特に価格）を量販店からメーカーであるアップルが奪い返すことであり、第二に後追いで模倣するキャッチアップ型企業の参入を阻むことにある。本書は第二に焦点を当て、アップルが市場に大きな影響力を持たせる仕組みとして作り上げた伸びゆく手を次に紹介する。

製造業がソフトウェアリッチ型へ転換し、グローバライゼーションが急速に進み、ビジネス・エコシステム型の産業構造が当たり前になった21世紀では、この仕組みづくりが事業戦略の本質となる。もしこの仕組みが事前設計されていなければ、素晴らしい製品の開発者としてのスティーブ・ジョブズが日本に何人いても競争に勝ち残ることはできない。

◉アップルの高収益メカニズム

ここでまず、アップル製品のコスト構造を分析してみたい。アメリカの経済学者が分析したｉＰｏｄの分析によると、２００３年に出荷されたｉＰｏｄは２９９ドルであったが、この価格は２００５年になっても、２００６年になっても、基本的には変わっていない。

２００６年に出荷されたｉＰｈｏｎｅでも２００９年に出荷されたｉＰａｄでも、同じように価格が維持されており、ＤＶＤや液晶テレビと際立った違いを見せる。市場が拡大すれば部品の調達コストは大幅に下がるが、販売価格が維持されているのであれば、調達コストの低下がそのままアップルの粗利益となる。

アップル製品のコスト面での特徴は、組み立てコストが相対的に極めて低く、工場から付加価値が消えてしまった点にある。たとえば組み立て製造の専業メーカー（EMS）のフォックスコン（Foxconn）がiPodで獲得する付加価値が5ドルであり、店頭価格299ドルのわずか1・7％に過ぎなかった。これはiPhoneでもさほど変わらず、2％から2・5％である。せいぜい2％なら、先進国の製造業が生産技術や製造技術に直接手を出す必要はない。腕利きのコンサルタントがアウトソーシング先の工場現場を指導するだけでいい。アップルの製品では、いずれも完成品を組み立てる工場から付加価値が消えた。

またiPhoneの部品コストは約200ドルであり、iPhoneの店頭価格の36％に過ぎない。これを世界の数十社が分け合っているという意味で、一社あたりの付加価値はフォックスコンと同じレベルである。1980年代に松下電器や日本ビクターに多大な利益をもたらしたVTRでも、部品コストが店頭価格の3分の1であった。

アップルが、特にiPhoneで非常に大きな利益を得ていたことが、アップルとサムスンの知的財産訴訟で明らかになった。アップルの財務諸表から分析すると、アップル本体の付加価値（ほぼ粗利益と同じ）がおおよそ45％に及ぶ。またアップルは多くの製品を直営のアップルストアで販売しており、アメリカの販売チャネルマージンから推定される付加価値も含めると、アップルが全体で獲得した付加価値は店頭価格の50％を超えていると予想できる。60％に達すると推定する人さえいる。2013年秋にアップルが中国市場で販売したiPhone 5c（売値：549ドル）とiPhone 5s（売値：659ドル）では、コストがそれぞれ173ドルと199ドルになり、粗利率がさらに改善されて、70％に近い。【注1】 2014年6月期の決算では、アップル全体の営業利益の40％を占めると言われている。

これまで少なからぬ人が、アップルは音楽などのコンテンツで収益を上げる企業であると思っていた。著名なコンサルタントや経営学者でさえこうした考えを主張していた。しかしながら、たとえば2007年の時点のアップルの売上は240億ドルであったが、音楽などコンテンツの売上は10％以下の20億ドルを下回る。このうち音楽コンテンツでアップルが得る利益はわずか10％の2億ドル程度だったと言われている。この利益は売上のせいぜい1％に過ぎない。

iPhone登場以降は、コンテンツビジネスの利益率が高くなったものの、売上や利益に対する貢献は非常に小さい。アップルは、iPod、iPhone、iPadというハードウェア携帯端末で売上で利益を出していたのであり、コンテンツはハードウェアビジネスを支える道具に過ぎなかった。大部分の付加価値がアップルのハードウェア携帯端末に集中する構造になっているのである。このメカニズムを次に紹介する。

●ビジネス・エコシステムの中のオープン&クローズ戦略と知的財産マネジメント

アップルが高い利益を長期にわたって維持できるメカニズムについて語る前に、あらためてオープ

【注1】　IHIアイサプライ（iSupply）の原価計算をベースにしたクランチ・ベース（Crunch Base）の分析レポートによる。

ン＆クローズ戦略の知的財産マネジメントについて整理しておこう。

技術や知的財産だけでなく、ものづくりさえも瞬時に国境を越えるのが、製造業のグローバライゼーションであった。だが、自ら開発した独自技術が瞬時に流出するのであれば、いかなる製造業も長期に存続することができない。流出してくる技術を使ってキャッチアップするほうが、圧倒的に経済合理性を持つことになり、誰も技術開発や製品開発の投資をしなくなる。

この矛盾を乗り越えるための経営思想が企業と市場の境界設計であり、オープン＆クローズ戦略であった。クローズ領域とは自社の存続と成長を基礎づける確固たる事業基盤（コア領域）であり、技術イノベーションや製品イノベーションの成果をすべてここに集中させる。この成果の漏洩を防いで企業存続の基盤を確固たるものにし、さらにこれをグローバルなオープン市場で守るのが知的財産マネジメントである。

一方、オープン領域とは、その製品市場で世界中の企業が技術や知恵を出し合い、一体となって成長し合う市場である。この意味でオープン＆クローズ戦略は、グローバルなビジネス・エコシステムの進展によって必然的に生まれた。

たとえば、航空機は約４００万点の部品から構成され、自動車は約10万点、デジタル家電は数百から数千点の部品からなる複合的な技術体系である。したがってすべてを自らの手で技術開発することは不可能であり、たとえ可能であっても経済合理性を欠く。多くの企業とビジネス・エコシステムを形成したグローバルな分業構造を、必然的に取らざるを得ない。

ビジネス・エコシステムの進展によって自前主義が崩壊したと言い換えてもよい。あるいは、自前主義の経済合理性が崩壊してグローバライゼーションが加速したとも言える。その典型的な事例が部品点数の多い航空機であり、またそして大きな技術モジュールの組み合わせ型へ転換して工場の部品点数が極度に少なくなったデジタルネットワーク型の製品やデジタル家電であった。この中間に位置づけられる自動車でもその兆候が顕在化している。

これまで何度か指摘したように、ソフトウェアが価値形成を先導するインダストリー4・0の経済環境では、自動車産業もさらに巨大なビジネス・エコシステム型となり、グローバル市場の競争ルールがデジタルネットワーク型に近づく可能性が非常に高い。

グローバルなビジネス・エコシステムを介した分業型の産業構造では、すべてを自社の内部で開発するのではなく、多くの企業と協業しながらビジネス・エコシステムを形成して市場を創っていかなければならない。したがって企業と市場の境界設計やオープン&クローズ戦略が、そして伸びゆく手の形成が、事業戦略の原点となる。知的財産マネジメントも経営者や事業責任者が自らの手で主導しなければならない。

◉アップルが守るコア領域と知的財産マネジメント

アップルのコア領域がどのようにして形成されているかを考えてみたい。アップルが確固たる事業基盤として守るコア領域は、第一にブランド、製品デザインおよびユーザーインタフェースであり、これを背後で支える統合型ソフトウェアプラットフォーム（iOS）である。ここはアップルの知恵と独自技術が集中カプセル化された領域であり、コア領域を守る知的財産権が集中カプセル化されている。

一般に、多様な複合技術で構成される製品は、数百から数千件を超える知的財産が刷り込まれているのが普通である。たとえばＤＶＤの場合は、２０００件以上の必須特許で構成されている（２００７年時点）。したがって、どんな大企業であっても知的財産のすべてを独占することができない。互いに知的財産を持ち寄るクロスライセンス契約を締結しないと市場参入ができない。

しかしながら、実ビジネスで取り引きされる知的財産のロイヤリティーは製品の工場出荷額の数％に抑えられており、たとえ必須特許を1件しか持たないキャッチアップ型の企業であっても、他の技術を模倣しながらクロスライセンスを駆使して市場参入できる。このときクロスライセンスで支払う知的財産コストは、トータルなビジネスコストのわずか数％に過ぎないのである。これなら、後追いで模倣する企業が価格競争を仕掛ければ勝てる。

アップルが確固たる事業基盤として守るコア領域とは、決してクロスライセンスの対象にならない領域であった。あるいは絶対にクロスライセンスさせない領域であり、また知的財産が第三者に侵害されればすぐにわかる領域であった。模倣によってキャッチアップする企業を徹底して排除できるメカニズムが刷り込まれた領域、と言い換えてもよい。

世界中で繰り広げられるアップルとサムスンの知的財産訴訟も、よく見ればキャッチアップを徹底して排除しようとするアップルと、クロスライセンスに持ち込もうとするサムスンという構図になっている。

アップルが知的財産侵害でサムスンを訴えている主たる論点は、製品のデザインと、画面を拡大したりスクロールするユーザーインタフェース関連の技術である。これらは、見れば誰でも模倣か否かがわかる。ユーザーインタフェースは、これが便利で誰にでも使いやすいものであって大量に普及すれば、これと異なるユーザーインタフェースの製品は売れなくなる。たとえ性能・機能の優れたキーボードがあっても、現在のキーボードを捨てられないのと同じである。

一方、サムスンがアップルを訴える主たる論点は、アップルのコア領域で使われる技術がサムスンの技術に抵触しているというものであった。これは、多くのキャッチアップ型アジア企業が過去20年以上にわたって完成させた典型的な知的財産マネジメントであり、多数の技術あるいは知的財産を持って先を走る先進国企業をクロスライセンスに持ち込むことであった。キャッチアップ時代の日本が特許の数を重視してアメリカを追いかけることができたのも、これと同じである。

クロスライセンスに持ち込めば、ロイヤリティーを支払うだけで、すでにでき上がった市場へ合法的に参入することができる。このときロイヤリティーで支払う知的財産のコストは、トータルなビジネスコストのわずか数%に過ぎない。この意味で特許の数を競ってきた日本の知的財産政策は、キャッチアップ型時代の政策の名残と言える。

製品の製造コスト低減に関する習熟曲線によれば、競合企業よりせいぜい20%から30%多く生産するだけで、コストは簡単に数%下がる。場合によっては10%を超える。すなわち、たとえ数パーセントの知的財産ロイヤリティーを支払っても十分に元は取れるのである。したがってキャッチアップ型の企業がまず集中するのは、利益率でなく市場シェアであった。これまでの日本企業も例外ではなかった。

　これを言い換えると、市場シェアで圧倒的な優位に立てば、技術で劣っても知的財産で劣ってもコストで勝てる。あとは適地良品（第5章参照）の考え方で製品を開発し、ブランドを徹底して浸透させ、販売チャネルを押さえ、サプライチェーンマネジメントに知恵を絞ればよい。これが欧米をキャッチアップしていた時代の日本だったのであり、そして現在のサムスンである。

　日本企業を相手に勝ちパターンを完成させたサムスンは、同じ行動を今回はアップルに対して取った。しかしながらアップルは、事前に企業と市場の境界を設計しており、アップルの競争優位を支えるコア領域で、クロスライセンスを徹底排除する仕組みを作り上げていた。

　アップルは、製品コンセプトを支える基本技術の領域でも、多くの企業と事前に知的財産ライセンス契約をしている。クロスライセンスを徹底排除するだけでなく、知的財産権を行使して利益を得ようとするパテントトロールから事業を守る仕組みをコア領域で準備していたのである。１９９０年代の日本はノートパソコンや多機能端末で圧倒的な技術蓄積を持っていたので、少なからぬ日本企業が知的財産をアップルへライセンス、あるいは売却したと言われる。

　アップルが急成長するにつれて、パテントトロールだけでなく多くの企業が知的財産でアップルを提訴しはじめた。しかしながら、通信やネットワーク関連など、アップルがもともと弱かった周辺の技術でノキアなどへロイヤリティーを支払った事実はあるが（２０１１年）、アップルの確固たる競争基盤を支えるコア領域が揺らぐ気配はまったくない。企業と市場の境界を事前に設計し、確固たる競争基盤としてのコア領域だけに自社の知的財産を集中させていたからである。

アップルとサムスンの知的財産訴訟が今後どうなるか予断を許さないが、サムスンは徹底してクロスライセンスを狙うであろう。2000年代になってたしかに日本企業もアップルと同じようにサムスンと知的財産訴訟を繰り返したが、収益が厳しくなって赤字続きになると、目の前に迫る決算を控えてクロスライセンスに応じることが多かったという。しかし現在のアップルは、市場シェアが落ちたものの利益で困る状況に直面してないため、妥協の気配はない。

一方のサムスンも、スマートフォンで30％を超える市場シェアを持つまでになり（2013年の時点）、すでにアップルのiPhoneの2倍を超えた。製品製造の習熟曲線によれば、累積生産が2倍になるとコストが10％から20％は下がる。両社のスマートフォンをコスト比較した業界関係者によると、スマートフォンのコストでサムスンがアップルより20％以上も低いという。サムスンは、圧倒的な市場シェアを追求することで巨額の利益を手にした。知的財産訴訟の長期化と最悪の事態に備える引当金も十分に貯まったことであろう。

サムスンの心配事は圧倒的なコスト競争力を武器にキャッチアップしてくる中国のスマートフォンメーカーになるはずだ。オープン＆クローズ戦略を徹底してこなかったサムスンが2000年代の日本企業の立場に置かれるようになったのである。

◉伸びゆく手の形成メカニズム

ここで再びアップルに焦点を当てるが、コア領域は多くの人を魅了するデザインやユーザーインタフェース、製品機能、およびこれらを支える技術体系が集中カプセル化された領域であり、これらのコア領域はアップルの知的財産で完全に守ることができる領域であった。

次に、アップルのコア領域から部品の調達市場に向けて強力な伸びゆく手が形成されるメカニズムを、知的財産マネジメントに焦点を当てて説明していく。アップルから出願登録される知的財産の数が日本企業よりはるかに少なく、せいぜい年間数百件で済んだのは、iPodやiPhoneを構成するすべての技術体系に網羅的に特許を出願登録することを決して行わず、自社の確固たる事業基盤として守るコア領域、およびコア領域と他社技術をつなぐ境界（インタフェース）に知的財産を集中させたからであった。

アップルは専用部品を自ら設計はするものの、その大部分を外部に製造を依頼して調達する。アップルから出願・登録された知的財産の分析によれば、専用部品そのものだけでなく、部品の組み立てや取り付け領域にも知的財産が集中している。たとえばパソコンや充電器とつながるコネクタを例にとってアップルから出願・登録された知的財産を分析すると、コネクタの意匠とコネクタを通る制御信号のプロトコルに知的財産が集中している。

一般に部品サプライヤーは、納期や品質、価格などを含む契約をアップルのような完成品メーカー側と締結してから生産を開始するが、ここに知的財産の扱いに関する取り決めが含まれるはずである。契約は互いに非公開を前提に締結されるので表に出ることはない。

しかしながら民間企業で事業部経営に携わった筆者の経験から言えば、もしiPodやiPhoneと部品サプライヤーとの境界領域（インタフェース）にアップルが知的財産を集中させているのであれば、たとえこれらの部品がグローバル市場で流通しても、キャッチアップ型企業がｉＰｏｄやｉＰｈｏｎｅの市場へ参入することはできない。ｉＰｏｄやｉＰｈｏｎｅを模倣して組み立てることはできるが、アップルの知的財産に抵触することがすぐにわかってしまうからである。

しかしそれ以上に、部品や通信プロトコルはｉＰｏｄやｉＰｈｏｎｅのコア領域にあるアップルのコア技術（特にｉＯＳ）とつながっているはずであり、たとえ模倣品が流通してもアップルが結合インタフェースやその関連技術の知的財産をライセンスしない限り使えない。したがってアップルの専用部品を作る部品サプライヤーは、アップルの許可なく部品を流通させることはできないうえに、たとえ流通しても実質的に買い手がない。この意味で部品サプライヤーの工場は、実質的にアップルの専用工場のように位置づけられてしまう。

これが、アップルのコア領域から調達市場へ向かう伸びゆく手のメカニズムである。アップルは自社の確固たる競争基盤をコア領域とし、知的財産マネジメントと契約マネジメントを駆使することで、部品の調達市場に向けた強力な伸びゆく手を形成していた。

◉ビジネス・エコシステム型垂直統合モデル

かつて日本の電機業界は、ＶＴＲなどで、基幹部品だけでなく、できるだけ多くの部品を内部に取り込んで内製するフルセット垂直統合型のビジネスモデルを追求し、これによって世界市場に君臨した。すべてを内製するのであれば、専門的経営者の見える手によって経済合理性を追求できるからである。

当時は製造業のグローバライゼーションが起きていない１９８０年代だったので技術が国境を越えることがなく、ビジネス・エコシステム型の産業構造が生まれていなかった。たしかにこのような場合なら、付加価値をすべて内部に取り込むという経営思想は正しかったと言える。

製品設計に組み込みソフトが深く介在するＤＶＤが登場するとビジネス・エコシステムが大規模に進展するが、ここでも日本のエレクトロニクス産業はＶＴＲと同じ経営思想を踏襲した。その結末がどうなったかは第1章で述べた（図1・1参照）。

これに対して、ビジネス・エコシステムが当たり前となった21世紀のアップルは、商品コンセプト作りと商品設計だけに集中し、材料はもとより部品も一切製造せずに調達する。完成品の組み立てもすべて外部に委託するというビジネス・エコシステムを、自社優位に作り上げている。

ここで調達を安定させつつ、自社へ付加価値を取り込むには、自社から調達市場に向けた強力な伸びゆく手がどうしても必要となる。ビジネス・エコシステムの中でアップルは、生産委託先の完成品工場や材料・部品工場を自社工場と同じようにコントロールする仕組みを、知的財産マネジメントと契約マネジメントによって完成させたのである。

ＶＴＲの時代の日本企業をクローズな自前主義の垂直統合モデルと呼ぶならば、21世紀のアップルが追求したのは、グローバルなビジネス・エコシステムを介したネットワーク型の垂直統合モデルであった。あるいは、ビジネス・エコシステム型の垂直モデル、と言い換えてもいい。

これは、製造業のグローバライゼーションによって必然的に生まれたものであり、決してアップルだけの特殊事情ではない。航空機産業でも自動車産業でも、フルセット垂直統合モデルモデルではなく、例外なくビジネス・エコシステム型の垂直モデルを追求して成功している。サムスンもこの仲間に入れていいだろう。

事実アップルは、世界で超一流のコンサルタントを次々に雇用しながら、彼らの力で最先端の生産技術や生産管理システムを製造委託先のアジアのメーカーへ移植し、彼らの力で最先端の製造工程や製造技術、品質管理ノウハウをアジアへ移植しながら量産工場を進化させてきた。ここにも日本企業が採るべき先進国型製造業の方向性を見ることができる。これを経営戦略として具体化するためには、オープン＆クローズの戦略思想が必須となるのである。

２０００年代になっても、日本の製造業の幹部は、自社内部に工場を持たないと生産技術や製造技術を進化させることができない、と信じてきた。生産技術や製造技術に付加価値が宿ることを疑わなかったからである。しかしながらこの経営思想は、技術も知的財産も人も、そしてものづくりも国境を越えることなく、自社内部に留まる１９８０年代までの経営思想を前提にしたものであった。

しかしながら21世紀は、グローバル市場の至るところでビジネス・エコシステムが進展しているという意味で、この前提が多くの産業領域で崩壊する。したがって日本企業は、ビジネス・エコシステム型の企業利益への転換を急がなければならない。ビジネス・エコシステムは本質的に経済合理性を持っているのであり、資本生産性（ＲＯＥ）を高めるためにもビジネス・エコシステム型の垂直統合モデルが必須となったのである。

◉iOSの構造と組み込みソフトウェアによる伸びゆく手の形成

アップルのコア領域は、多くの人を魅了するデザインやユーザーインタフェース、製品機能、およびこれを支える技術体系が集中カプセル化された領域にある。そしてアップルは、知的財産マネジメントによってだけでなく、調達する部品を動かすソフトウェアを駆使しながら強力な伸びゆく手を形成していた。このメカニズムを、完成品としてのiPhoneに組み込まれた組み込みソフトウェアの構造から説明したい。それを模式的に図3・3に示す。

iPhoneを構成する部品は独自に設計したものと、すでに市場で流通しているものとに分けられる。独自設計する部品についてはこれまで述べたが、それ以外に加速度センサーやマイク、カメラモジュール、GPSモジュールなどの機能デバイスがある。またiPhoneを接続するUSB、携帯電話の回線、無線LANの回線、グラフィックス関連デバイスやオーディオデバイスなど、オープン環境で標準化されたデバイスをつなぐためのインタフェース機能も内部に持たなければならない。

これらのハードウェアデバイスを連動させて動かすのが、図3・3でiOSと呼ばれる統合型のソフトウェアプラットフォームである。この中のアプリケーションソフトウェアは、その下位レイヤーにあるアップル独自のフレームワークと呼ばれるソフトウェア領域から指令を受けて機能する。このフレームワークを動かすのがその下位レイヤーにあるカーネルOS領域であり、カーネルOSはその下位レイヤー(図に示されていない)にあるマイクロプロセッサによって駆動される。

われわれがここで特に注目すべき点は、ハードウェアデバイスを動かすすべてのアプリケーション

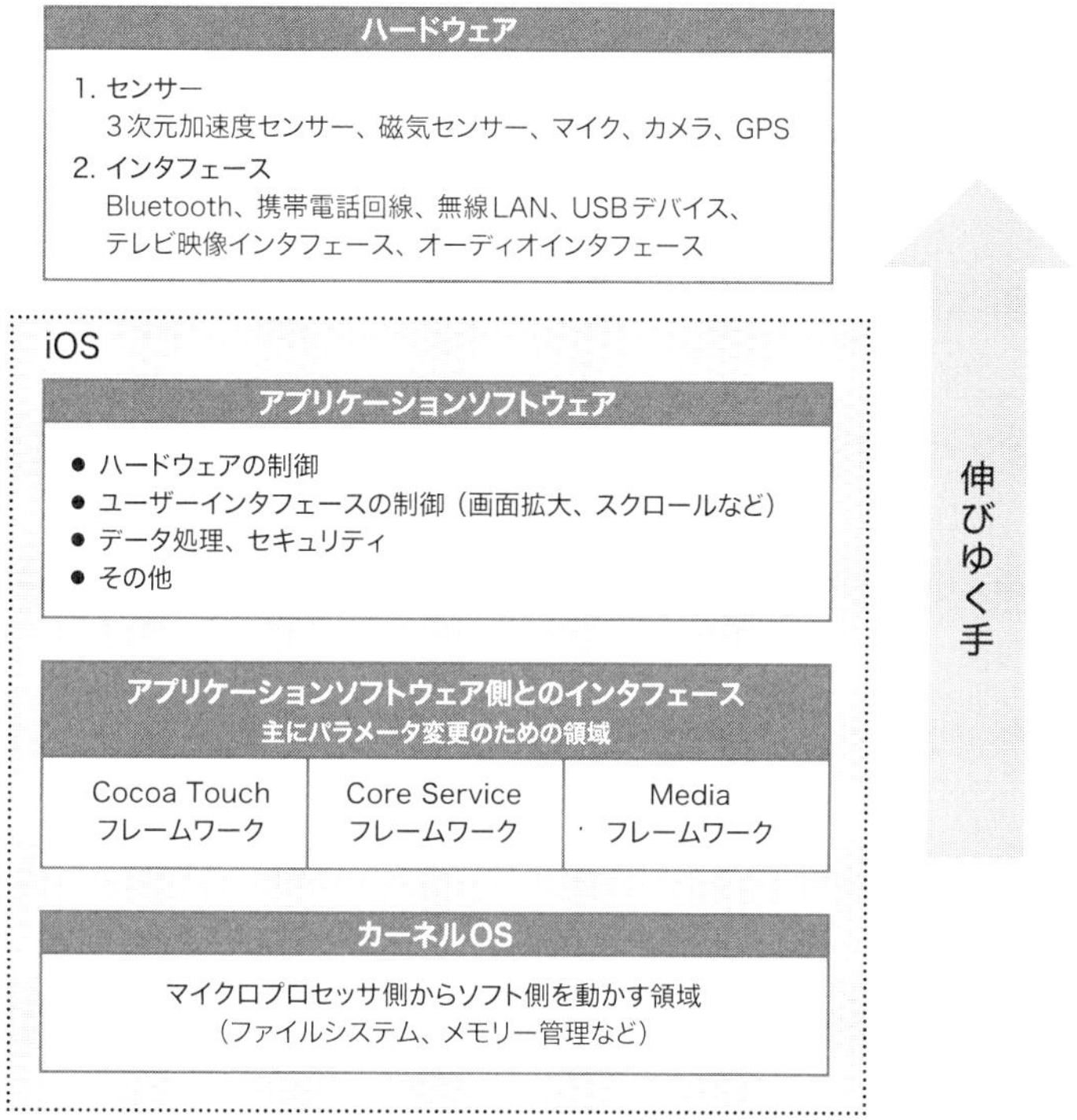

図3.3　アップル製品に組み込まれたソフトウェアの体系がハードウェアデバイスをコントロールする構造

ソフトウェアがフレームワーク領域を介してしか動かないようになっている点である。そしてここにアップルの知的財産が集中しているので、開発されるアプリケーションソフトウェアはアップルの知的財産によってコントロールされる。

その背後でこの仕組みを支える契約マネジメントがあるのは言うまでもない。したがって、このソフトで動くハードウェアも、アップルの知的財産によってコントロールされることになる。

アプリケーションソフトウェアは、アップル自身がすべてを開発するのではなく、SDK（Software Development Kit）を外部の開発者へ公開して開発させる。しかしながら、アップルは、このSDKを公開はするが開発者がこれを改版することを認めていない。

その第一の理由は、開発されるアプリケーションがiPhoneで問題なく動かなければならないという品質保証にある。第二に、アップルだけがSDKを進化・発展させる権利を持つことができれば、外部でアプリケーションを開発する企業はもとより開発されたソフトウェアも、常にアップルのコントロール下に置るからである。ここにもアップルの伸びゆく手があった。

以上のように、アップルはまず自社の知的財産が集中するコア領域としてのiOSを持ち、iOSのフレームワーク領域からアプリケーションソフトウェア側へ強力な伸びゆく手を形成し、さらに機能部品側に対して、目に見えない非常に強力な伸びゆく手を形成していた。

図3・3で模式的に示す伸びゆく手の構造は、基本的に航空機でも自動車でも同じである。アップルは自動車産業から学んだのではないか、と自動車メーカーの幹部が言う。

ブランドを前面に出しながら完成品を販売し、ビジネス・エコシステムを介して基幹部品を外部調達する完成品のビジネスでは、これが共通の勝ちパターンとなっていた。図3・3のメカニズムでソフトウェアによって形成される伸びゆく手が、先進国型の製造業が存続するために必須の、極めて重要な条件の一つとなったのであり、ビジネス・エコシステム型の垂直統合モデルを支える必須の要件になっているのである。

製品設計に組み込みソフトウェアがそれほど使われていない1980年代までなら、あるいはたとえ現在でも組み込みソフトウェアが必要とされない産業なら、完成品メーカーと部品サプライヤーとの間では濃密なすり合わせ協業を必要とする。すり合わせのプロセスで完成品メーカーがサプライヤーをコントロールすることができた。

しかしながらソフトウェアリッチ型へ転換する完成品産業では、濃密なすり合わせ協業が必ずしも必須ではなくなった。したがって、サプライヤー側へ強い影響力を持たせる仕組みとして、これまでとまったく次元の異なるメカニズムで伸びゆく手の形成が必要となった。

たとえば欧州の自動車産業は、図3・3のフレームワークに相当する領域の多くとインタフェースをオープン環境で標準化しようとしている。このとき自動車産業が築いた伸びゆく手の一部が機能しなくなる可能性は否定できない。このことから自動車産業の競争ルールも大きく変わる兆候がすでに見えはじめており、特にドイツの自動車メーカーはこれを予知して先手を打っている。その上でさらに、インダストリー4・0のプラットフォームで次々に大規模な仕組みを作り出そうとしていることは、これまで何度か繰り返した。

◉iTunesストアによる伸びゆく手の形成メカニズム

ここで再びアップルに戻り、アップルによる市場支配の伸びゆく手が、iPodやiPhoneという製品の内部からだけでなく、これを使って楽しむユーザーからはまったく見えない、別のレイヤーのネットワーク側からも伸びていたことを紹介したい。

たとえばiPodを例にとると、音楽コンテンツを持つ音楽会社（レーベル）はアップルのコンテンツ配信プラットフォーム、iTunesストア（当初の名称はiTunesミュージックストア）へ音楽コンテンツを登録し、ユーザーはここから視聴したいコンテンツをMac OSやウィンドウズを搭載したパソコンにダウンロードする。さらに各パソコンからiTunes専用ソフトウェア経由でiPodへ転送する。

このとき、すべての音楽コンテンツは、アップルの秘中秘の暗号「フェアプレイ（Fair Play）」がかけられた状態でパソコンへダウンロードされるが、さらにこれがiPod固有のID番号とスクランブルをかけてiPod側へ送られる。したがってiPodに保存された音楽は、原則としてそのiPodでしか再生できない。

ネットワーク側にあるiTunesストアは、多数のレーベルから集められた音楽コンテンツにフェアプレイ暗号をかけて安全に保存する機能や、アップルが保証したiPodであるかを認証する機能を備え、そしてiPod側へ移される音楽へ課金する機能もある。

以上の一連の仕組みからわかるように、たとえ模倣品のiPodから音楽コンテンツのダウンロード要請があったとしても、暗号を解く機能がなければ音楽を聴くことができない。それ以前に、アップルが認定する正規のｉＰｏｄでなければ、ｉＴｕｎｅｓストアが音楽コンテンツを送ることはしない。

ｉＰｏｄの部品は、１９８０年頃のソニーのウォークマンのように業界の人ならその製造メーカーがすぐわかる。これを見た多くの企業幹部や業界論者は、「なぜ日本がｉＰｏｄと同じものを作れないのか」と言いはじめた。ＣＤ‐ＲＯＭやＣＤ‐Ｒ、ＤＶＤ、そして液晶テレビも、キャッチアップ型の途上国企業は、日本企業が使う部品と製造装置を使って大量生産し、日本企業を瞬時に追い越していたからである。

しかしながらアップルは、最初からオープン＆クローズの経営思想を徹底させて企業と市場の境界を設計し、知的財産マネジメントと契約を駆使し、ハードウェア部品やアプリケーションソフトウェアの模倣品を作れない仕組みを完成させていた。これが伸びゆく手の仕組みであったが、さらにアップルは、模倣する側がまったく手を出せない上位のビジネス層からｉＰｏｄやｉＰｈｏｎｅを守る伸びゆく手を形成していたことになる。

音楽コンテンツのないｉＰｏｄを必要とする人はいない。しかしながら、アップルの収益で音楽などのコンテンツの占める割合は非常に少ない。コンテンツはたしかに売上にも利益にもわずかしか貢献はしなかったが、商品としてのｉＰｏｄの第一の価値はコンテンツによって形成されていたのである。そして第二にこのコンテンツが、ｉＰｏｄやｉＰｈｏｎｅなど誰の目にも見えるハードウェア携帯端末の中ではなく、これとはまったく異なるビジネス階層としてのネットワーク側の仕掛けによって守られていたことになる。

メカニズムはまったく異なるが、ソニーのウォークマンと類似のビジネス思想になっているのではないか。

◉先進国型製造業としてのアップルによる雇用への貢献

ここで、アップルが長期に高収益を維持する仕組みを要約したい。第一に挙げなければならないのは、企業と市場の境界設計であった。ここで企業とは、アップルを支える確固たるビジネス基盤であり、コア領域である。

この境界は、アップルの伸びゆく手が市場に向かって最も有効に機能するように事前設計され、具体化されていた。ここで市場とはハードウェア部品の調達・流通市場であり、アプリケーションソフトウェアの調達・流通市場であった。そしてまたハードウェア携帯端末としてのｉＰｏｄやｉＰｏｎｅを使うエンドユーザーの市場であった。

アップルは垂直統合型の企業ではあるが、決してフルセット自前主義ではなかった。世界の知恵をアップルに集めてこれを競争優位に結びつける仕組みをつくり、獲得した知恵をコントロールするオープン＆クローズの戦略思想を背後に持つビジネス・エコシステム型垂直統合モデルだったのである。

第二に挙げなければならないのは、競争優位の基盤としてのコア領域が、意匠権、トレードドレス、特許権、著作権などの知的財産マネジメントによって守られ、さらに技術の改版権のコントロールを含む契約マネジメントによって守られていたことだ。

これによってキャッチアップ型企業による模倣を合法的に防いで市場を独占できる。低価格でキャッチアップする企業がいなければ製品価格を維持できる。また、世界中へ大量普及すればするほど部品の調達コストが下がるが、製品価格を維持できるのであれば、調達コストの下落がそのままアップルの付加価値（粗利）を増やす。付加価値が増えればエコシステムの全体が恩恵を受けて雇用も増える。

日本のコンサルタント会社、ドリームインキュベータによれば、iPhoneがまだ世に出てない2005年であっても、フォックスコンのiPod組み立て工場が、中国で約2万人の雇用を創出したという。

またおおよそ30％から35％の付加価値を獲得する日本や韓国の部品サプライヤーは、日本で18000人、韓国で12000人の雇用を生み出した。このとき、おおよそ過半数の付加価値を獲得したアメリカ側では1万4000人の雇用が生まれているという。

またアップルが2012年2月にネットで公表した資料によれば、アメリカで約60万人の雇用をアップルが生み出したと主張している。その内訳は、製品設計や製造および製品の流通で約31万人、iOS環境で開発するアプリケーションソフトで約29万人であった。売上120億ドルの時代に1万4000人の雇用をアメリカで創出し、売上800億ドルの2011年には60万人の雇用を生み出したことになる。ここにも先進国型製造業が採るべき方向性を見ることができる。

◉パソコン産業に刷り込まれたインテルの伸びゆく手

インテルは１９６８年にロバート・ノイスとゴードン・ムーアによってアメリカのシリコンバレーに設立された。同じ年の暮れにアンディ・グローブも参加するが、この３人はいずれも半導体メモリー（ＤＲＡＭ）で１９６０年代をリードしたフェアチャイルドからスピンオフした人たちであった。

インテルは翌年の１９６９年に世界で初めて１メガビットのＤＲＡＭを発表し、２年後の１９７１年に世界初のマイコンｉ４００４を発表している。ｉ４００４は日本のビジコン社の依頼で開発されたものであり、当時のビジコン社にいた嶋正利氏がこの設計と開発で大きな貢献をしている。その後、ビジコン社は経営難に陥ってｉ４００４の販売権をインテルに譲渡する。

販売権を握ったインテルは、ｉ８００８、８０８０、８０８６などの高性能チップを次々に開発する。しかしながらこれらを使う製品がキャッシュディスペンサや工作機械などであって、いずれも小さな市場だった。

インテルの躍進が始まったのは、１９７０年代末に高速マイクロプロセッサ（ＭＰＵ）ｉ８０２８６を開発してＩＢＭ ＰＣで採用されてからである。１９８１年のことであった。

一方、インテルのＤＲＡＭは、日本企業の攻勢によって70年代の後半から苦境に陥る。インテルが１９８４年からＭＰＵのビジネスへ集中するプロセスについては、多くの解説があるのでここでは控えたい。ただ一言、DRAM撤退を主導した経営者としてのアンディ・グローブが、1979年に社長に就任してから1984年までの間に、MPUへの集中に向けて周到な準備をしていた事実を追加したい（グローブはその後1987年にCEOに就任）。

◉アンディ・グローブの仕掛けた転換戦略

DRAMもMPUも、これを製造する工場には、売上に匹敵するほどの巨大投資を必要とする。したがって、投資した工場からいかに利益を生むかが企業経営で最大の課題であった。

DRAMもMPUも、いずれもシリコンウェハーの上に作られる。ここでアンディ・グローブは、工場の生産ラインを流れる一枚のシリコンウェハーが稼ぐ利益を指標にして、工場稼働の優先順位を決めた。利益率が低ければ製品を作れない。製品がなければ売上がなくなる。必然的に利益を生まないDRAMの生産は減少していった。たとえDRAMの売上が減少してもインテル全体としての利益は大きな影響を受けない。むしろ赤字が減り、インテルとしての全体の利益が増える。1984年の時点で、インテルの利益の大部分をすでにMPUのビジネスが占めていたので、DRAMビジネスを止めてもインテルが倒産することはなかったのである。残る課題は、DRAMに命を懸けた人々への配慮だけであった。

日本企業と価格競争を強いられて利益率が悪化するDRAMが、インテルのビジネスの主役の座を降り、主役がマイコンのビジネスへシフトした背景には、経営者としてのアンディ・グローブの深遠なる仕組みづくりがあった。これが企業トップの仕事であり、ボトムアップでは絶対にできない。

パソコン市場のMPUビジネスに特化したインテルは、当時のパソコン市場で圧倒的な力を持つIBM、およびIBM互換パソコンメーカーへMPUを納入する部品メーカーに過ぎなかった。したがって多くの競合メーカーがひしめく当時のMPU市場では、パソコンメーカーがインテルを採用するか否かでインテルという企業の存亡が決まる。事前に巨大投資をしておかないと採用されないが、投資しても採用されなければインテルは倒産するからである。したがってインテルは、パソコンメーカーと事前に協業しながら開発する、いわゆるデザイン・イン（パソコンメーカーと事前に協業しながら開発すること）を徹底して追求した。一緒に開発すれば必ずインテルMPUが採用されるからである。

しかしながら1980年代の後半になると、IBMもインテルと互換性のある286互換MPUや486互換のMPUを開発しはじめた。またAMDやサイリックスなど多くの企業が、インテル互換MPUを開発していた。インテルは、パソコン市場でパソコンメーカーから主導権を奪わない限り、常に会社存続の危機から抜け出すことができなくなっていたのである。

●PCIバスを介した第一の伸びゆく手の形成メカニズム

以上のような現実に直面したインテルは、アンディ・グローブがインテルのCEOに就任する1987年にインテル・アーキテクチャ・ラボを設立し、パソコン市場に向けた仕掛けを次々に提案しはじめた。単なる部品メーカーに過ぎなかったインテルが、顧客であったはずのパソコンメーカーから付加価値を奪う方向へ動きはじめたのである。

その代表的な事例が、インテル・アーキテクチャ・ラボが開発して1990年代初期に発表したPCIバスであった。パソコン内部でデータや制御信号がすべて通るバスは、それまで業界標準のISAやEISAバスが採用されていた。インテルはこれよりはるかに高速のPCIバスを開発し、すべてを公開してパソコンメーカーへ採用させようとしたのである。

ところが、この背後に隠れた狙いを知るIBMや、当時のIBM互換PCメーカーの最大手コンパックなど、大部分の大手パソコンメーカーがインテルのPCIバス採用を拒んだ。一方、すぐに採用を決めたのが、差別化すべき技術を持たずシェア争いで苦戦していたキャッチアップ型の企業であった。PCIバスの性能が圧倒的に良く、しかも細部仕様のすべてが公開されていたからである。その代表的な事例がデルコンピュータやゲートウェイであり、彼らはいずれも1990年代の中期から急速にシェアを伸ばして、IBMやコンパックを追い越すことになる。

その後、大部分のパソコンメーカーがインテルの高速PCIバスの採用へ走った。採用しないと性能や機能で劣り、後から追いかける多くのキャッチアップ型企業から自社の市場シェアを奪われるからである。ここでインテルが、PCIバスの知的財産権と技術改版権を独占したうえで細部仕様を公開したのは言うまでもない。

パソコンのすべてのデータと制御情報はMPUによって処理されるので、バスは必ずMPUに直結している。PCIバスでインテルのMPUが最も効率良く動く仕掛けになっているのであれば、インテルMPUの技術進化に呼応してPCIバスの機能や性能を進化させることができる。したがって、パソコンメーカーがインテルのPCIバスを採用して大量に普及すれば、インテルはオープン化されたPCIバスを介してパソコンという完成品全体の技術進化も主導できる。

PCIバスを採用したすべてのパソコンメーカーは、その後も継続してインテルのMPUを使わざるを得なくなり、インテルの工場投資がそのままパソコンメーカーの採用へ直結する仕組みができ上がった。これがパソコン市場に強い影響力を持たせる仕組みとしてのインテルの第一の伸びゆく手だったのである。

◉グローバル市場へ向かうインテルの伸びゆく手の形成メカニズム

インテルの第二の伸びゆく手は、アメリカを超えてグローバル市場に伸びる強力な市場コントロールの仕組みである。この基本構造をオープン&クローズの視点から図3・4に示す。この図の上下は、対象とする技術や製品の内部構造がオープン化されているか、一切公開しないクローズの状態になっているかで区別している。図の左右は、これらの技術や商品の情報がパートナーや市場に向かって公開されているか、自社に閉じて公開しないクローズの状態かの視点で区別している。

この構造でパソコン産業を分析すれば、図の左上に位置づけられているのがパソコンの心臓部となったインテルのMPUであることがわかる。その内部構造はすべて完全なクローズの状態、すなわちブラックボックス化されている。したがってインテルは、独占禁止法に抵触しない範囲で、自社の事業戦略として技術の公開をコントロールすればよい。

最初にこのような状況を生み出し、そのあとでインテル製品を大量普及させれば、ネットワーク外部性が働く。したがってインテルと互換性のない製品の市場参入が困難になる。インテルがパソコン市場に向けて強力な影響力を持つ第二の伸びゆく手は、このようなメカニズムによって支えられている。

インテルに見るこのような仕組みを企業収益に結びつけるには、パソコン産業のサプライチェーンとは異なる次元で、インテルのＭＰＵが普及していくメカニズムを同時に作らなければならない。これがオープン＆クローズ戦略で最も重要な点であり、完全にオープン化されて、誰でも市場参入できる完成品としてのパソコン産業（図３・４の右下）がこれを担った。

誰でも市場参入できるのであれば、熾烈な価格競争が起きて瞬時に市場が拡大する。この意味で彼らは、オープン化やオープン標準化を決

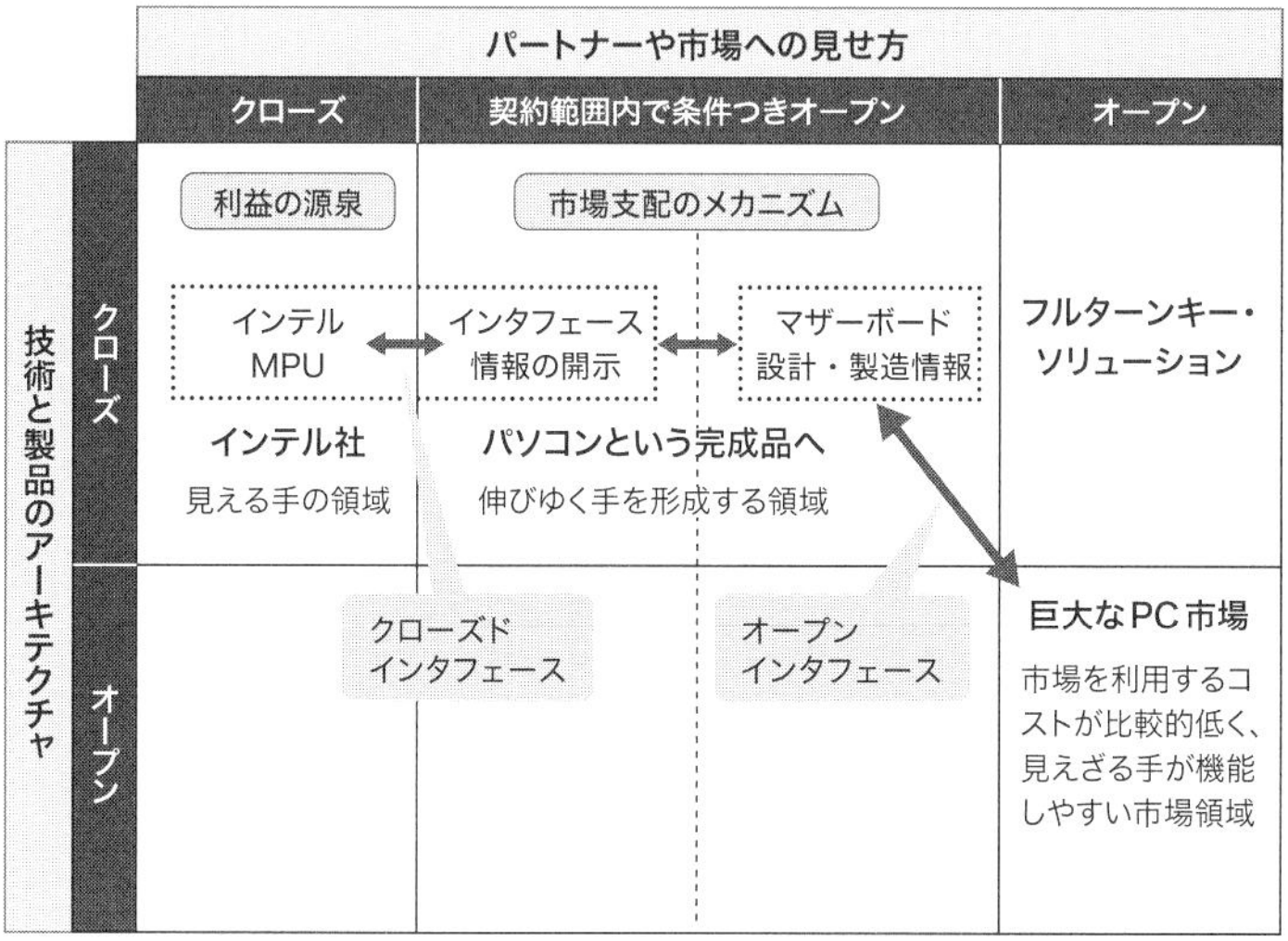

図3.4　インテルのオープン＆クローズ戦略

して牧歌的に語ったのではなく、その背後にオープン&クローズ思想による冷徹な事業戦略を見据えていた。オープン化という衣の下に、事業戦略としての強靭なクローズの鎧を隠し続けた企業だけが生き残ったのである。

これまで多くの経済学者や経営学者が語ってきたパソコン産業の姿は、図3・4の右下だけに過ぎない、ここではたしかにPCIバスを介してパソコンの内部構造がオープン化されている。またこの市場領域では、インタフェースをオープン環境で公開する基幹部品が大量に流通している。またここでは、基幹部品を載せて組み立てる土台としてのマザーボードが、インテルのデファクトスタンダードとしてグローバル市場で大量に流通する。

図3・4の右下に記載した巨大なPC市場ができ上がっているのであれば、あとからキャッチアップして市場参入する企業は、自ら技術開発をする必要がまったくなく、デファクトスタンダードとなったマザーボードを買い、インタフェースが公開されている部品を調達して寄木細工のように組み立てるだけで、パソコン市場に参入できる。そして熾烈な市場シェア争いが始まり、価格が下がり大量普及が始まるのである。これがパソコン産業で起きたのは、1990年代の中期以降のことであった。

1982年に出荷されたIBM互換パソコンは、1980年代の末でも1年間にせいぜい2000万台であって、しかも大部分がアメリカなど先進国市場で販売されたに過ぎなかった。1992年頃からようやく4000万台を超えた。図3・4に占めるインテルの仕掛けが機能しはじめる90年代の中期から、先進国市場はもとより技術蓄積の少なかった中国企業など、多くの途上国企業も参入が可能になって市場がさらに拡大した。１９９９年に生産台数は1億台を超え、２００８年には3億台となった。

これまで多くの経済学者や経営学者が語るオープン化の重要性とはこのことであった。しかしながら適切な利益をとり、雇用を守り、国や地域の経済成長に貢献するのは、オープン化の背後にクローズ領域を持っていなければならない。

●マザーボードを介した第二の伸びゆく手の形成メカニズム

当然のことながら、すべてをオープンにして存続できる企業は存在しない。このように市場が急拡大する背景で、インテルは図3・4の中央部に位置するマザーボードを巧みに活用した伸びゆく手を完成させていたのである。マザーボードとは、パソコン組み立ての土台となるものであり、市場に流通する部品をここに差し込むだけで完成品としてのパソコンができ上がる。インテルは、マザーボードを最初はメキシコで製造していたが、１９９4年頃から台湾のパートナーへ製造権を与え、台湾から世界市場へ大量に普及させた。

台湾を選んだ理由は、アメリカのシリコンバレーから帰国した技術者が多くいたこともあるが、最も大きな理由は、１９９０年代に台湾政府が採った優遇政策である。これについては第4章で紹介する。

台湾から輸出されたマザーボードは、１９９０年から94年までわずか20億ドルから30億台湾ドルに過ぎなかったが、1995年から急激な伸びを見せ、1997年に3倍の90億ドル、1999年には160億台湾ドルを超えて世界で台湾メーカーの市場シェアが70％に近づいた。その後さらに伸び続け、2010年には世界の93％を超えて現在に至る。世界中のパソコンが台湾のマザーボードなくして製造できなくなっていたのである。

1995年頃に台湾のパートナーへマザーボードの技術を供与したインテルは、その当時の台湾ではまだ技術蓄積がなかったこともあり、最も重要なノウハウである放熱技術やノイズを抑える技術なども同時に供与した。当然のことながらこれらのノウハウは、インテルのMPUを前提にしたものであった。

また、インテルのMPUとその関連機能が集中カプセル化された半導体チップも、その外部インタフェースと物理的なピン配置がインテルの知的財産で守られていた。公開して使わせはするが、知的財産の権利は維持したのである。台湾のパートナーに対して技術供与・公開する条件を契約で制限することによって、常にインテルだけが技術進化の方向性を決める仕組みがこの知的財産マネジメントと契約マネジメントにあった。

台湾から世界中に供給されるマザーボードであれば、インテルのMPUが最も安定して動く。しかもこれが台湾のビジネス制度設計によって世界で最も低コストになっているのであれば、世界中の誰もがこのマザーボードを調達してパソコンを組み立てることになるのは、自然の成り行きである。

インテルが次々に繰り出す技術イノベーションの成果が、台湾のパートナーが世界中へ大量に普及させるマザーボードの上で、しかも最も高い信頼性を維持して動く。このため、世界のパソコンメーカーはインテルが提供するビジネスの枠組みから外へ出ることができない。これは、ネットワーク外部性を働かせて互換性のない製品の市場参入を困難にさせる仕組みであり、他の一連の仕組みと連動させながらグローバル市場へ張りめぐらされるという第二の伸びゆく手なのである。この背後でオープン&クローズの思想が徹底されていたことを再度強調したい。

インテルはこの第二の伸びゆく手を1994年に仕掛けるが、それから10年以上にわたってインテル製品の価格は、さほど変わることがなかった。一方、台湾製のマザーボードにつながるハードディスクやDRAM、その他多くの基幹部品で価格下落が急激に進みパソコンの価格も下がった。価格の下落が巨大なパソコン市場を生み出すが、ここで唯一インテルの製品だけが価格を維持できた。

インテルが図3・4の構図で自社優位に巨大なビジネス・エコシステムをグローバル市場に構築し、このエコシステムの背後で強力な伸びゆく手の仕組みを形成することによって、大量普及と高収益を同時実現するメカニズムを完成していたことになる。

また常に価格を維持して生まれる巨額の利益がインテルMPUの技術革新を次々に生み出す源泉となり、パソコン業界全体の方向性を決めて行った。

◉知的財産マネジメントと契約マネジメントを駆使した第三の伸びゆく手

次に、知的財産マネジメントによって伸びゆく手がどのように守られているかについて説明したい。知的財産や契約は企業秘密であって表に出ることがない。訴訟が起きた裁判記録を読み解く以外にない。台湾でインテルとの契約の枠組みの中で半導体チップを製造していたＶＩＡ社が１９９８年から99年頃にインテルから訴えられた事例がある。この事例からわれわれは１９９０年代のインテルを知ることができる。

インテルは１９９５年に、たとえばＣＩＳＣ命令をＲＩＳＣへ転換する機能を持たせるなど、それまでの設計思想と一線を画す新しいアーキテクチャ（Ｐ６と呼ぶ）のＭＰＵを市場へ投入し、これを90年代のビジネスの根幹に位置づけた。

ＶＩＡ社は、Ｐ６アーキテクチャのデータバスを介してインテルのＭＰＵへつなぐ半導体チップセットを製造していたが、インテルが推進したダイレクトラムバス仕様のＤＲＡＭメモリーを使わず、インテルの競争相手のアポロが推進するシンクロナスＤＲＡＭを使い、このチップセットをインテルのＭＰＵへつないだ。アポロの方式のほうが性能が良かったからである。

インテル以外の仕様のＤＲＡＭを使うのであれば、インテルがライセンスした技術を何らかの形で改版しなければならない。しかしインテルは、Ｐ６バスのプロトコルに付随する知的財産をベースにチップの製造権を与えたものの、技術の改版権をすべてインテルだけが握ってＶＩＡ社へ与えていなかった。

インテルは、技術の改版を禁じた契約でＶＩＡ社との取引を打ち切り、Ｐ６バスのプロトコルの特許侵害を理由に訴訟を起こした。インテルが勝訴したのは言うまでもない。

この事例からわかるように、インテルは第三者による技術改版を制限していたのであり、インテルから製造ライセンスを受けた企業は、たとえインテルの技術が劣っていてもこれを使わなければならなかったのである。インテルが提供する技術に知的財産が刷り込まれており、さらに技術の改版を禁じた契約になっていることから、パソコンの巨大なビジネス・エコシステムはインテル優位の構造へと変わっていった。

インテルが世界のパソコン市場に圧倒的な影響力を持たせる伸びゆく手の背後には、第一に、先に述べたネットワーク外部性を働かせて互換性のない製品の市場参入を困難にさせる仕組みがあり、第二にインテルＭＰＵが動く高品質・低コストのマザーボードを台湾から大量に普及させる仕組みがあり、第三に、ここで紹介する技術の改版権をテコにした知的財産マネジメントと契約マネジメントがあったのである。

これらの一連のメカニズムが密接に絡み合って効力を発揮したのが、インテルによってグローバル市場へ張りめぐらされた伸びゆく手であった。そしてその背後では、伸びゆく手が最も効果的に市場コントロールできるように、インテルという企業と、インテル製品を使うパソコンメーカーとの境界や、他の部品メーカーとの境界が決められていた。

◉見えざる手、見える手、伸びゆく手の相互関係

インテルは１９８０年代のアンディ・グローブの時代から、オープン化を声高に訴え続けてきた。しかしながらこれは、パソコンという完成品メーカーから付加価値を削ぐための戦略だったのである。実際にインテルは、自社のビジネス基盤を支えるコア領域を決してオープン化せず、それ以外の

市場だけでオープン化を主張した。自社の付加価値を世界の隅々まで普及させる経営ツールとしてオープン化を繰り返したと言ってもいい。これがオープン&クローズ戦略なのであり、牧歌的なオープン化では決してなかった。非常に競争の激しい市場でこの戦略を具体化し、勝ち残ったアンディ・グローブの知恵には驚かざるを得ない。

ここで図3・4に戻りたい。グローバルなビジネス・エコシステムをコントロールするインテルという企業（図3・4の左上の領域）の中で、専門的経営者（アンディ・グローブ）の「見える手」が最も効率良く資源配分をしながら経済合理性を追求していた。左上のクローズな領域が利益の源泉であり、ここが技術イノベーションや製品イノベーションによるものづくりが機能する領域であると同時に技術情報を守る知的財産マネジメントが徹底されていなければならない領域なのである。したがってこの市場の主役は、先進国企業となる。

一方、パソコンという完成品の内部構造がオープン化され、基幹部品のインタフェースがオープン化されて流通する図3・4の右下の市場領域は、市場利用コストが非常に低くて誰でも参入できる自由競争の市場である。この意味で、いわゆる「見えざる手」の市場原理が機能しやすい市場ができ上がっている。たしかにここは技術が自由自在に伝播する、あるいは調達できることを前提にした市場領域であって、自らの手で技術開発する必要のない市場であった。したがってこの市場の主役は、付加価値（粗利益）が非常に少なくても存続可能な新興国企業となる。

図3・4の中央上部に位置する経営者の強力な伸びゆく手は、上記のまったく異なる2つの領域をつなぐ役割を担っていた。「見える手」が企業内部の経済合理性を追求し、「見えざる手」の領域がグ

ローバル市場の経済合理性を支える。そして伸びゆく手がグローバルなビジネス・エコシステムを介して両者を結びつけている。

この意味で伸びゆく手とは、自由競争がもたらす恩恵を自社があるいは自国へ取り込む役割を担っている。新興国企業の活力や成長を先進国企業の収益に結びつける役割を担っている、と言い換えてもよい。

ここは自然法則を活用するものづくりではなく、人間が人工的に構築した論理体系や知恵の体系を駆使する仕組みづくりの領域である。これが大量普及と高収益の同時実現を図るオープン&クローズ戦略のゴールである。

◉インテルの伸びゆく手はスーパーコンピュータの市場でも形成される

現在、世界で使われるスーパーコンピュータのトップ500の中で、50%以上が産業界で使われているが、ここでインテルアーキテクチャが圧倒的な市場シェアを占めており、広く使われるアプリケーションソフトウェアもインテルのPCクラスタで動くようになっている。このソフトはインテルのPCクラスタアーキテクチャと互換性のないスーパーコンピュータでは使えない。たとえばインテルと異なるアーキテクチャのスーパーコンピュータ「京」では、世界中で使われているアプリケーションソフトが動かない。世界中のスーパーコンピュータで蓄積された膨大なユーザー資産を「京」に取り込むことが非常に困難なのである。

スーパーコンピュータを最も必要とするはずの日本の製造業がこれまで「京」を使おうとしなかったのは、自社の設計ノウハウが蓄積されたアプリケーションソフトウェアを使うことができないためである。「京」を使うためには、多数の専門家を集め、アプリケーションソフトウェアを使えるようにチューニングし、その前処理や後処理のソフトウェアも最初から開発し直さなければならない。これには巨額の費用と時間を必要とする。

たしかに、日本のスーパーコンピュータ「京」は科学技術の知のフロンティアを広げるうえで大きな貢献はするが、既存のアプリケーションソフトを使えないのなら産業競争力に対する貢献は限定的となる。筆者が知る範囲では、国の成長戦略を語る有識者はもとより、官僚の中でもこの事実を知る人は少なかった（2013年時点）。「京」が抱える課題を解決しようと、たとえばスーパーコンピュータを最も活用する日本の自動車産業の自動車技術研究会などが努力してきたが事態は変わっていない。

たとえばインテルは2012年6月に、1つのチップに入るプロセッサをこれまでの8基から10 0基に増やし、これを多数並べて使えば日本の「京」を超えるスーパーコンピュータになることを発表した。「京」の3分の1から5分の1のコストで済むという。このプロセッサ上でなら、世界の主要なアプリケーションソフトウェアを比較的容易に移植することができ、膨大なユーザー資産がそのまま活用できる。

その1年後の2013年6月に、中国がインテルのプロセッサを312万個つないで「京」の3倍の計算性能を持つ天河二号を発表した。たしかに中国の天河一号では実装技術が未熟で、長時間の稼働に限界があったが、今後はどうだろうか。

ここでわれわれが特に注目したいのは、インテルのPCクラスタで開発された世界の主要なソフトウェアを、天河二号へ比較的容易に移植できる可能性が高いという点だ。もし容易に移植できるのであれば、世界中の人々が使いこなしてきた膨大なアプリケーションソフトだけでなく、これに関連する最先端のソフトウェア知識体系が中国に集まる。

世界のトップ500のスーパーコンピュータでは、インテルアーキテクチャが圧倒的に多い。インテルアーキテクチャ上で開発されたアプリケーションソフトウェアは世界中で使われている。また世界中のソフトウェア会社が、インテルアーキテクチャと一体になったビジネス・エコシステムを形成しているので、インテル以外のスーパーコンピュータが普及しにくい。このように張りめぐらされた一連の仕組みが、まさにスーパーコンピュータでインテルが形成した参入障壁であり、同時にグローバル市場へ向けた市場コントロールの伸びゆく手になっているのである。

巨大なユーザー資産を無視して性能を追求し失敗した事例は枚挙に暇がない。その代表的な事例が、1980年代後半にIBMがパソコンで強力に進めたマイクロチャネルアーキテクチャとOS／2であり、1990年代の初期に日本企業が推進したワークステーションであった。光ディスク産業で言えば、CD‐Rと互換性のないPD（1995年頃）や、DVDプレイヤーで読めずDVD±Rと互換性のないDVD‐RAM（2000年頃）がこれにあたる。いずれも市場から消えた。

日本は、現在の「京」の百倍を超えるスーパーコンピュータを、2020年までに開発するという。しかしながら、もし次世代の「京」で科学技術の知のフロンティアを広げるだけでなく、日本の産業競争力を強化することを最大の目的にするのであれば、「京」の上で動くアプリケーションソフトウェアを充実させるだけでなく、これを普通の人々でも使えるための共通のソフトウェア開発プラットフォーム、たとえば前処理、後処理、チューニング技術などの開発にも、同等の資金を投入すべきだ。日本が「京」を広く産業界へ公開し、産業競争力の強化を目指すのであれば、アプリケーションソフトウェアの問題に産学官の総力を挙げて取り組むべきである。あるいは、ソフトウェアに強いが高速スーパーコンピュータを持たないヨーロッパと連携すべきではないか。産業競争力に結びつかないのであれば、たとえ技術でまさっても事業で勝てない過去20年が今後も繰り返される。

アメリカでは、ビジネスとしてはインテルアーキテクチャを採用し、科学技術の先端を切り開いたり特別な軍事応用では、性能を競う独自のアーキテクチャを採用するという二重構造になっている。

ここで再度強調したいのは、自然法則を活用するハードウェアよりも、人工的な論理体系を駆使するソフトウェアの技術進化のほうがはるかに速いという事実である。演算スピードというハードウェア側の局所最適ではなく、社会システムイノベーションという全体最適でこれを見なければならない。スーパーコンピュータであっても決して例外ではない。

たとえば、インターネットにつながるインテルアーキテクチャの超高速サーバーを多数並べるクラウドコンピューティングには、人間に近い人工知能が宿りはじめたという。その背景にあるのもソフトウェアの力である。

21世紀の製造業においては、イノベーションを主導する主体がハードウェアからソフトウェア側へと大規模にシフトしている事実を、われわれは冷静に受け入れなければならない。ここでは、ハードウェアを直接操作するベーシックな（ハードウェアをダイレクトに駆動できる）カーネルOSを自由自在に駆使することのできる企業だけが製品システムの機能・性能を自らの手で進化させることができる。富士通がソラリスOSを駆使してスーパーコンピュータ「京」の開発を先導できた背景がここにあった。

またカーネルOSを使いこなせるのなら常に製品のロードマップを先導し、市場支配の伸びゆく手の形成を主導することができるので、OSを手の内に持つことは第三次経済革命から第四次経済革命のイノベーションを先導するための必須条件となる（富士通ならソラリスOSのカーネルを使って伸びゆく手を形成できるはずだが、なぜかまだ形成できていない）。

残念ながら日本の製造業が語るものづくり論は、ハードウェアに焦点を当てるのみでソフトウェアを重視する議論が極めて少ない。

先に紹介したインテルの勝ちパターンやクアルコムの勝ちパターンは、基幹部品側から完成品側へ向けて伸びる強力な伸びゆく手がソフトウェアによって構築されていた。スーパーコンピュータでは、市場にユーザー資産として蓄積されたアプリケーションソフトウェアという強力なネットワーク外部性の力がさらに加わった。

アップルの事例も、そして航空機や自動車でも、技術伝播を事業戦略としてコントロールするメカニズムによって、グローバル市場へ強力な伸びゆく手を形成していた。この伸びゆく手は、いずれもソフトウェアの力と知的財産マネジメントや契約マネジメントによって支えられている。この背後ではオープン&クローズの思想が徹底されていた。

先進国の製造業が抱えるさまざまな課題を解決する手段、それがオープン＆クローズ戦略である。その具体化には、周到に企業と市場の境界を設計する必要がある。その詳細に関しては、次章以降で紹介していく。

第4章

アジア諸国の政策イノベーション

製造業のグローバライゼーションは、まずソフトウェアリッチ型へ転換する製品から大規模に進展した。2010年代に入り、この潮流が非デジタル型産業へ急速に拡大し、ビジネス・エコシステムを介した比較優位の国際分業が大規模に発展する。

そもそも東アジア諸国の製造業が1990年代の後半から新たな成長軌道に乗ったのは、グローバライゼーションが最も早く、そして大規模に現れたソフトウェアリッチ型のデジタルエレクトロニクス産業からであった（たとえば第4章参考文献の小川紘一（2011）を参照）。

欧米企業がつくる競争ルールの枠組みの中ではあるが、東アジアのそれぞれの国が比較優位を政策的に作り出して独自の勝ちパターンを完成させたのである。その背後にあるのが、先進工業国から技術が伝播してくることを前提にトータルなビジネスコストを追求する政策イノベーションであった。

日本機械輸出組合による『日米欧アジア機械産業の国際競争力の現状』という報告書によれば、日本の製造業は設備投資が増えても利益率が非常に低い。営業利益率や世界市場における売上高という視点から製造業の競争力を見ると、日本の製造業が2008年から日米欧アジアの中で最下位に沈んだままになっているという。

アジア企業は、製造業への積極的な投資で利益と市場シェアを増加させた。一方、欧米の製造業は、投資は減少させたものの利益とグローバル市場のシェアを同時に増加させている。

欧米企業が利益とシェアを増加した理由は、まず第一に、グローバルなビジネス・エコシステムを前提にしたオープン&クローズの戦略思想によって投資を少なくできたからであり、第二に知的財産マネジメントと契約マネジメントによって自社（自国）優位に競争ルールを決めながら、伸びゆく手を次々に繰り出していたからである。アジアの製造業の投資が生み出す成長を自社の成長に結びつけるメカニズムが、すでに欧米企業の手で完成していた。

　これまで、アメリカや欧州企業の視点から上記について紹介したが、本章ではこれをアジア企業の視点から考えてみたい。技術蓄積が少なかったアジア企業もまた、製造業のグローバライゼーションへ適応しながら、独自の勝ちパターンを完成させていた事実が理解されるであろう。

◉90年代から競争政策を一変させたアジア諸国

　アジア諸国はすでに1970年代から積極的な技術導入政策を打ち出していた。戦後の日本と同じように、その基本的な考え方はまず外為法（外国為替及び外国貿易法）を使って外国資本の直接投資を規制しつつ、国内市場の開放と低コストの製造インフラを提供する点にあった。市場開放の見返りとして先進国の技術を自国へ移転させようとしたのである。また先進国から技術が移転される場合はその移転費用を助成し、共同開発プロジェクトにも積極的に助成した。

　これを先進国の企業から見ると、韓国も台湾も国内市場が小さいのでさほど魅力的ではなかった。また当時の主要産業が重化学工業であって、いわゆるアナログ的・機械的な特性、あるいは複合的なプロセス技術で構成されていたこともあり、技術の全体系を一括導入しなければ産業として定着しないという懸念があった。先進国の企業が一括提供に積極的でなかっただけではなく、たとえ提供したとしても、2世代も3世代も前の枯れた技術以外は移転そのものが困難だったからである。このため当時のアジアは、単に先進国の多国籍企業による低コスト生産基地（企業内の国際分業）と位置づけられた。現在のソフトウェアリッチ型製品との大きな違いがここにある。

これが１９９０年代になると事態が一変する。製品設計に組み込みシステム（マイクロプロセッサと組み込みソフトウェア）が深く介在するようになって、製品産業がソフトウェアリッチ型へ転換し、製品アーキテクチャのモジュール化が進んだからである。そのため、基幹部品を寄木細工のように単純に組み立てるだけで完成品を量産できるようになり、部品も材料も、そしてものづくりさえも瞬時に国境を越えてビジネス・エコシステム型の産業構造がグローバル市場に出現した。

その代表的な事例がＣＤ‐ＲＯＭやＤＶＤ装置であり、パソコンや携帯電話、インターネット関連製品であった。この延長に液晶テレビが来ることはこれまで述べてきたとおりである。

そして、複雑なプロセス技術で量産される半導体デバイスも、チップの設計ルールがオープン標準化され、製造設備のインタフェースやシリコンウェハーの仕様もオープン環境で標準化され、設計と製造が分離するようになった。この時代から欧米企業が主に設計を担い、アジア企業が低コスト量産を担うというビジネス・エコシステムとも言うべき比較優位の国際分業が、同じ半導体産業の中で急速に進展する。

オープン化されたインタフェース（外部仕様）がグローバル市場で共有されれば、途上国がすべての技術体系を持つ必要はなくなり、サプライチェーンの特定セグメントだけを技術導入するだけで済むようになる。全技術体系の蓄積や人材育成を必要としないのであれば、短期間にグローバル市場へ参入できる。したがって自国の得意領域を政策誘導によって作り、国の優遇政策をここへ集中させれば、技術蓄積が少ない開発途上国であっても、非常に短い期間でグローバル市場の競争優位を築くことが可能になる。

以上のような背景をもとに生まれた産業政策が、人為的に比較優位（国の得意領域）を作り出すアジア諸国のビジネス制度設計である。その基本思想は、第一に、技術が先進国から伝搬・流通してくることを前提とした、技術の獲得とその着床を加速させる政策の強化であり、経済特区を作って税制を柔軟に活用し、これによって技術獲得を容易にする供給サイドの政策であった。

第二に、生産設備などに柔軟な税制を活用し、量産される製品にグローバル市場側で価格競争力を持たせる出口サイド（デマンドサイド）の政策であった。供給サイドと出口サイドの政策を一体化し、競争力を短期間で国内に作り出すという一連のビジネス制度設計が、国としての全体最適を追求する政策イノベーションだったのである。ここからアジア諸国企業の経済が現在のような成長軌道に乗った。

本章で解説する「トータル・ビジネスコスト」の経営思想とは、技術の視点だけでなく経営コストや国の制度設計に関わるすべてを動員して製品コストを下げる取り組みである。技術を自らの手で開発できず、先進国から調達せざるを得ないキャッチアップ型の途上国にとって、自国から海外へ輸出される製品のコストを劇的に下げるには、これ以外に方法がなかった。

キャッチアップする企業や国が自らの手で基礎技術の開発から始めるのであれば、いつまで経っても先進国に追いつくことはできない。したがって、まず技術を模倣し、これを使いこなす人材を育成する必要がある。

「技術は調達するものであって自ら開発するものではない」と言い続けたサムスンのイ・ゴンヒ（李健煕）会長の経営思想、あるいは「自ら技術を開発せず先進国から導入すれば3分の1のコストで済む」という北京大学の林毅夫教授（前世界銀行上級エコノミスト）のキャッチアップ思想は、いずれもこれを象徴する主張だ。これは1970年代までの日本も同じだったのである。

◉70年代から90年代の日本とアメリカ

1970年代までの日本は、法的な支えを持つ強力なターゲティング政策を進めて欧米諸国にキャッチアップした。ところが、この政策は1980代末から始まる日米構造協議を経てアンフェアとされてしまった。その後、1990年代になると、多くの日本企業は、自らの力で基礎技術を開発するのが当然と思いはじめた。

アメリカとの構造協議によって基礎研究重視型への転換を余儀なくされていたこともあり、日本は、技術イノベーションが競争優位の原点であるという前提に立って、科学技術創造立国への道を歩みはじめた。イノベーションを狭く捉えて基礎研究に集中するこの姿は、リニアモデルを信じて推進した1945年から1970年代までのアメリカの科学・技術政策と同じであった。日本ではこれが1990年代から現在まで20年も続いた。

2014年にスタートした内閣府の戦略的イノベーション創造プログラム（SIP。2014年度予算550億円）が、この20年にわたる日本の政策思想を変えようとしているので、大いに期待したい。

一方アメリカと欧州は、すでに1990年代から、基礎研究だけに集中するそれまでの政策を転換させていたのである。さらに技術だけではなく、これとは次元の異なる政策を取り込むことによってリニアモデルを人為的に成立させようとしていた。アメリカの事例については、独禁法や国家共同研究法、ソフトウェアに対する知的財産権などの視点から第2章の後半で紹介した。

ドイツの例で言えば2005年頃から研究者の評価制度が大きく変わり、たとえ公的機関であっても論文の数よりもむしろ雇用と産業競争力に結びつく研究が重視されるようになった。フラウンホーファー研究所がその代表的な事例だが、基礎研究重視のマックス・プランク研究所であっても例外ではないという。

一方のアジア諸国は、戦後の日本の成功モデルから学んでターゲティング政策を日本以上に強化し、自国内に比較優位（国の得意領域）を人為的に作り出した。実はアメリカと欧州も、ターゲティング政策を強化しながら、オープン&クローズ戦略を駆使してアジアの成長を取り込むという競争政策を1990年代に追求していたのである。

その一方で日本はターゲティング政策を捨て、1980年代のアメリカが深く反省したはずの1950年代の基礎研究重視型へ歩みはじめる。その背後に、1990年代のクリントン政権によるなりふりかまわぬ競争政策の圧力があった。

◉アジア諸国の政策が機能する産業領域と機能しない産業領域

いずれにせよアジア諸国の競争政策が先進国から技術が伝播してくることを前提にした政策なので、伝播しやすい製品領域だけが政策として機能する。つまりこの政策が最もよく機能したのは、すでに枯れた技術であって寄木細工のように組み立てられる製品か、たとえ先端技術であってもデジタル型へ転換した、すなわち製造業のグローバライゼーションが起きやすいソフトウェア・リッチ型の製品産業だったのであり、オープンな国際標準化が次々に繰り出された製品産業だったのである。

しかし1990年代の初期のアジア諸国は、そのことにまだ気づいていなかった。他の多くの製品領域でもターゲティング政策を強行したが、成功したのはソフトウェア・リッチであってオープン標準化が先導する製品産業、およびそれ以前からすでに国際分業が起きていた寄木細工型の製品産業だけだった。

台湾の事例で言えば、エレクトロニクス産業では成功したが自動車産業では失敗した。パソコン産業の中の半導体デバイスでは成功したが、ハードディスクでは完全に失敗した。ハードディスクの基幹部品もダメだったのは言うまでもない。パソコンで使うCD‐ROMでも、製品アーキテクチャが積木細工型（モジュラー型）に転換した完成品としての装置では圧倒的な強さを誇ったが、基幹部品としての光ピックアップはまったくだめだった。

デジタルテレビに関して言えば、液晶パネルでは成功したものの、ブラウン管テレビと類似のアーキテクチャ特性を持つPDPパネルは、非常に早い段階から技術導入はしたものの成功しなかった。

紙を動かす必要のないスキャナーでは成功したが、紙を高速で動かすプリンタや複合機では成功していない（低速スキャナーや低速プリンタでなら2010年年代になってから成功しつつある）。

これらに共通するのは、技術モジュールの組み合わせで製品を作れるか否か、先進国側と互いにビジネス・エコシステムを構築できる製品か否か、台湾の比較優位（得意領域）としてのシステムLSI関連技術を活かせる製品か否かという条件であり、この条件に合致した場合にだけ成功を収めたのである。

アメリカや欧州諸国が強行した1980年代の強い政府による小さな政府政策によって、ソフトウェアリッチ型の産業が進展したことは第2章と第3章で述べたが、これが間接的に、欧米企業と東アジア企業の協業を加速するうえで非常に大きな役割を担った。その代表的な事例が、モジュール化やビジネス・エコシステムが進むパソコン産業や光ディスク産業、半導体産業だったのであり、さらには、台湾の比較優位が活きるインターネット関連のハードウェア産業であり、携帯電話関連の産業であった。アジア諸国のこのような特徴を知る欧米企業は、アジアの成長を取り込むビジネス・エコシステム型の産業構造と競争ルールを、すでに1990年代から自社／自国優位に構築しはじめていた。

欧米企業と違って、国際的なエコシステム型のビジネスモデルへ移行する日本企業はごく一部に限られていた。互いに得意領域を持ち寄るビジネス・エコシステムのパートナーとしてよりも、同じ市場の競争相手とみなす経営思想から脱皮できなかったからである。

しかしながら日本企業のこの経営思想は、オープンなビジネス・エコシステムが生まれない東南アジア市場でなら効果的に機能し、いわゆるASEAN型モデルとしてもいうべき新たな勝ちパターンを生み出した。これについては第5章で詳しく紹介する。

◉半導体産業とトータル・ビジネスコストの政策

アジア諸国の競争政策が最も成功した事例として、台湾の半導体のファウンダリー産業(量産専業の産業)を挙げることができる。ファウンダリーとして特に成功したTSMC(Taiwan Semiconductor Manufacturing Company Ltd.)は、2003年の売上が167億米ドルであり、半導体チップ(システムLSI)の量産専業メーカーとして世界で最大シェア(50%)を持つ。また長期にわたって30%以上の営業利益率を誇り、2012年は37%であった。長期の赤字経営を続ける日系半導体産業との、この際立った違いは一体どこから来るのであろうか。

TSMCは技術力でも世界のトップクラスにあり、回路線幅26ナノメートルという最先端技術の半導体チップでは世界的にも独壇場になっている(2013年の時点)。すでに15ナノメートルの量産技術を完成させており、2020年までなら7ナノメートルの線幅も不可能ではないという。

量産をファウンダリーに任せて設計に専念する半導体メーカーを、ファブレスと呼ぶ。ファブレスとファウンダリーの分業は、1980年代初期のASIC(特定用途向けIC)のモデル登場から始まった。半導体チップの設計ルールをオープン標準化してアメリカのベンチャー企業が設計を担い、当時の日本企業が量産を担った。半導体の生産には巨額の設備投資が必要なため、資金のないベンチャー企業群は設計と製造を分離し、設計に特化することによって特定のアプリケーションに特化したＩＣ（半導体チップ）のビジネスに参入したのだ。

その後、１９８６年に締結した日米半導体協定（半導体製品のダンピング輸出防止が骨子）を経て価格が高止まりとなり、また、プラザ合意のあとに米ドルに対する円が非常に高くなると、アメリカのベンチャー企業は半導体チップの製造メーカーを日本以外の国に求めた。最初は台湾のＴＳＭＣもＤＲＡＭの量産ビジネスを考えていたが、上記の背景によってアメリカのベンチャー企業をユーザーとするＩＣチップ（当時はシステムＬＳＩがまだなかった）を量産するファウンダリーのビジネスへ戦略転換する（現在でも顧客の約70％がアメリカ企業）。

１９９０年代の中期になると半導体工場への投資がさらに巨額となり、アメリカの半導体専業メーカーでさえ、巨額投資が負担になっていった。筑波大学の立本博文准教授によれば、１９９０年頃まででせいぜい3億から4億米ドルに過ぎなかった半導体工場（ファブ）への投資が、１９９４年に7億ドル、１９９７年に13億ドル、そして１９９９年に18億ドル、２００１年には30億ドルを超えて急増した。２０００年代になると、先進国のどの企業も巨額投資を続けるのが困難になり、たとえ投資しても回収のリスクが非常に高くなっていた。こうした背景によって設計と量産の分離がさらに進んだのである。

このような投資環境にある半導体産業の中で、生産設備を開発せずに海外から調達し、材料を海外から調達しても、台湾のファウンダリーが他国の半導体工場より大幅に生産コストを下げることは不可能であった。そこで台湾は一企業のレベルではなく国による政策支援を行う。それが以下に述べるトータル・ビジネスコストの視点に立つ政策である。

トータル・ビジネスコストの政策とは、主に巨額な投資に対する柔軟な税制、たとえば免税・減税を含む税の優遇政策や減価償却期間に対する柔軟な政策である。台湾政府は減価償却期間を非常に短くし、さらに償却の開始時期や償却期間も個々の企業の競争戦略に任せ、企業に活力と知恵を出させようとした。科学工業園区・輸出加工区と呼ばれる特区では、特に柔軟な運用が可能であった。

以下に立本氏の研究成果を使いながら巨額の設備投資を必要とする設備主導型の産業で、柔軟な税制を駆使した政策イノベーションが台湾の産業育成に大きく貢献した事実を紹介したい。

一般に製品の販売価格は、販売原価に利益を加えて決定される。販売原価は、販売管理費、研究開発費、工場出荷価格だけでなく、減価償却費などを加えたもので構成される。これを模式的に図4・1で示すが、半導体産業のように巨額な設備投資を必要とする場合は、販売原価の中で減価償却費の占める割合が非常に大きい。

特に最先端の技術を追求する日本では、販売原価の70％以上が減価償却費になることもあったという（管理会計の視点）。このとき、もし減価償却の期間や償却する時期を企業が事業戦略として自由に決められたのであれば、その後の日本企業の市場の競争力が現在と大きく変わっていたであろう。たとえば、2000年代中期に日本のエルピーダメモリが量産工場を台湾へ作らなければならなかった背景に、日本の税制があったのである。

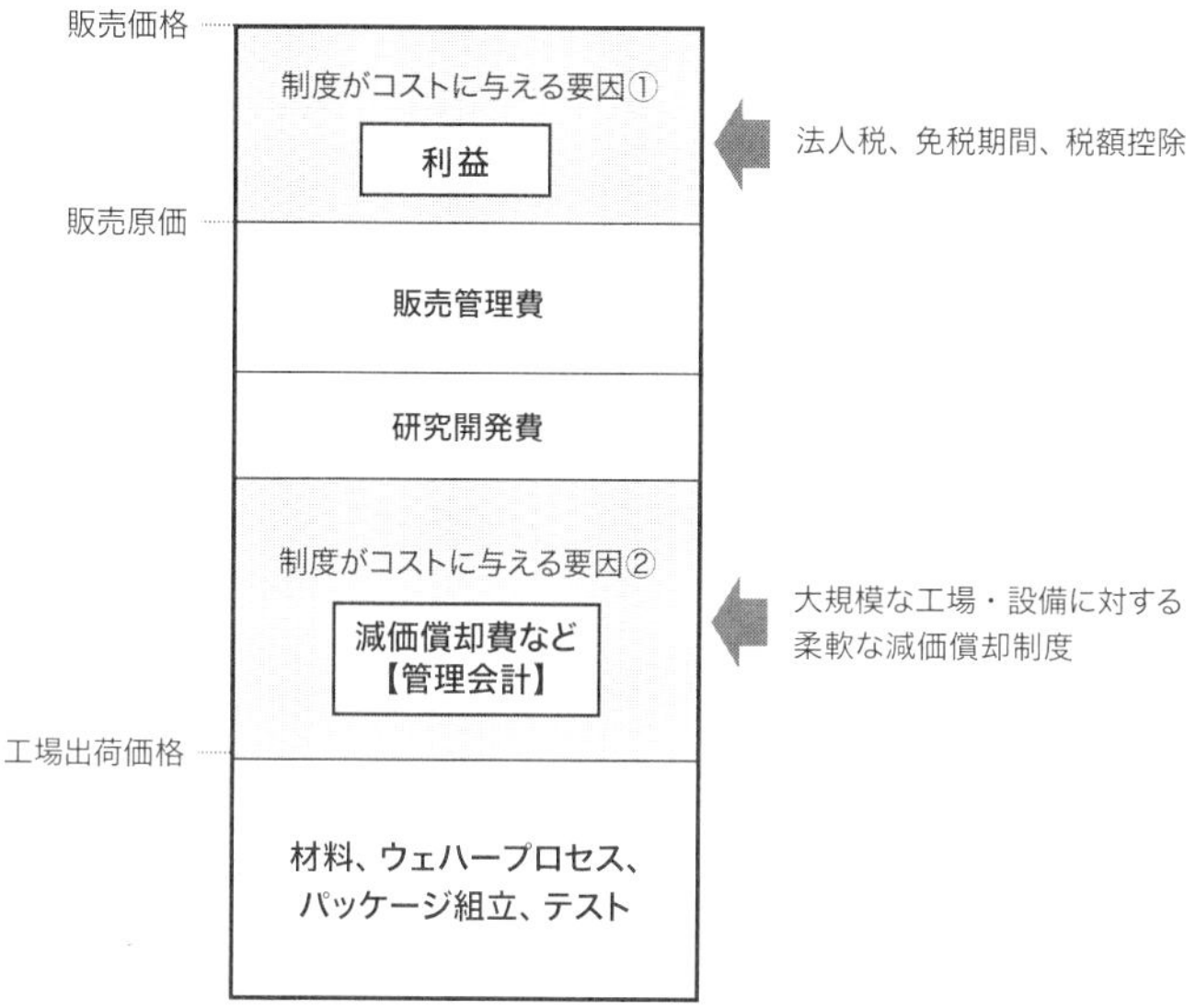

図4.1　トータル・ビジネスコスト――半導体デバイスのコスト構造と国のビジネス制度との関係（アジア諸国に量産工場を作る場合）
出典：このモデル図は立本博文（2009）から筆者が引用・加工

◉減価償却費が鍵だった

1990年代の台湾政府は、特に設備主導型の産業に焦点を当て、販売原価に最も大きな影響を与える減価償却費の割増償却や加速償却、あるいは新規設備導入に対する優遇処置、さらには企業の利益に対しても大幅な減税・免税政策（図4・1）を徹底させた。このような税制を駆使して産業競争力を人為的に作り出す台湾政府の政策は、すでに1980年代後半には起案されていたが、実体経済で効果が現れたのは、設計と製造の分離が進む1990年代の中期であった。台湾の民間企業による半導体産業への設備投資が1995年頃から急増する。

一例として、実ビジネスの視点から、減価償却費と産業競争力について見ていこう。もし法定で決められた減価償却期間を非常に柔軟に設定できるなら、他国と価格競争で勝つために、初期の時点で販売原価へ減価償却費を繰り入れず、販売価格を非常に低くすることが可能になる。したがってグローバル市場で圧倒的な価格競争力を持つことができる。

筆者の現役時代に、類似の製品産業でこれを何度も目にした。日本企業との価格競争に勝って競争相手が少なくなった頃には、歩留まりも大幅に改善されて製品コストが非常に下がる。したがってこの時点で減価償却費を販売原価に繰り入れても、実ビジネスに与える影響は小さくなる。

また、たとえ法定償却期間が決まっていても償却する時期を企業が選べるのであれば、最初の1年で減価償却を終えることもできるので、これを新規の設備投資へ振り分けることができる。さらに翌年から減価償却費を販売原価へ加える必要がなくなるので、圧倒的な価格競争力を持つことができる。もし減価償却が終わっているのなら、不況期に無理して工場を動かす必要もない。減価償却が終わっているなら、工場の稼働率が非常に低くなっても、利益への影響は限定的である。

ＴＳＭＣのアニュアルレポートによると、２００１年にＩＴバブルが崩壊して工場の操業率が40％まで落ち込んだ。しかし粗利益は２０００年の44％から29％へ減っただけであり、営業利益も２０００年の36％から14％へ減っただけであった。２００２年には再び上昇に転じ、２００３年から現在まで30％以上の営業利益が続く。

たとえば２０１２年にＴＳＭＣの売上が２兆円で営業利益が36％だったが、２０１３年にはそれぞれ２・４兆円、35％となった。２０１４年には売上がさらに伸びて約３兆円（７６２９億台湾元）を超え、営業利益も39％という驚異的な業績を残した。

売上の伸びと30％以上の安定した営業利益が約20年も続いたＴＳＭＣは、台湾政府が優遇政策で使った国税をはるかに越える利益を台湾にもたらしただけでなく、ＴＳＭＣの周辺に多種多様な産業を生み出しながら台湾の雇用増と貿易収支に多大な貢献をした。

この事実をスタンダードなアメリカ経済学で説明することは難しい。しかしながら現実の経済では、国の比較優位を人為的に作り出すトータルビジネスコストの政策が、台湾という国の産業を育成し、高度化し、経済成長に大きな貢献をしたのである。これは中国や韓国でも同じであった。

一方、日本の半導体工場では稼働率が80％を超えないと利益が出ない。ＩＴバブルのような不況が来て需要が激減しても、工場を稼働させてしまう。これは、まず第一に従業員の雇用を守るためであり、そして第二にキャッシュフローが必要だったからである。工場を稼働させて雇用を維持するためには、受注しなければならない。需要が激減する不況時に受注する場合は、例外なく受注価格が異常に低くなるので赤字覚悟で工場を稼働させることになる。

そのあとに景気が回復しても、低価格の受注契約に縛られて赤字から脱皮できない。したがって巨額の赤字に陥る不況期はもとより、たとえ市況が改善しても投資できるのはかなりあとになってからであり、好況期の恩恵を受けることも少ない。

これまで投資判断が遅いことを理由に経営者を批判する言動が多かったが、その背後にあるビジネス制度設計の違いに言及する人は少なかった。それどころか、そもそも国のビジネス制度設計が産業競争力に影響を与えるはずがない、単に技術イノベーションが足りなかったのだ、と主張する学者は今でも多い。

現実には、硬直化した減価償却の制度が結果的に企業収益にも大きな影響を与え、日本の半導体産業を苦しめたのである。産業界の強い要請を何度も受けた日本政府は、ようやく2007年に半導体や液晶パネルなど巨額な設備投資を必要とする産業の減価償却期間を8年から5年に短縮することを決めた。それはシャープやパナソニックが液晶パネルとPDPパネルに巨額投資を決断した時期でもあった。その背後には、国内に工場を残して雇用を守ろうとする多くの人々の努力があったはずである。

しかしながら第1章で述べたように、液晶パネルではすでに円安だった2007年の時点でも日本企業がまったく勝てなくなっていた。それどころか日本企業がグローバル市場のシェアをわずか4年から5年の間に80%から20%まで落とす経営環境へ追い込まれていたので、5年の償却が終わる前に日本企業は勝てなくなっていたのである。こうした経営環境に当時の日本のテレビ産業は置かれていたのである。政府は償却期間だけ定め、これをいつ実施するかは企業側の事業戦略に任せるべきだったのだ。

２０１３年に成長戦略で法人税の減税が議論され、工場を国内に残し、雇用増に結びつける政策の一環として新たな減価償却制度が決められた（ただし恒久予算ではない）。できればその柔軟な運用を企業に任せるべきである。これまで多くの議論は、アジアではなく欧米の事例だけを取り上げてきた。今後はアジア経済圏の中で日本の製造業を正しく位置づける視点がほしい。

ここでまた台湾の税制に戻るが、日本が償却期間を5年にする前に、台湾の償却期間がすでに3年になっていた。台湾政府が特に支援する指定産業になっていて経済特区に工場を作るのであれば、3年を1年に短縮することさえ可能になっていた。また、償却の開始を先延ばしして最初から販売価格を大幅に下げることさえできた。償却の運用がすべて企業側の競争戦略に任されていたのである。

しかしながら硬直化した償却制度を強いられた日本企業は、半導体メモリー（ＤＲＡＭ）メーカーのエルピーダメモリのように、量産工場を台湾に作るか、他のアジア企業が追いつけない最先端の技術と高い信頼性だけを追求せざるを得なかった。販売価格で負けるのであれば、技術と信頼性で差別化する以外に手はなかったからである。技術と信頼性での差別化が行き着く先をガラパゴス化と揶揄する人も多いが、企業にとってこれ以外に選択肢がなかった。

日本が完成品で競争力を保つデジタルカメラや自動車用の半導体チップへ特化し、なんとか事業を続けてきた日本の半導体産業も、徐々に次世代技術を開発する余力がなくなって衰退への道を歩んでいる。高い信頼性と技術力を必要とする自動車用の半導体デバイスでルネサンステクノロジー社の復活に期待したい。

◉政策イノベーションで勝った台湾

台湾の競争政策は常にオープンであり、筆者らが台湾政府の経済部（日本の経済産業省に相当）を訪問すると、優先的に育成する産業の変遷や、科学工業園区・輸出加工区と呼ばれる経済特区の全貌や税制などについても率直に教えてくれた。韓国はそれほどオープンではないものの、韓国のビジネス制度設計や財閥系企業グループの内部で階層化された資金の流れが、結果的に台湾に劣らず税制上の効果をもたらし、グローバル市場で競争優位を築くうえで大きな貢献した事実が立本氏の研究で明らかになっている。またこの研究結果は、サムスンから日本に戻った多くの人々の証言によって裏づけられている。

国の税制を含む優遇政策が企業活動に与える影響を図4・2に示した。この図は、日本国内の制度設計でビジネスをする場合に比べて、台湾のTSMCや韓国のサムスン電子がキャッシュフローでどの程度優位に立つかを、公開済みの財務諸表から立本氏が試算したものである。

立本氏は、ビジネス制度設計としてこれまで述べた減価償却費以外に、法人税率と投資税額控除を取り込んで総合的に分析している。この図から、たとえば2006年の時点でTSMCが年間で約2000億円、サムスン電子が約3000億円もキャッシュフローで優位に立っていたことが理解されるであろう。一方、同じ時期の日本の半導体関連企業（トップ5社）では、キャッシュフローが2000億円のマイナスであった。

ビジネス制度設計でこれだけキャッシュフローに差が出るのなら、そして設備投資がビジネスの成否を左右するのなら、たとえ日本企業が技術で優位に立っても、グローバル市場では決して勝てないということである。同様の指摘は、日本以外の少なからぬ研究者からも指摘されている。[注1] 日本は技術で負けたというよりもビジネス制度設計、すなわち税制などの政策イノベーションの競争で負けたことが立証されたと言える。

たしかに半導体プロセスの細部を分析して、

【注1】 たとえば、第4章参考文献の黄仁徳・胡貝蒂（2006）、Glenn P. Jenkins, Chun-Yan Kuo, Keh-Nan Sun（2003）。

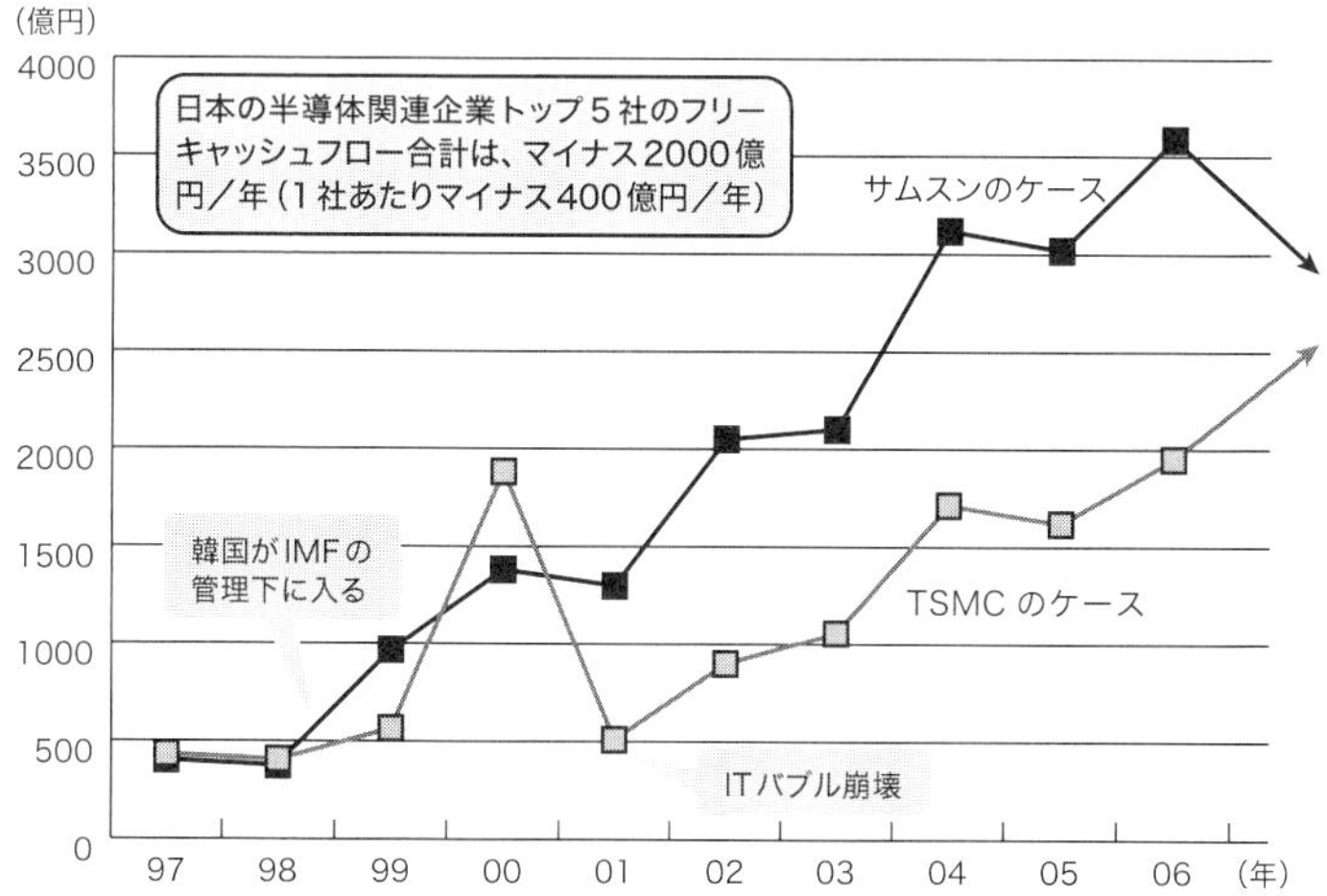

図4.2　日本の制度を基準にしたサムスンとTSMCの営業キャッシュフローの差の推移

出典：立本博文（2009）「国家特殊的優位が国際競争力に与える影響――半導体産業における投資優遇税制の「事例」」（国際ビジネス研究　第1巻第2号、55～73ページ）の図2から筆者が引用・加工

日本企業の半導体工場ではマスクの枚数が非常に多いことなどを示しながら、日本が技術で劣っていたという実証研究もある。マスクの枚数が多ければチップの図面投入から製品が完成するまでのタクトタイムも非常に長くなり、歩留まりも悪くなりコストアップになるからである。

しかしながらわれわれは、1998年から99年頃に大手日本企業の研究所に1台しかなかった最先端の半導体露光装置が、台湾TSMCの量産工場ですでに10台も稼働していた、という事実を忘れてはならない。これを使えばより微細に加工できるので、歩留まりも大幅に改善され、マスクの枚数も非常に少なくて済んだ。減価償却の制度設計こそが本質だったのである。

企業は純利益から工場の再投資を行う。純利益とは、経常利益から特別損益を足し引きした税引前利益からさらに法人税を差し引いたものであり、税引前利益までなら日本もアジア諸国も大きな違いはない。大きな違いが生じるのは法人税額である。

産業政策上の視点から、法人税ではさまざまな控除が行われる。日本とアジア諸国で大きな違いがあるのは、①法人税率の無税期間制度（タックスホリデー制）と、②設備投資額に応じた投資税額控除制度の2つの税額控除である。いずれの国も多少は①②のような制度を持っているが、アジア諸国はその実施規模が飛び抜けて大きい。アジア企業を見るうえで、各国の産業政策を日本と比較しながら分析しなければならない背景がここにあった。

①と②の両制度へさらに柔軟な減価償却制度を組み合わせること（図4・1）よって初めて、短期間のうちに大規模投資を行って利益獲得を狙うアジア企業特有の強力な事業戦略が可能になった。たとえば半導体産業の場合、最先端の露光装置を購入し、コストを武器にグローバル市場を席巻するモデ

ルである。トップランナーに躍り出た最近では、これがプレミア価格が付いている内に製品を量産して市場出荷する、というモデルに置き換わった。

その際、露光装置が高価であっても気にする必要はない。上記の両制度の適用が受けられるのであれば露光装置の高値を上回るプレミア価格が得られるからである。最先端の製造装置を購入するのであるから、マスクの枚数が少なくなるのは当然である。高価な露光機の導入にインセンティブを与えて惜しげもなく導入させた台湾政府の制度設計が、トータルコストの低減で極めて有効に機能したと言わざるを得ない。日本はものづくりではなく、特に税制を中心にした制度設計で負けたのである。

現役時代の筆者も別の産業領域で台湾企業と協業し、減価償却を販売原価に加算しないビジネス現場を何度も経験した。また少なからぬ同業他社の人々も、最先端の技術や設備の導入することに対する税額控除のインセンティブが台湾企業の行動に大きな影響を与える現場を何度も目にしている。台湾政府による半導体産業の育成・強化がその周辺産業を次々に生み出し、台湾エレクトロニクス産業の輸出競争力を世界のトップレベルまで押し上げた。これが雇用と経済成長に多大な貢献をしたのは言うまでもない。

１９９０年代の末から２００４年頃まで、日本は産学官の総力を挙げてシステムＬＳＩ（当時はＳＯＣ〔System On Chip〕と呼んでいた）の開発プロジェクトに巨額の投資をした。２００１年４月からＡＳＫＡ、ＤＩＮ、ＭＩＲＡＩ、ＨＡＬＫＡなどと呼ばれる巨大プロジェクトが、技術革新による競争力の強化を目指して次々にスタートしている。

しかし同じ時期の台湾と韓国は、技術力と高い品質を優先させる日本と同じ土俵で競争することはしなかった。大胆な優遇税制や柔軟な減価償却制度が最も有効に機能する低価格大量生産の製品市場に狙いを定め、グローバル市場におけるトータルなビジネスコストを下げることを優先させたのである。日本企業が「技術でまさり、知的財産でまさり、事業で負けてきた」背景として、日本の経営者が設計と製造(ファウンダリー)の分離を拒み、また技術世論もアカデミアさえも分離に反対し、一体統合型こそ日本の強みを生かせると主張し続けたのであり、アカデミアも決して無罪ではない。しかしながらそれ以上に重要な問題として、これまで紹介した税制や減価償却制度のほうにこそ勝てない仕組みが潜んでいたのである。

なお、台湾の特定産業育成のための制度(産業高度化条例)は時限立法であり、すでに2009年に満期を迎えた。日本もアメリカも同じ土俵の競争相手ではなくなったからである。

現在の台湾は、特定の産業に限定して法人税減免を行うのではなく、一般法人税率の大幅な引き下げを行っており、たとえば台湾の法人税率は17%まで下がった(日本の法人税率は約38%)。韓国と台湾だけでなく、シンガポールや中国などアジア諸国では、法人税引き下げと投資税額控除を用いて、互いに租税政策の競争をしながら産業育成を行っている。その中で日本の産業環境の不利さが突出していたのである。

もしここで日本が租税競争に参加できないのであれば、われわれは新興国のビジネスインフラを活用しながら、ビジネス・エコシステムを介して新興国の成長とともに歩む新たなメカニズムを構築しなければならない。このメカニズムを支えるのが、先進国型製造業の比較優位を活かすことのできるオープン&クローズ戦略の考え方である。

技術イノベーションのあり方でも際立った違いが見られた。たとえば半導体関連では、日本のプロジェクトに参加した海外企業が2000年代の初期から参加できなくなっていた。一方、台湾や韓国は、半導体チップのトータルコストで勝てる仕組みをクローズ領域として完成させ、ここへ内外から最先端の技術知識や人材を広く集めるオープンイノベーションを自国内に着床させた。

単に技術開発という視点で見るのであれば、オープンイノベーションは牧歌的なキャッチフレーズに過ぎない。オープンイノベーションには、これを競争力に結びつける仕組み、すなわち技術開発の成果を勝ちパターンに結びつける仕組みを支えるクローズ領域が背後になければ意味がない。この点もまた、日本企業と台湾・韓国企業の競争力との差に大きな影響を与えた。

なお2007年以降のTSMCは、これをさらに進化させたオープンなイノベーションプラットフォーム（OIP）を強力に推進して世界の隅々から知恵を集め、持続的な成長を維持している。しかしながらこれは技術を自由に調達できる場合にのみ最も効率良く機能するビジネスモデルである。

今後は立体トランジスタでインテルの知的財産マネジメントに囲い込まれる可能性もあり、独自技術と知的財産マネジメントで弱点を持つTSMC型オープンイノベーションがいつまで続くであろうか。インテルなどはLSI技術を武器に新たなサービス産業へ向かおうとしている。同じ勝ちパターンを20年以上も続けることは非常に難しい。

◉トータル・ビジネスコストという競争思想と先進国企業の知的財産への対応

トータル・ビジネスコストとは、その製品を開発し、量産して顧客へ届けるまでの費用の総和である。半導体デバイスや液晶パネル、あるいは記録型DVDメディアの製造のように、巨額な設備投資が必要な製品であって顧客が企業である場合は（B2Bビジネス）、販売原価が減価償却費によって大きく左右される。

キャッチアップ型の途上国企業にとって最も重要な問題は、先進国が持つ膨大な知的財産を合法的に活用することであった。技術を先進国から調達するのであれば、技術を開発して台湾へ売る先進国企業（当時の半導体製造設備であれば主にアメリカと日本企業）へ知的財産問題の回避を契約によって押しつけることができる。製造設備に半導体製造プロセス関連の知的財産が一括して含まれているからである。たしかに調達コストは高くなるが、柔軟な減価償却制度や優遇税制を含む国の政策インセンティブがこれを補う。

ＴＳＭＣは量産専業のファウンダリーであり、自社ブランドでチップを売ることはない。したがってチップを設計してＴＳＭＣへ生産を依頼する先進国企業（当時は主にアメリカのベンチャー企業）の方へ、知的財産への対応を負担してもらうことが契約によって可能となる。

以上のように、キャッチアップ型企業は、弱点であった先進国企業の知的財産問題を、技術の調達と量産専業に徹することによって回避することができたのである。

以下で紹介する完成品型の製品でも、技術の獲得と知的財産への対応が極めて重要な問題であったが、トータルコストというビジネス全体のコストを追求することによって、キャッチアップ型のアジア企業がこの問題を解決していた。

◉トータル・ビジネスコストの3要素

パソコンに内蔵して使うCD‐ROM装置やDVD装置はもとより、ブランドを付けて店頭で販売するDVDプレイヤーや液晶テレビ、携帯電話などの完成品が、1990年代から製品設計の深部に組み込みシステムが介在してソフトウェアリッチ型となった。

ここから基幹部品が瞬時に国境を越えて、ビジネス・エコシステム型の産業構造がグローバル市場に現れ、いわゆるものづくりではなく、トータル・ビジネスコストがグローバル市場の競争力を左右するようになった。ソフトウェアリッチな完成品のトータル・ビジネスコストを、日本企業と台湾／韓国企業と比較しながら図4・3に示すが、その中身は大きく以下の3つに分けられる。

① **技術とその関連コスト**：これは製品の製造に使う材料や部品費であり、工場で働く人の人件費であり、材料・部品の調達に関わるコストである。

② **経営オペレーションと販売に関するコスト**：これはその製品を生み出す研究開発費と製品開発費、技術調達や知的財産のクロスライセンスに必要な費用、資金の調達費、宣伝広告や販売に

関わる管理費、これらを支える人々の人件費をすべて含む販売管理費、および製品を顧客へ届けるまで販売チャネルコストからなる。

③国のビジネス制度によって生まれるコスト：これはその企業が本社を置く国内の工場で生産することによって発生するコストである。代表的なものが減価償却費と法人税であることは先に説明したが、それ以外に大きな影響を与えるのが為替変動（特に円高）がもたらす実質的なコストアップである。

われわれはこれまで製品のコスト競争力を論じるときに、③に挙げた、国のビジネス制度設計が製品のトータル・ビジネスコストに与える影響を①や②と同じ土俵で論じることがなかったのではないだろうか。

③の中で直観的に理解できるのは、円高がもたらす実質的なコストアップである。たとえば、1ドル

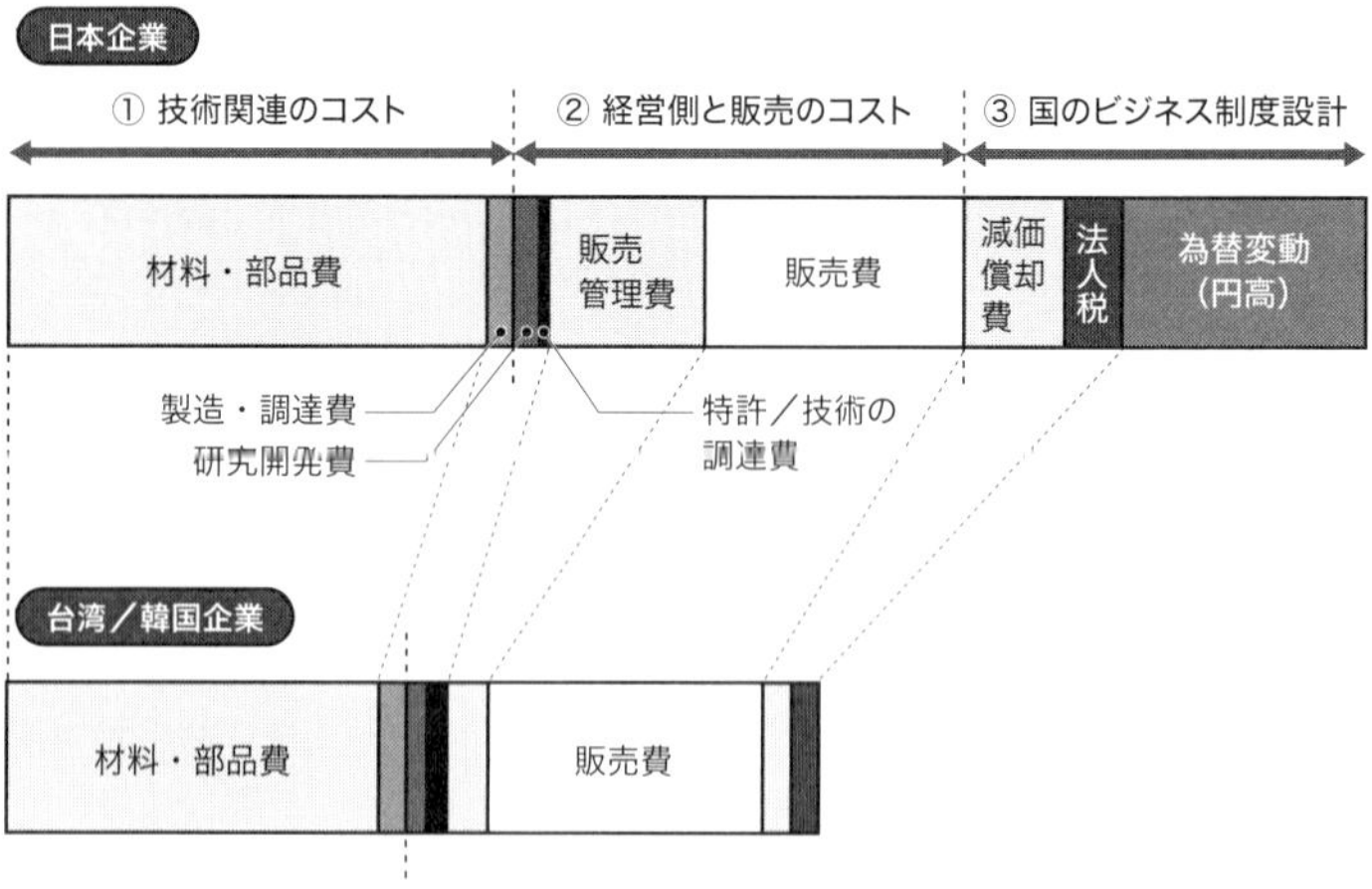

図4.3　トータル・ビジネスコストから見た日本製品と台湾／韓国企業の製品

が100円のときに日本から海外に出荷される製品価格が1万円なら、ドル換算で100ドルになる。しかしながら円高が進んで1ドルが70円になると日本出荷の価格を30%値下げして7000円にしないと100ドルにならない。

ここでもし、①のコストと②の中の販売管理費を合計しても7000円を超えるのなら赤字ビジネスとなる。赤字を避けて1万円のまま日本から出荷すれば、海外市場で価格が140ドルを超える製品となり、他国の100ドル製品に価格で勝てない。それ以前に海外の販売チャネルは、そんな高い製品を売ってくれない（圧倒的なブランド力のある商品であれば話は別だが）。[注2]

日本企業がキャッチアップ型であって円安だった1980年代までなら、単に製品設計、信頼性、品質、歩留まりなど、いわゆる①の技術に関する領域だけで競争力を議論すればよかった。あるいは21世紀の現在でも、技術とものづくりが国境を越えにくい素材産業であれば、①の領域を取り上げるだけで日本の競争力を語ることができる。

しかしながら、製造業のグローバライゼーションが急速に進む製品領域では、比較の対象に②と③を含めなければならない。これによって初めて、国の減価償却制度や法人税がグローバル市場の競争力に圧倒的な影響を与える事実を理解することができる。

【注2】少なからぬ経済学者、特にマクロ経済学者が、名目為替レートではなく実質実効為替レートという指標を使い、たとえ1ドル80を切っても円高ではないと主張している。貿易収支で輸出の95%を占める日本の製造業にとって、このような考え方が本質的な間違いであることはすでに述べた。「はじめに」（8ページ）を参照。

多くの人々がこれまで、「技術でまさっていたのになぜ負けるのか」、あるいは「特許をたくさん持っているのになぜ勝てないのか」に疑問を持ち、その原因も色々な角度から議論されてきた。先鞭をつけたのは、妹尾堅一郎氏の『技術力で勝る日本が、なぜ事業で負けるのか』（ダイヤモンド社）であろう。

この本では、それまでの技術やものづくりだけを追求する考えや特許の質や量を追求する考え方に疑問を投げかけ、ビジネスモデルや知的財産マネジメントの重要性を強く主張していた。これに比べると、他の多くの「日本が負けた」式の議論は、主に図4・3①の領域だけに焦点を当てたものであり、あるいは②の中の技術に関することだけに焦点を当て議論しているものが大半であった。

グローバル市場での日本企業の競争力を正しく論じるには、トータルなビジネス構造を俯瞰的に捉えた上で図4・3の②販売管理費を他国の企業と比較し、販売チャネルコストを比較し、さらに③の国のビジネス制度に起因するコストを含むすべてのビジネスコストを比較しなければならない。

もし日本の製品が、①の領域で機能や性能に優位性がないのであれば、圧倒的なブランド力を持つ製品以外は市場参入すらできない。キャッチアップ型の途上国企業が②や③で圧倒的なコスト競争力を持つからである。

このときたとえ①の機能や性能で圧倒的に優れていても、顧客が必要とする以上の機能や性能で優位に立っているのであれば、あるいは顧客の購買力を超える価格であれば日本製品を買う人は少ない。これが海外市場の日本製パソコンであり、液晶テレビや携帯電話だったのである。スマートフォンでは、製品進化の主導権がすべて海外企業に握られているという意味で、技術による差別化がさらに難しくなった。

◉CD‐ROM、DVDのトータル・ビジネスコスト

アジア企業がトータル・ビジネスコストで日本企業を追い抜いていく姿を、筆者が実際に経験したCD‐ROM装置やCD‐R／RW装置、DVD装置および液晶テレビの事例を念頭に置いて説明したい。

1980年代の後半に商品化されたCD‐ROMはすべてアナログ技術で構成されており、基幹部品が単独で流通することはなかった。たとえ流通しても、その単純組み合わせでは完成品としてのCD‐ROM装置を、高品質と低コストを同時に実現させて量産できないからである。この意味で日本のものづくりそれ自身が製品の国際競争力に多大な貢献をした。

この時期は、マイクロソフトが大規模なOS、ウィンドウズ95を開発していた時期でもあり、巨大OSの配布やパソコンへインストールするデバイスとして、マイクロソフトもパソコンメーカーも、従来のフロッピーディスクの500倍も容量の大きいCD‐ROMに大きな期待を寄せていた。しかしパソコンに内蔵して使うには高価すぎて普及が進まない。

これが1994年から一変する。組み込みソフトウェアがCD‐ROMの製品設計に取り込まれて製品アーキテクチャが部品の単純組み合わせ型（モジュラー型）へ転換し、寄木細工のように部品を組み合わせるだけでCD‐ROM装置を量産できるようになったからである。ここから、当時はまだ技

術蓄積が少なかった台湾や韓国企業が市場参入できるようになり、価格が毎年40％から50％も低落する事態となった。

当時の台湾や韓国の製品は、たしかに初期の段階では品質に課題があったが、日本やアメリカの品質管理の専門家が台湾や韓国の企業を指導するようになり、1990年代の後半には品質でも日本企業に追いついた。ここから台湾と韓国がグローバル市場のリーダーへ飛躍する。

たとえば1995年に台湾企業と韓国企業を合計した市場シェアはわずか5％に過ぎなかったが、96年には15％、97年に35％、そして品質で日本に追いつく98年には50％を超えて日本を追い越した。

大量生産される製品で累積生産台数とコストとの関係を示す習熟曲線によれば、累積生産台数が2倍になるとコストが10％から15％も下がる。製品によって下がるパーセンテージに違いはあるものの、これは多くの製品で観測された事実であり、市場シェアの高い企業だけがコスト競争力を持つことができる。

CD‐ROM装置でも決して例外ではなかった。市場シェアを競ってトータル・ビジネスコストを追求する当時の台湾や韓国企業の経営姿勢こそが、グローバル市場を席巻して利益を獲得する最も重要な経営戦略だったのである。しかしながら日本企業は技術を追求する以外に手がなかった。図4・3の①の技術領域で差別化しない限り、②や③を含むトータルなビジネスコストではまったく勝てなくなるからである。このような事態に追い込まれた当時の技術者を、後知恵でガラパゴス化と揶揄できるだろうか。

これ以外にも日本企業には、企業制度のあり方という点で本質的な課題があった。完成品がソフトウェアリッチ型へ転換すれば基幹部品が必ず流通し、いわゆる規模の経済が企業の内部から市場へシフトする。しかしながら日本企業は、付加価値をすべて内部に取り込む、すなわち部品も完成品もすべて自社の中で作る、という伝統的な経営思想から脱皮できなかった。少なからぬアカデミアの人々と質の高い技術世論がこの日本型経営思想を支持していたからである。

アナログ技術の時代に完成させた日本型ものづくりの経営思想は、その後のＤＶＤでも、そして２０００年代の液晶テレビでも、そのまま当たり前のように踏襲された。液晶テレビのパネルやプラズマ・ディスプレイのパネルに対する巨大投資が、現在の家電産業を苦境に陥らせた元凶であると断じる人もいるが、経営者は１９８０年代と同じものづくりの経営思想を追求しただけなのである。

たしかにビジネス・エコシステム型へ産業構造が変わった事実には気がついていたが、エコシステムの中の勝ちパターン、すなわち本書の第3章で紹介したビジネス・エコシステム型の垂直統合モデル、を自らの手で生み出すことはなかった。これは日本企業だけでなく、１９９０年頃のＩＢＭや１９９０年代中期のシーメンスでも同じだったのである。

したがって当時の日本で、ＣＤ‐ＲＯＭやＣＤ‐Ｒ装置で日本企業が市場撤退を繰り返すメカニズムが液晶パネルや液晶テレビでも再現すると論じて警告を発する人は稀であった。

◉インセンティブ制度および為替と価格構造

新興国の企業の販売管理費（研究開発費を含む）は非常に小さい。われわれの調査によれば、1990年代の後半にCD‐ROM装置を開発製造していた日本の電機メーカーでこれが25％から30％に及んだが、当時の韓国企業は14％から16％、台湾企業は10％から13％程度であった。CD‐ROM装置はパソコンに内蔵して使うOEM製品であり、図4・3の②の販売費（販売チャネルコスト）に差はない。一方、これらの製品では粗利益がせいぜい15％程度であった。したがって図4・3の②で販売管理費が10％から20％も違うのであれば、台湾や韓国の企業がOEM価格を15％下げると日本企業は価格で対抗できず、その商談を断念せざるを得ない。

商談を断念して市場シェアを失えば生産台数が減少し、習熟曲線によってコスト差がさらに広がる。日本企業がCD‐ROMやDVDで市場撤退への道を歩む背景がここにあった。1990年代後半の韓国や台湾企業に基幹部品を納入した多くの日本企業によれば、完成品の量産や輸出に対して、国による多種多様なインセンティブ制度が数多くあったという。また当時の先端技術であるCD‐ROMやDVDの開発に携わる技術者には、所得税の減税はもとより兵役の免除さえあった、と多くの人が証言する。

韓国政府と台湾政府は自国の通貨を米ドルに連動させた。一方、日本はプラザ合意（1985年に開催された先進国主要5か国会議）から円高が急速に進み、90年代の中期には1ドルが80円台の前半にまで達する。図4・3の③に示す国のビジネス制度の領域でコスト差がさらに拡大し、ここから日本企業が価格競争力を失っていった。技術者が非常に頑張っても事業で勝てない背景は、ここにもあったのである。

再度繰り返すが、多くの製造業では実質実効為替レートではなく、その時点の名目為替レートがそのままビジネスコストに影響するのである。そもそも国際会計基準は名目為替レートの採用を義務づける。

しかしながら、日本の為替政策思想は、長期にわたって実質実効レートを指標にしたものであった。これが日本の製造業を弱体化させ、地方から工場が新興国へ移って日本の地方経済を衰退させたのではないか。

ここで再びトータル・ビジネスコストに戻る。たとえ技術蓄積が少なくても基幹部品を調達して市場参入できるのであれば、トータル・ビジネスコストがグローバル市場の競争力を決定することは先に述べた。ここでコストを決めるもっと大きな要因を整理すれば、図4・3の①の領域では市場シェアであり、②の販売管理費であり、そして③の税制や円高であった。

われわれは、ここに日本企業が得意とする品質や生産管理技術も含めたいが、ソフトウェアリッチ型の製品になると、品質に差が出るのは初期の段階だけである。同時に、このとき工場の付加価値が消え、生産管理技術の実ビジネスへの貢献が限定的になってしまうのである。

◉知的財産の考え方の変化とクロスライセンス

これまで新興国企業が「技術で劣っても事業で勝つことができた」メカニズムについて見てきた。では、ここで知的財産がどんな役割を持ったのであろうか。

そもそも知的財産権とは、期間を限定して技術の独占を認めることであった。独占を法的に保証することを前提に公開するのが知的財産制度だったはずである。したがって知的財産を多く保有することは、技術を流出させないための経営ツールだったはずである。

あるいは、自らリスクを冒して研究開発に投資し、ここから生まれた新技術を保護するのが特許権だったはずである。どこかの企業が自社の特許を使っていれば、訴訟を起こして使わせないようにするのが、知的財産部門の重要な機能だったはずである。しかしながら、このような知的財産に関する素朴な考え方は、一部の素材産業や一部の部品産業以外ではもう通用しなくなっていた。

たとえばこれまで事例に挙げたDVDは、2000件以上の必須特許で構成されている。このため、この技術領域で圧倒的な技術力を持つソニーやパナソニックであってもすべての特許を所有することは不可能であり、DVDを作って販売するためには、他社の特許をクロスライセンスによって使わざるを得ない。

◉クロスライセンスは新興国の戦略ツール

クロスライセンスを重要な経営ツールとして多用するようになったのは、１９７０年代のアメリカ企業であった。第一に、独占禁止法が非常に厳しくなって技術を公開せざるを得なくなり、同じ産業に多数の競合企業が出現するようになったためであり、第二に知的財産侵害で争っても知的財産を保有する側が敗訴するケースも多かった（70％以上が敗訴）からであり、そして第三に、特にデジタル型のコンピュータ産業で多数のベンチャー企業が輩出し、たとえ大手企業であっても自社の技術だけに閉じた製品設計が困難になったからである。

第四に、これをビジネス・エコシステムの視点で語れば、技術モジュールがソフトウェアを介して簡単につながるので、製品システムが多数の知的財産で構成される巨大な複合型になってしまい、他社の知的財産を使わないと市場参入できなくなったからである。

このような経営環境でビジネスチャンスをつかみ、そして自社のビジネスを守るには、クロスライセンスを駆使するのが最も簡便な方法である。ここで、自社のビジネスコストを下げるためにも、クロスライセンスのロイヤリティーは非常に低く抑えられていた。たとえば自動車産業や事務機械産業ではせいぜい３％であり、コンピュータ産業であっても３％から５％であった。

これを図４・３の構造で考えると、もしクロスライセンスになるのであれば、たとえ必須特許を１件しか持たない新興国のキャッチアップ型企業であっても、先進国企業側へ支払うロイヤリティーは、工場出荷額（図４・３で①に相当する）の３％から５％に過ぎない。トータル・ビジネスコストで言えばせいぜい数％のコストアップに過ぎない。

この事実は、たとえ先進国の企業が圧倒的な特許の数を誇っても、製品全体のコストを数％下げるだけの効果しかないことを意味する。一方、新興国にとっては、自らの手で技術開発せず先進国からライセンスを受けても、単に数％のコストアップになるだけである。

クロスライセンスになりにくい医薬品でなら、ライセンス料が現在でも50％になる事実を理解すれば、せいぜい数％でしかないことの意味が理解できるであろう。

図4・3の②の販売管理費を下げるか、③のビジネス制度設計の恩恵を活用するか、あるいは日本企業より市場シェアを多く取れば、数％のコストアップを簡単にカバーできる。知的財産で優っても日本企業が事業で勝てない理由が、実はここにあった。

製品がソフトウェアリッチ型になると、多くの技術モジュールを自由自在に結合できるようになり、製品の技術体系がますます複合型になる。したがって、特定の企業はもちろん、たとえ国のレベルであっても製品の知的財産をすべて独占することはできない。国際的な標準化が介在する製品やシステムでは、多数の企業が知的財産を持ち寄ってパテントプールを作り、この中でクロスライセンスをすることが当たり前となった。いずれもクロスライセンスが避けられなくなったのである。

以上のような背景によって、特許権に対して多くの人が抱いていた素朴な期待は崩壊した。特許の出願数や登録の数を競うこれまでの知的財産政策や知的財産マネジメントが、医薬品やバイオ、超精密部品、先端材料のようなコンパクトな技術体系の製品では機能したが、それ以外の製品システムではかなり前から通用しなくなったからである。

　ここでわれわれが留意すべき点は、特許を数多く出願・登録しても製品競争力には直結せず、多数の技術モジュールで構成される複合型ではクロスライセンスが避けられないという現実である。したがってこのまま放置すれば図４・３のメカニズムで日本企業は新興国企業に勝てない。第１章の図１・１に示す状況が何度も繰り返される。

　ここで再度強調すれば、日本が得意とする素材や単機能型の精密部品では、キャッチアップ型企業からクロスライセンスを強いられるケースは少ない、という事実である。したがって日本企業の国際競争力は維持されてきた。

　そもそもこれらの産業領域では技術の伝播が起きにくく、図４・３の②や③の領域が比較の対象になりにくい。したがって①、すなわちものづくりがそのまま競争力に直結しやすい。知的財産と国際競争力の関係を論じるには、対象とする製品技術のアーキテクチャを踏まえた議論が必要なのである。

◉クロスライセンスとオープン&クローズ戦略

　第３章で紹介した事例のように、欧米企業はすでに１９８０年代のデジタル型製品からクロスライセンスが持つ経営上の問題に直面していたのであり、ここから自社と市場の境界を設計し、自社のコア領域だけはクロスライセンスを徹底して排除する知的財産マネジメントを、１９９０年代の前半までに完成させていた。これが公開と独占の組み合わせによって普及と高収益を同時実現させるオープン&クローズの知的財産マネジメントである。

すべての技術を自前で揃えるのは不可能である。たとえ可能であっても経済合理性に反する。したがってROA／ROEで語られる資本生産性が極端に悪くなる。

欧米企業は、次々にオープン市場に生まれる新規技術を取り込むために、自社で守るものと市場から調達するものとの境界を事前にしっかり定め、特許を出すのは自社のコア技術や、他社から調達する部品との接点に絞っていた。競争相手になりかねない相手を分業の仕組みに巻き込んで共存共栄の関係を築こうとしただけでなく、少ないリソース／少ない投資でROAやROEを高くしようとしていたのである。

一方、新興国企業は、現在でも徹底してクロスライセンスを狙う経営戦略を追求している。その象徴的な事例が、CD-ROM装置やDVD装置で日本企業に追いつき追い越した1990年代後半の韓国や台湾／中国の企業群であり、液晶テレビ産業で日本に追いつき追い越した2000年代の韓国や台湾と中国の企業群であり、さらにはスマートフォン産業でアップルに追いつき追い越さんとする2010年代のサムスンであった。アップルもサムスンも、ビジネス・エコシステム型の垂直統合モデル（第3章を参照）を追求して資本生産性を高めていたのである。

◉アップル対サムスンの知的財産訴訟の本質

ここで、あらためて世界中で繰り広げられるアップルとサムスンの知的財産訴訟を見てみよう。アップルはiPhone技術のすべてを守るのではなく、オープン&クローズの考え方に立ち、コア領域だけは完全に独占してクロスライセンスを徹底排除する知的財産戦略を追求していることはすでに述べた（第3章参照）。しかしながらiPhoneが非常に多くの技術体系で構成されており、どこか一つでもサムスンの知的財産に抵触すればクロスライセンスに持ち込まれる。

一方のサムスンは、アップルが囲い込んだコア領域の中でサムスンの知的財産に抵触する技術を一つでも見つけ、その代替技術にも特許網を張りめぐらせることができれば、一挙にクロスライセンスへ持ち込むことができる。もしこの訴訟でアップルがクロスライセンスに追い込まれると、アップルが価格をコントロールできなくなり、日本の液晶テレビと同じ経営環境に追い込まれる可能性も否定できない。さらにサムスンの背後から数多くの中国企業が押し寄せてくる。

東京大学政策ビジョン研究センターの二又俊文氏によれば、アップルが誤り訂正技術でサムスンの知的財産に抵触していることを、アメリカのITCが認めたという。この技術は第三世代携帯電話で必須特許（SEP）だったようだが、いずれにせよサムスンはアップルのコア領域を少しこじあけることができた。

これに対してアップルは、すでにiPhone4からサムスンの知的財産を回避する技術を使っており、たとえここで敗訴しても何がしかの対価を支払えば済むようにし、自社のコア領域だけはサムスンの知的財産攻勢から徹底して守ろうとしているはずだ。そして、依然としてキャッチアップ型のサムスンを追い払おうとしている。

アップルとサムスンの事例が示すように、同じ製品の中で技術が瞬時に国境を越えて伝播するという経営環境では、少なくともこれが起きにくい素材産業や一部の部品産業を除いて、フルセット自前主義時代の知的財産マネジメントが機能しなくなった。さらに、日本がキャッチアップ型だった1980年代までなら当たり前だったはずの知的財産マネジメントも機能しなくなった。

われわれはDVDや液晶テレビで経験したこの事実を冷静に受け止めなければならない。公開と独占を組み合わせたオープン&クローズの知的財産政策と知的財産マネジメントを、自らの手で作り出さなければならない。

それが、ビジネス・エコシステム型の産業構造を前提にしたオープン&クローズの知的財産マネジメントでありビジネス・エコシステム垂直統合モデル（第3章）の中の知的財産マネジメントである。

日本には数多くの優れた技術蓄積がある。もしこれらの技術を起点にオープン&クローズの知的財産マネジメントを駆使できるようになれば、そして企業制度をビジネス・エコシステム型の垂直統合型へ切り替えられれば、「技術でまさり、知的財産でまさり、事業で勝てる」21世紀型の製造業へ変貌できる。圧倒的な優位性を持つ技術領域から公開領域へ伸びゆく手を形成できれば、巨大なグローバル市場の付加価値を取り込むことさえ不可能ではない。

第5章

アジア市場で進む日本企業の経営イノベーション

◉日本の勝ちパターンはアジアにあった

本章では、アジア市場で日本企業がいかにして競争に打ち勝ってきたかを紹介しよう。製造業のグローバライゼーションに遭遇した日本企業の多くは市場撤退への道を歩んだが、それでも市場の前線に陣取って知恵を絞り、新たな勝ちパターンを模索し、生み出していった。ここで注目したいのは、それが日本国内ではなく、日本の組織文化から遠く離れたアジア市場で生み出されたという点だ。

これまで、日本のものづくりがグローバル市場での競争優位に直結するのは、技術が日本企業の内部に留まって国境を越えないことが暗黙の前提となっていた。たしかに1980年代までなら製造業のほぼ全域で技術伝播が起きにくかった。しかし1990年代の後半からエレクトロニクス産業を中心に技術が国境を越えはじめると、競争相手がそれまでの欧米企業からアジア企業に変わった。

ここから競争ルールも変わった。第4章で述べたように、日本のものづくりよりもアジア企業の経営オペレーション効率やアジア諸国のビジネス制度設計を活用したトータルなビジネスコストが、競争優位に決定的な影響を与えるようになった。

一方、日本のエレクトロニクス産業は、すでにフロントランナーへ押し出されたにもかかわらず、欧米企業をキャッチアップしたときと同じ成功体験をそのまま選んでアジア企業と競争した。こうして何度も市場撤退を繰り返した日本企業だが、新たな勝ちパターンも完成させた企業もあったのである。

◉適地良品・適地適価

製造業のグローバライゼーションに直面した日本企業の中でも、既存の成功体験から脱皮し、悪戦苦闘しながら新たな勝ちパターンを模索した企業が数多くあった。その成功事例は以下の2つに大別できる。

第一は、ビジネス・エコシステム型へ転換した産業構造の中で、欧米企業と同じように、企業と市場の境界設計を起点にしながらアジア企業に向けた伸びゆく手の形成に成功した事例である。たとえば、製品アーキテクチャが技術モジュールの単純組み合わせへ転換して瞬時にビジネス・エコシステム型になってしまったDVDプレイヤーで日本企業が何度も市場撤退を繰り返したが、記録型DVDディスクの材料や製造装置では、そしてDVDプレイヤーであってもその基幹技術モジュールでは、日本のものづくりが圧倒的な競争力を見せた。

たとえば三菱化学や三洋電機は、材料や部品を起点にしてグローバル市場へ強い影響力を持たせる仕組み、すなわち第3章で紹介したクアルコムやインテルとほとんど同じ伸びゆく手をアジア市場で形成していたのである。

いずれのケースでも、伸びゆく手がアジア諸国の競争政策とアジア企業の活力を自社の成長に取り込むうえで、非常に大きな役割を担った。グローバル市場に広がる巨大なビジネス・エコシステムを前提にしたビジネスモデルと、これを支える知的財産マネジメントの再構築が成功の背後にあったである。

第二は、アジアの人々のライフスタイルから製品のあり方を決め、これを具体化するプロセスで日本型のものづくりを「適地良品」や「適地適価」のものづくりへ誘導するという事例である。これはまさにアジア市場の成長を日本企業の成長へ取り込むメカニズムの形成でもあった。

適地良品は品質を下げることではない。適地良品とは、製品コンセプトや細部仕様をそこに住む人々と一体になって作り上げることである。欧米市場ではなく、日本市場でもなく、アジアに住む人々のライフスタイルへ日本型ものづくりを適応させた企業だけが、アジアの成長を自社の成長に取り込むことができる。日本のものづくり体系をそのままの姿でアジア市場へ普及させることでは決して成功しない。

適地適価とは、価格を下げてアジア企業と競争することではない。アジアの企業と同じ市場セグメントで競争するのではなく、それぞれのアジアの国の固有の文化に根ざした市場セグメントの上位レイヤーに日本企業を位置づけ、競争と共栄の場を新興国の企業と一体となって作り出すことである。

アジア諸国は今後豊かになり、高度な市場文化が生まれ、高度な製品を必要とする。日本はこうしたアジアの市場や製品をリードしつつ、共栄していかなければならない。これは、日本国内にしっかりしたマザー機能を持ち、技術イノベーションを次々に生み出すことで初めて可能になる。

21世紀のアジアは、１９８０年代までのアジアではない。１９９０年代から毎年５％から10％の高度経済成長を続け、所得水準が飛躍的に向上し続けるアジアである。その人口は約30億人に及び、豊かな人が毎年1億人以上も増える巨大市場でもある。

第二の成功事例の代表として、ＡＳＥＡＮ市場に見るトヨタの国際戦略車ＩＭＶ（Innovative International Multipurpose Vehicle）を本章で紹介する。トヨタのＩＭＶは、日本の工場で培われたものづくりの組織文化から離れ、日本が誇る高度で誠実なものづくり思想をアジア市場の視点から取捨選択して取り込む代表的な成功事例であった。

ＩＭＶの事例においては、欧米企業のような企業と市場の境界設計や市場コントロールの伸びゆく手という経営思想が明示的に語られていない。自動車産業では、ＩＣＴ産業のようにオープンなビジネス・エコシステムが大規模に現れていなかったからである。

ここにあるのは、日本の製造文化をアジアの人々のライフスタイルへ適応させることによって成功する日本企業の姿であった。アジア市場の興隆が、日本型ものづくり思想をグローバルなものづくり思想へと進化させていたのである。結果的にこれが、ＡＳＥＡＮ諸国の産業育成に貢献し、ＡＳＥＡＮ諸国の経済成長に大きな貢献をすることとなった。

アジアは、１００年ぶりの産業構造転換を象徴する市場である。エレクトロニクス産業の事例で言えば、ビジネス・エコシステムが１９９０年代から欧米と東南アジアの間に現れ、規模の経済がアジアに移ったことである。技術の伝播・着床スピードが非常に速い領域をアジアの企業が担い、伝播・着床しにくい領域を欧米企業が担うという、ビジネス・エコシステム型の比較優位の国際分業が大きく進展した。

規模の経済がアジア製造圏に移ると、すべてを内部で製造するフルセット型日本企業の勝ちパターンが通用しなくなる。ここから日本企業は、オープン&クローズの経営思想や適地良品・適地適価のものづくり思想への転換、さらには設計図面の改廃権をアジアの開発拠点に持たせるか否かという、製造業の基本問題に直面する。アジア諸国の興隆が日本の製造業に経営イノベーションを迫っていると言い換えてもよい。

日本企業が経営判断の方向性を国内に求める限り、人も組織も、そして国の制度も自らの手で変えることはできない。日本起点の製品企画や工場のものづくり、あるいは日本的な品質管理など、これまで日本が誇った部分最適の組み合わせをそのままアジアへ適用しても経営イノベーションは生まれない。

グローバルなビジネス・エコシステムが急速に進展する東アジアの市場で、経営イノベーションをやり遂げた企業は、いずれもビジネスの全体構造を俯瞰し、全体最適の視点から個別最適のあり方そのものを見直していた。ここでトップマネジメントが大きな役割を果たした。

三菱化学の事例

●三菱化学の伸びゆく手

ハードウェア製品は自然法則や機械特性を巧みに組み合わせたものだが、同じハードウェア製品であっても材料技術は異なった特性を持つ。自然法則で合理的に説明できる領域がまだ非常に少なく、現在でも試行錯誤の積み重ねやすり合わせ協業が技術開発の中心となっている。

たとえば機能材料では、形式知となった技術モジュールの組み合わせで表現できる領域が極めて少ない。したがって国境を越えるスピードが非常に遅い。たとえ国境を越えても、受け入れる側で事前に専門的人材が数多く育成されていないと着床しない。この意味で材料技術は日本の比較優位を守ることのできるコア技術であり、日本の国内に世界最高レベルの技術体系が数多く蓄積されている。

しかしながら材料産業は市場規模が非常に小さく、部品全体の市場の10分の１から１００分の１に過ぎない。あるいは完成品市場の１００分の１から１０００分の１に過ぎない。したがって、日本の比較優位としての材料産業が国内の雇用と経済成長を牽引するには、付加価値を現在より10倍以上に増やすビジネスモデルと知的財産マネジメントを創出しなければならない。

以下で紹介する三菱化学の成功事例は、材料産業が抱えるこのような基本問題を、市場支配の伸びゆく手形成によって克服したものだ。材料技術を起点に完成品の市場へ強い影響力を持たせ、完成品側の付加価値を材料側へ結びつける仕組みを構築したのである。これは同時に、アジアの成長を自社の収益へ結びつける仕組みとなっていた。

この伸びゆく手は、三菱化学がフルセット自前主義を捨てて企業と市場の境界を自社優位に事前設計し、グローバルなビジネス・エコシステムを自社優位に事前設計することによって初めて形成された。もし１００年に一度とも言うべき製造業のグローバライゼーションが起きていなかったら、このような仕組みづくりは不可能だったであろう。

ここで三菱化学が伸びゆく手を形成するに至る時代背景を説明したい。１９８０年代から１９９０年代の日本の化学業界は、記録できるＣＤ、すなわちＣＤ‐Ｒ（CD-Recordable）ディスクの開発に巨額の投資をした。基礎技術開発、製品開発、製造技術開発、さらには市場開拓や国際的な標準化活動など、技術と経営に関わるすべてを主導しながら巨大市場を構築したのは日本企業であった。

だが第1章で紹介したCD‐ROMやCD‐Rの装置だけでなく、世界の隅々へ大量に普及したCD‐Rディスクであっても、製造から販売まで担う本格的な「ものづくり経営」で生き残った日本企業は非常に少ない。たとえば台湾企業が1995年頃からCD‐Rディスクの製造ビジネスに参入すると、ほぼすべての日本企業がトータルなビジネスコストで勝てなくなった。この背景については第4章の図4・3の説明で詳しく述べた。

CD‐Rディスク事業の敗戦に直面した日本企業は、その10倍も高度なDVDならアジアの企業が市場参入できないと信じて高度な技術開発を追求したが、台湾企業はCD‐Rディスクと同じ勝ちパターンを選択して市場参入し、台湾政府も同様に図4・3の構造で企業を支援する政策を実行した。

これを市場の前線で目にし、たとえDVDでも日本がCD‐Rと同じ経営環境に直面すると予想しながら企業と市場の境界を設計し、コアとなる材料技術を起点にしたフルターンキー・ソリューション型の製造プラットフォームを構築したのが、三菱化学であった。三菱化学が先導して製造プラットフォームをアジア企業へ提供することによって、ビジネス・エコシステムの構造を自社優位に設計することが可能になり、台湾政府の競争政策と台湾企業の活力を自社の収益に結びつける伸びゆく手の仕組みづくりにつながった。技術がまだ国境を越える前の、技術的な格差がある初期の段階でなら、自社優位のビジネス・エコシステムを事前設計できる。三菱化学はこの事実をわれわれに見せてくれた。

当時の多くの日本企業は、DVDに関するすべての技術体系を内部に持つ典型的なフルセット統合型の企業であり、企業と市場の境界設計から比較優位の国際分業へ向かうビジネスモデルの構築など思いもよらなかった。完成品としてのＤＶＤディスクを自ら量産し、台湾企業を競争相手と位置づけたのである。

一方、三菱化学は、台湾企業を競争相手ではなく、それぞれの得意領域を持ち寄り、ビジネス・エコシステムを介して分業するパートナーと位置づけた。結果的にこれが、台湾政府の優遇政策と台湾企業の活力を、三菱化学の収益に結びつけることを可能にしたのである。

◉ＤＶＤディスクに象徴されるプロセス型製品のものづくり

製品設計とは、複雑に絡み合った技術体系を要素技術モジュールの単純組み合わせへ転換させ、分業とルーチン化によって生産効率を上げるための一連の行為である。たとえ匠の技の製品であっても、製造ラインを一つひとつの工程の単純組み合わせ型へ転換することによって作業工程が分業化され、ルーチン化されて生産性が向上する。

ここで日本企業のグローバル競争力を支えたのは、たとえ部品のばらつきの許容値（許容公差）が非常に狭い場合であっても、安定して歩留まり良く量産する製造技術や生産技術であった。日本の製造業が誇る低コストと高品質の同時実現がこれによって可能となったのである。

だがこの組織能力は、デジタル化、すなわち組み込みソフトウェアが製品設計で使われるようになると、競争力の源ではなくなった。第一に、たとえ部品のばらつきがあっても、完成品側の組み込みソフトウェアがこのばらつきを自動的に補正するからであり、第二に、製品開発のプロセスで蓄積されたすり合わせノウハウが、たとえば製造装置の内部の組み込みソフトウェアに集中カプセル化されて流通するからである。

したがって、部品や材料というモノの結合を追求して完成品を組み立てる工場側の製造技術よりも、むしろ組み込みシステムの設計が製品開発で最も重要となった。同時に、製品販売の前線から部材調達にいたるサプライチェーンの構築が実ビジネスで大きな役割を担うようになった。その象徴とも言うべき最初の製品産業がパソコンだったのであり、DVDプレイヤー、携帯電話、液晶テレビやスマートフォンがこれに続く。

2010年代のドイツが先導するインダストリー4・0でも、個々の要素技術を高度化することではなく、工場の製造技術を磨くことでもなく、インターネットを活用してモノの流通をグローバル市場の全域でコントロールするサプライチェーンマネジメントが、より重視される。

これらは、いずれも設計と製造の分離が始まり、巨大なビジネス・エコシステムがグローバル市場に現れる。自前主義のフルセット統合型で勝ちパターンを蓄積した日本の製造業は、鴻海（ホンファイ。ブランド名Foxconn）などの巨大EMS（製造専業メーカー）が1990年代中期から躍進する姿を傍観する以外になかった。

ビジネス・エコシステムが出現していない1980年代のフルセット統合型の企業文化から、多くの日本企業が脱皮できなかったからである。

そのような状況であっても、製品設計に組み込みシステム（ソフトウェア）が使われていない産業領域、すなわちそれ自身で国際分業が生まれにくい要素技術の領域であれば、日本のものづくり思想とものづくり工場はこれまでと同じように競争優位を保つことができた。

たとえば本章で取り上げる記録型のＤＶＤディスクでは、工場における組み立て製造が、材料や部品というモノの組み合わせ結合だけであり、しかもモノとモノを結合するときのばらつき許容値（公差）が極端に小さい。したがって各製造工程でモノ（部品）や材料の結合ノウハウを製造技術として開発していかなければならない。この意味で、技術体系のすべてと人材を内部に持つ日本企業だけがＤＶＤディスクの量産工程を開発できた。

図５・１に、三菱化学が開発したＤＶＤディスクの製造工程を示す。製造工場は50以上の細かな工程に分業化されているが、ここには重要工程だけを抜き出した。ＤＶＤディスクに情報を記録するには、レンズでレーザー光を１マイクロメートルまで絞って記録材料に照射する。このレーザーをＤＶＤディスクの所定のアドレスへ正確に照射するには、レーザー光をガイドする溝と記録する場所のアドレスがあらかじめ印刷されていなければならない。この印刷に使うのが、ＤＶＤディスクに微細な情報を転写するスタンパー（超精密原盤）である。

レーザーのガイド溝はせいぜい数１００ナノメートルであって許容誤差はわずか数十ナノメートル、すなわちディスク基板の材料であるポリカーボネート樹脂の分子数個分の誤差さえ許されない高い精度が求められる。またスタンパーによる印刷の仕方によって、その上に塗るアゾ色素（記録材料）のコーティングノウハウも変わる。ＤＶＤディスクの製造工程を最適化するということは、すべての工程が必然的に三菱化学の色素やスタンパーでカスタマイズされることと同じ意味を持ったのである。

この中でも特に、レーザー光に対する記録材料の特性が重要であった。先に三菱化学のアゾ色素が市場で大量普及すると、これとは異なる特性を持つ他社の材料が使えなくなる。同じレーザー光を当てても記録法が変わってしまい、ディスクの互換性がなくなるからである。したがって、最初に技術を完成させて大量普及させた三菱化学のアゾ色素のディスクだけが市場を制することになる。

これは、第3章で述べた携帯電話市場の事例とまったく同じである。欧州のGSM方式が巨大なインストールド・ベースの市場を作ると、あとから参入するNTTドコモの技術がいかに優れていても普及させることはできない。あるいは、インテルのMPUが先に巨大なインストールド・ベースの市場を作ると、互換性のない他社製品が市場参入できない事例とまったく同じである。三菱化学はDVDの国際規格を決めるプロセスで、特に強力な影響力を持つ日本の装置メーカーと連携し、自社のアゾ色素とその関連知的財産を国際標準の中に刷り込ませた。

1990年代の後半にCD‐Rディスクのビジネスから教訓を学んだ三菱化学は、DVDディスクのビジネスで、自社の技術ノウハウや知的財産が集中カプセル化されたアゾ色素の記録材料とスタンパーをコア領域とし、それ以外をすべて台湾メーカーへ公開した。これが三菱化学による、企業と市場の境界設計である。

三菱化学は図5・1に示した各工程を、自社のアゾ色素とスタンパーの特性が最大限活かされるように最適化し、完成品としてのDVDディスクを、高い品質で歩留まり良く製造するためのレシピとして、台湾企業に提供したのだ。

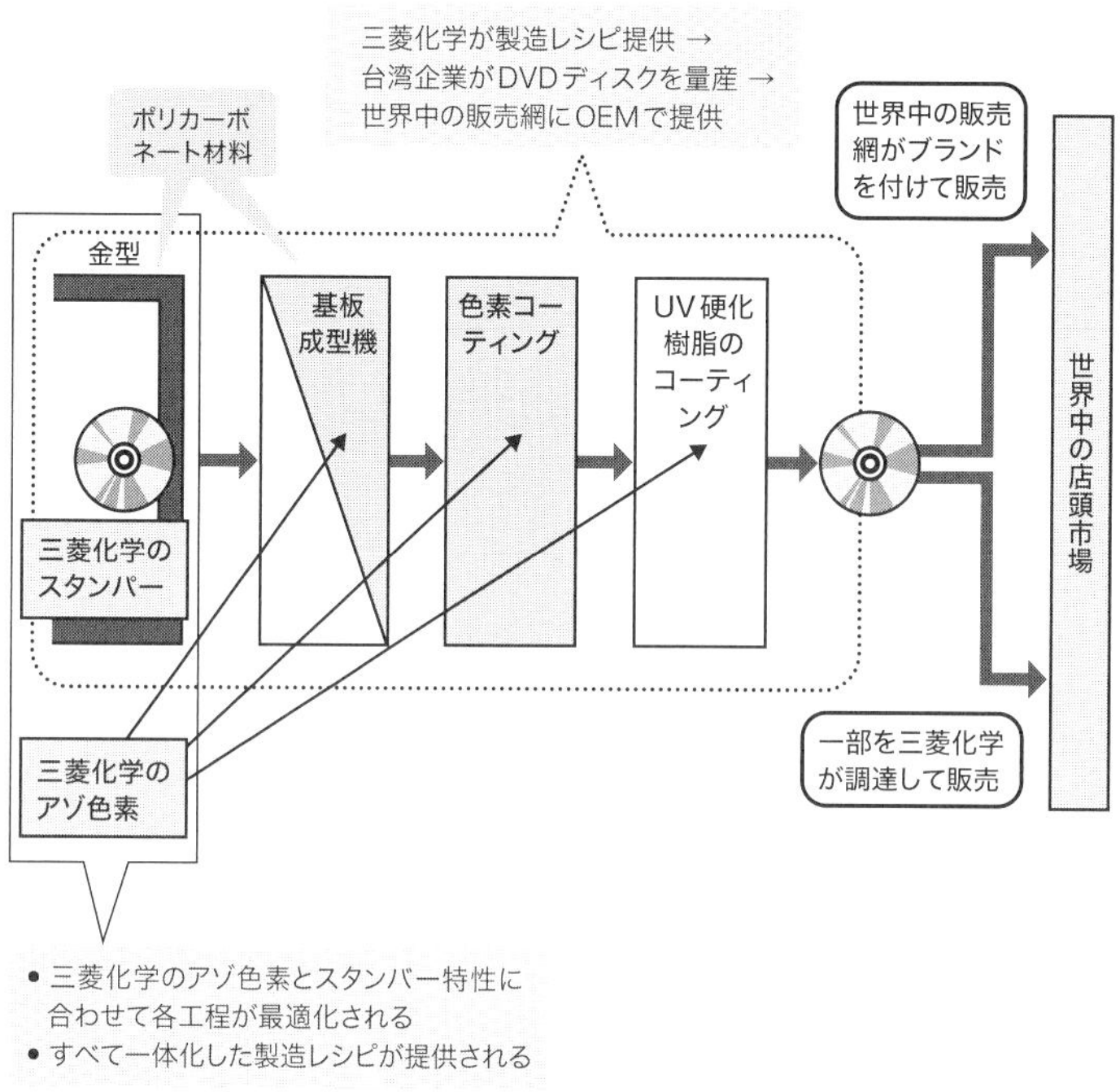

図5.1　三菱化学が材料技術を製造プラットフォームに刷り込んでDVDの製造工程を支配

先に述べたように、当時の台湾企業にはDVDディスクの全工程を自らの手で開発する技術蓄積がなかった。したがって、三菱化学が提供するすべての製造レシピを受け入れてDVDディスクの量産に乗り出さざるを得なかった。フルターンキー・ソリューション型の製造プラットフォームがキャッチアップ型の新興国に受け入れられる背景がここにあった。

一方、これを途上国から見れば、たとえ三菱化学の記録材料（アゾ色素）やスタンパーが非常に高価でも、第4章の図4・3の構造で製造設備投資に対する柔軟でダイナミックな減価償却制度や法人税制度（図4・1）を活用すれば世界で最もコストの低いDVDディスクを製造できる。

この製造プラットフォームでは、製造レシピが三菱化学のアゾ色素やスタンパーを使わないと機能しないようになっていた。たとえ意図的にそうしなくても、高度なすり合わせによって最適化される製造ラインでは、結果的にそうなってしまう。

DVDディスクでもすぐ価格競争が始まるので、コストを下げるために台湾企業が三菱化学以外の色素やスタンパーを使おうとする。もし別の色素を使うとなれば、50にも及ぶ製造工程の一つひとつでレシピを台湾企業が自らの手で開発し直さねばならない。三菱化学はDVDディスクの性能向上を常に先導して普及させるので、台湾企業は三菱化学のレシピを使わざるを得ない。台湾製のDVDディスクが台湾から世界市場へ大量に輸出されるが、その大部分が、三菱化学の色素とスタンパーによって製造される背景がここにあった。

台湾企業の参入によって記録型DVDの生産枚数が急増し、2004年に世界で30億枚を超えた。この60％以上に三菱化学のアゾ色素が使われていたという。

この製造プラットフォームモデルは、材料技術で圧倒的な力を持ち、材料技術からDVDディスクを製造するまでのすべての技術を自社の内部に持つ統合型の日本企業だからこそ可能になったものである。2005年になると材料技術を起点にした類似の製造プラットフォーム構築に、IBMも半導体デバイスで取り組んでいた。IBMも同じように、材料からLSIチップまでのすべての技術体系を内部に持っている。

三菱化学によるフルターンキー・ソリューション型製造プラットフォームを図5・2でモデル化した。この図の構造は、インテルの伸びゆく手を説明した図3・4とまったく同じである。まず図5・2の左上に三菱化学の技術のコア領域としてのアゾ色素とスタンパーが位置取られる。インテルと同じように、三菱化学もこの領域で世界の技術進化を主導した。技術進化が止まると伸びゆく手の市場支配力も急速に弱まるが、業界で技術の方向性を示し続ければ、これを使う企業（図5・2の右下）が常に三菱化学の支援を必要とする。

以上のように、グローバル市場をコントロールするメカニズムとしての伸びゆく手は、圧倒的な技術格差を背景に形成される。この技術格差を保持したままで大量普及させる仕組みが、製造設備の中に自社技術を刷り込むことであり、三菱化学の事例ではこれが図5・2の中央上部に位置づけられる。

三菱化学は次々に生み出す技術を自らの手で一つひとつの製造工程へ刷り込みながら、完成品としてのDVDディスクの製造レシピを開発した。一方、製造装置メーカーは、自社の専門領域だけで技術力に優れたに過ぎない。製造プロセス全体の技術ではなく、ここで使われる装置の一部を提供していたに過ぎなかった。したがって、製造プラットフォームの構築で主導権を取ることができなかった。

この構造はボーイングのエコシステム型技術開発でも同じように観察される。

一介の材料メーカーに過ぎなかった三菱化学が、製造プラットフォーム構築で主導権を握り、これを技術蓄積のない新興国企業へフルターンキー・ソリューションとして提供したからこそ、新興国の成長を自社の収益に直結させることができた。すべての製造技術体系とものづくりの力を持ち、これを支える人材を内部に持っている統合型企業だからこそ、可能となったのである。圧倒的なものづくりの力を、グローバルなビジネス・エコシステムの中で蘇らせる方向性がここにあった。

一方、図5・2の右下に位置づけられる台湾やインドの企業は、三菱化学の製造プラットフォームを調達してビジネスチャンスをつかみ、数年後にグローバル市場のDVDディスク製造で圧倒的なシェアを握る。この大部分に三菱化学の色素やスタンパーと製造レシピが刷り込まれていた。

三菱科学の伸びゆく手は、同時に新興国の産業高度化にも多大な貢献をしていたことになる。

◉既存の組織文化からの脱皮

三菱化学のような製造業にとって企業と市場の境界を事前設計するということは、自社の中に量産工場を持たず台湾やインドに委託生産をすることを意味する。しかしながら1990年代で、ものづくりを標榜する日本の製造業が生産委託に踏み切るのは極めて困難であった。アジア市場の前線に立

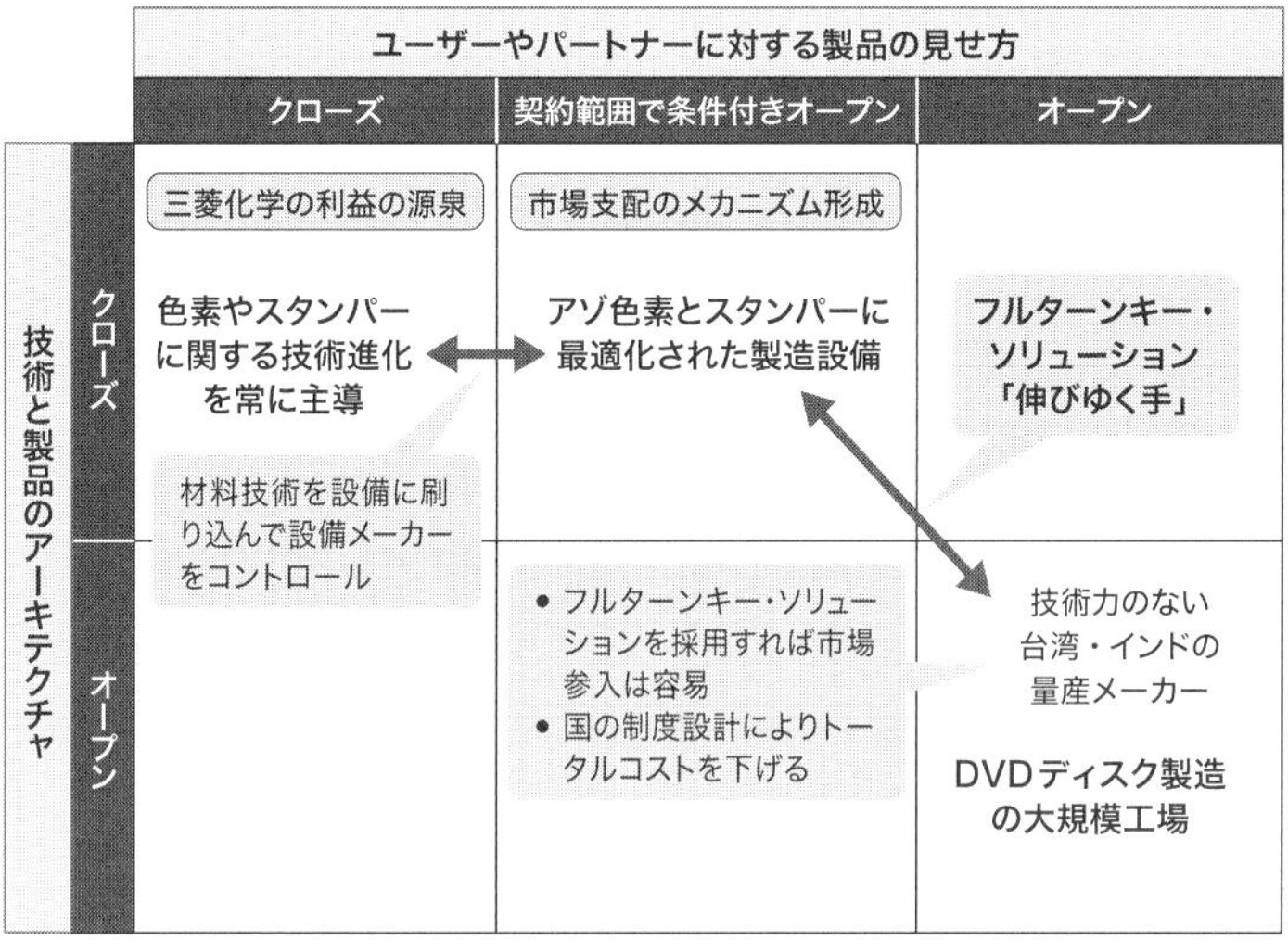

図5.2　三菱化学による伸びゆく手の形成メカニズム

つことによって、初めて三菱化学はビジネス・エコシステム型の産業構造への転換が日本の製造業を左右する深刻な事態になることを認識できたのである。

圧倒的な技術があって初めて、自社が優位なビジネス・エコシステムを作ることができる。したがって伸びゆく手は、技術でキャッチアップされてからでは形成できない。にもかかわらず、日本の製造業は追い込まれてから生産委託に踏み切ることが多く、たとえ伸びゆく手の形成に向けた戦略があったとしても実現不可能だったのである。

先手を打てず追い込まれないと決断できない背景には、技術で優位に立っている時点で自社工場を捨てることに企業幹部のすべてが反対するという事情があった。こうして多くの日本企業がＤＶＤディスクを自社の国内工場で量産することになるが、すぐに巨額の赤字を残して市場から撤退した。これは先に述べた半導体デバイスでも液晶パネルでも、太陽電池でもリチウムイオン電池でもまったく同じである。

三菱化学が記録型ＤＶＤディスクで、伸びゆく手の形成に向けて第一歩を踏み出すことができたのは、１９９０年代にＣＤ‐Ｒディスクを販売していた販売会社、三菱化学メディアへＤＶＤの開発・製造・販売のすべてを移管し、完全に独立していたためであった。

ＤＶＤディスクは、典型的な設備主導型の産業であって投資額が大きく、その投資は必ず本社の管理部門の干渉を受ける。一方、事業母体を本社から切り離せば、投資資金を捻出できない。しかしすべてを台湾企業へ生産委託すれば、量産工場への巨額投資が不要になってビジネスモデルを独自に再設計できる。工場の切り離しによってトータルなビジネスコストを劇的に下げることができるのである。これが三菱化学のＤＶＤディスクビジネスに大きな利益をもたらすことになる。具体的な数字は公開されていないが、２００６年頃でも三菱化学グループ全体の利益のかなりの部分が、この製造プラットフォームから生み出されていた。

ビジネス・エコシステムをオープン＆クローズの戦略思想で事前設計できれば、企業のＲＯＡやＲＯＥ（稼ぐ力）を強化できることも、この事実から理解されるであろう。

独立した別会社になった時点ですら、製造業が量産工場を持たないことに対する批判が相次いだと、当時の三菱化学でＤＶＤディスク事業を主導した小林喜光氏（現三菱化学ホールディングス社長）が語っている。筆者が現役時代の１９９６年に、ＤＶＤとはまったく別の製品で海外生産委託を強行したが、上司の副社長だけがその背景を理解できたに過ぎない。上司が責任を持って断行させたのである。これが日本のものづくりの現場であった。

工場の生産性を上げるために、ルーチン化は有効だ。しかしいったんルーチンが固定されると、市場の競争ルールが変わっても変更することができない。われわれは、個人としても組織としても、自らの手で自らを変えることはできないからだ。

一方、競争ルールが変わらないのであれば、あるいはグローバライゼーションがゆっくり進むのであれば、ルーチン化が極めて大きな力となる。

いずれにせよ、三菱化学による製造工場の切り離しは、本社組織から離れて独立した事業母体になり、既存の製造文化を離れることによって実現したのである。このことがなければ、伸びゆく手の形成に向けた仕掛けづくりは不可能だった。

◉IBMと三菱化学に学ぶ変革のためのマネジメント

ここで、1980年代当時のIBMパソコン部門が三菱化学のDVDと同じ状況に置かれていたことを紹介し、三菱化学の取り組みが普遍的な公理であることを説明したい。

独立した事業母体を作って新たな勝ちパターンを作る姿は、1980年代初期のIBMパソコン事業でも同じだった。1970代のIBMはCEOの下に管理部門、販売部門、コンピュータ事業部門、システム部門、および巨大な研究開発部門のすべてを持つ伝統的なフルセット垂直統合型の企業だったのであり、当時のIBMですべての事業を支えていたのがメインフレームコンピュータであった。

1970年代の後半に最初のパソコンブームが到来した当初は、IBMの誰もがこれを単なるおもちゃとしか考えなかった。これは日本の富士通でもNECでも同じである。しかし、当時のIBMのCEOはパソコンの重要性を早くから認識していた。そのうえで、その製品文化がメインフレームコンピュータと相容れないと判断してIBMの本部組織から切り離し、フロリダ州ボカラトンに独立の事業部門を作った。独立した事業部門の中へ、製品企画や開発からマーケティングや販売のすべての権限を集中させたのである。

当時、エントリーレベルシステム部門と呼ばれたパソコンの事業部門は、IBMというブランドに支えられて予想をはるかに上回る規模で大躍進する。1980年当初に14人しかいなかったスタッフが1985年に1万人となり、売上も45億ドルとなった。

パソコン事業をIBMの本部組織から切り離した場合に、最も困るのが開発や製造・販売に関わる資金の調達であった。日本でも同じだが当時のＩＢＭも事業資金は、すべて企業の内部金融によって配分されていた。したがって、社内ベンチャー企業や子会社であっても、伝統的で安全運転を最優先する本社の管理部門が強く介入する。このプロセスで必ず既存の組織文化が浸透してしまう。日本で社内ベンチャーがなかなか成功しないのも同じ理由である。

ＩＢＭのパソコン事業でマイクロプロセッサやＯＳを外部調達した理由は、これまで多くの学者が語る「開発期間を短くする」ためだけでは決してなかった。ＩＢＭの伝統的な組織文化の介入を防ぐためにも、できるだけ投資を少なくしなければならなかったからである。もしＩＢＭがインテルからＭＰＵを調達せず最初から自前で開発していたら、巨額の設備投資に耐えきれず、メインフレームコンピュータのビジネス文化に染まった人々から人事の介入を招いてすぐに自滅したであろう。

ＩＢＭのパソコン事業を大躍進へ導いたのは、当時のＩＢＭで上級副社長だったドン・エストリッジだが、彼が１９８５年に飛行機事故で亡くなると事態が一変した。勢いの衰えたメインフレームコンピュータ事業を、急成長するパソコンと連携させて再生させる動きが、ＩＢＭ内部で大きな潮流となっていたからである。

それまでエストリッジと彼のスタッフ全員が強硬に反対し続けたにもかかわらず、エストリッジが他界するとその後釜と幹部スタッフへメインフレーム事業部門の者たちが次々に送り込まれた。ここからＩＢＭのパソコンは、製品文化がまったく異なるメインフレームコンピュータとの連携へと設計思想が変わってしまう。

ＩＢＭ独自のマイクロチャネルアーキテクチャ（ＭＣＡ）がその代表的な事例だが、当時の互換機メーカーが主導してオープン標準化する1989年頃のEISA（Enhanced ISA）バスや、1992年頃にインテル独自のオープンなPCIバス（第3章参照）の登場によってMCAは完全に封じ込められた。IBMのパソコン事業はここから一気に衰退への道を歩むことになった。

優れたアーキテクトを数多く輩出した富士通のパソコン事業も、1980年の後半からIBMの思想を追いかけて同じ運命をたどった。同じ富士通であっても、ミニコンピュータなど、メインフレームコンピュータの組織文化から離して独立事業に位置づけた分野では、すぐ急成長の軌道に乗った。

類似の事例が数多く観察される。たとえば1990年代にTDKが、ハードディスクの基幹部品である磁気ヘッドで大躍進して今日のTDKの基礎を築いたのは、日本国内の組織文化から遠く離れた中国の深圳に独立会社を作り、人事はもとより巨額な投資案件さえも独自判断できるようにしたためであった。

ここで再び三菱化学の成功事例が持つ意味を繰り返すが、われわれはそれまで成功してきた既存の組織文化や製造文化を変えることができない。その難しさは日本でもアメリカでも欧州でもまったく同じだったのであり、これまで紹介した事例からも明らかなように、いずれの事例も既存の組織文化から離れることによって成功していた。特に三菱化学の事例は、変革のために必要なマネジメント・イノベーションの方向性をわれわれに教えてくれている。

トヨタの事例

◉新興国の成長と共に歩むトヨタのＩＭＶ

２０１３年5月に発表されたトヨタの連結決算によれば、２０１２年度の売上が25兆円、営業利益も1兆３０００億円となり、２００８年のリーマンショックから続く苦境をようやく抜け出した。特にアジア市場の利益の伸びが非常に大きく、46％急増の３７６０億円となったが、この約半分がアジア発の途上国専用モデルＩＭＶによって稼ぎ出されたと言われる。ＩＭＶがトヨタ全体の売上の10％を占め、営業利益も10％以上を占めた。

ＩＭＶとは、革新的で国際的な多目的車という意味の英語「Innovative International Multipurpose Vehicle」の頭文字であり、新興国市場をターゲットにした車である。ミニバン、多目的スポーツ車（ＳＵＶ）および3種類のピックアップトラックで構成され、出荷してわずか9年目の２００２年度に１００万台を販売して累積６００万台を超えた。２００３年度にはさらに１２０万台に増え、カローラに並ぶ。リーマンショック後に低迷が続くトヨタの利益を新興国の市場から支え続けただけでなく、ＩＭＶは年間の出荷台数がカローラやカムリを超え、トヨタの代表的な車となったのである。

しかしながら、一般に人々が21世紀のトヨタ車を語るとき注目するのは、ハイブリッド車のほうである。新興国専用車と位置づけられたＩＭＶが新興国の市場で大躍進する実態はもとより、ＩＭＶが企画され、開発・出荷されるまでの経緯とその意義を知る人は、自動車研究の専門家でも一部に過ぎない。

本書では、新興国の成長と共に歩む日本の製造業が参考にすべき代表的な成功事例としてＩＭＶを考察する。その詳細を語る前にハイブリッド車、プリウスが開発される初期の経緯を少し紹介して、ＩＭＶと比較したい。

◉プリウスの開発経緯

トヨタのハイブリッド車「プリウス」は、当時の和田明広副社長による「燃費3倍を燃料電池以外の技術で達成せよ」という強い指示で1993年頃から検討が始まり、トヨタでエンジン計画室燃費担当の森光信孝氏（当時主査）とそのチームによって基本技術が開発された。

その後、八重樫武久氏（当時の主査）によるハイブリッド・システムの開発や初代プリウスのチーフエンジニアだった内山田竹志氏（当時部長、現トヨタ自動車会長）による開発陣容の強化、およびその後の組織動員に向けたリーダーシップとビジネスの方向づけ、そしてこれを背後で支えた奥田碩氏（当時社長）など、多くの人の尽力によって1997年に世界で初めて市場に登場した。当初の予定より2年も前倒しだったという。

1997年に出荷されたプリウスは、燃費が和田副社長期待の3倍に届かず2倍だったものの、30％の燃費向上さえ達成できないでいた当時としては画期的なことであった。しかしながら、当時のアメリカは石油の値段が現在の十分の一であり、内山田氏の狙いが小型車だったこともあり、設計段階の事前説明では、豪華さやパワーを求めるアメリカの販売会社から「市場を知らない独りよがりのクルマ開発」と批判される。

営業側が提示した販売台数は、月に1000台以下（一説に300台）だったようだが、奥田社長が叱咤激励して販売に踏み切らせた。当時の営業部門が、将来の自動車産業が直面する課題への挑戦を理解できなかったのは仕方ないことであった。しかし、アメリカのマスコミは、人類社会が将来直面する課題へ果敢に挑戦するトヨタの取り組みを高く評価したという。

それでもプリウスの販売は必ずしも順調ではなく、出荷7年目の2003年であっても年間の出荷が5万台であった。二代目プリウスが登場する翌年の2004年からガソリン価格の異常な値上がりに支えられて販売が伸びたが、累積販売が100万台を超えるまで10年もの歳月がかかった。赤字が長期にわたって続いたのは言うまでもない。

しかし2009年8月に累積200万台を突破し、2013年3月には累積300万台（ハイブリッド車全体で512万台）となった。非常に長い道のりではあったが、現在では、日本の技術力が世界に誇る代表的なプロダクトイノベーションと称えられる。

●IMVは適地良品の「いいクルマ」

本章で取り上げるIMVの基本的な開発思想は、商品企画部の井上孝雄氏（当時主任）によって1995年12月の副社長会へ提案されていた。しかし当時はまだアジア経済危機の前だったこともあり、その必要性が理解されずに放置された。これがトヨタの全社プロジェクトへつながるのは、トヨタの技術部門、生産部門、販売部門を横断した新規プロジェクトを提案せよ、と商品企画部に指示した齋藤明彦専務（当時）の強い意向があったからである。1999年6月のことであった。

ハイブリッド技術開発における和田副社長の役割を、IMVの開発では齋藤専務が担ったことになるが、齋藤専務の指示を受けた井上孝雄氏と高梨建司氏（当時の商品企画部長）が1999年9月に企画書を提出した。これを見た齋藤明彦専務は、企画案をそのまま受け入れてすぐに白水宏典専務、渡邉浩之常務などへ電話連絡し、次期ハイラックス・TUV委員会（2000年3月にIMV委員会へ改称）の発足をその場で決めたという。

ここで提案された企画書には、①先進国ではなく新興国の市場に焦点を当てた適地良品の商品思想、②共通のプラットフォームで5つのモデルを作る設計思想、③100%現地化（現地調達ではない）、④アジアオペレーションの近代化、⑤シンガポールに統括会社設立など、その後のIMV事業を支える基本的な枠組みが記載されていた。

この委員会は、商品分科会（内山田取締役）と生産・調達分科会（安川常務）で構成され、齋藤専務（議長）と白水専務（副議長）および渡邉常務（幹事）が統括した。商品分科会には商品コンセプト・ワーキンググループ（WG）とプラットフォームユニットWGがつくられ、生産・調達分科会には生産・調達WGとアジア販売・事業WGがつくられた。ここで企画案とその細部が、2人の常務と8人の取締役からなる委員会によって経営の視点から議論され、2000年6月にIMVとしての開発が決定された。

本書で焦点を当てるフレーム方式への統一も、プラットフォームユニットWGで決められた。これを経営の視点に絞って言えば、経営危機に陥ったタイ・トヨタのピックアップトラック（ハイラックス）を正常なビジネスに戻すことが最も重要な経営課題だったからである。フレーム方式でなければピックアップトラックを作れない。

この委員会では、インドネシアのダイハツとの協業や後述するアンダーIMV（IMVの下位機種）の必要性が議論された。さらに、IMV導入に伴うアジアのオペレーション体制やシンガポールを核にして為替リスクを回避するネッティングオペレーションなども、アジア事業担当の長谷川康司常務（当時）のチームによって検討されている。おそらく日本企業でネッティングオペレーションが本格的に検討されたのはこれが初めてであろう。

100％現地化の方針は、従来の半分のコストで作ることを目標にしたためだけでなく、日本からの輸出による為替変動の影響を、現地化によって受けないようにするためであった。それまでは多くの部品を日本から輸入していた。1997年から98年に起きたアジアの経済危機が、海外事業としてのIMVを方向づけるうえで最も大きな影響を与えていたのである。

その後2001年4月から、IMVの推進母体が商品企画部から海外企画へ移って安田善次専務が指揮することになる。これがIMVシグマプロジェクトであり、トヨタが持つ生産・販売・オペレーションなどを含むすべての分野で現状を見直し、一つひとつを実ビジネスの視点から再構築していった。シグマという呼び名には、トヨタが持つ知恵をすべて結集させるという意味が込められている。

アジア本部長としてIMVのアジア展開で最高責任者だったのが豊田章男氏（当時専務、現在トヨタ自

写真5.1　インドネシアでのIMV発表時の写真
出典：トヨタ社内報「クリエイション―― IMV特集号」2004年11月号

動車社長）であった。ＩＭＶ専任のチーフエンジニア細川薫氏と一緒にインドネシアで「キジャンイノーバ」の出荷を祝う姿が、２００４年11月号のトヨタの社内報「クリエイション――ＩＭＶ特集号」に掲載されている（写真５・１）。担当スタッフを常に激励し、事業化のための全社体制の強化と量産投資を背後で支え、そして実際に各拠点をよく回りながら現地現物の経営思想で問題解決を積極的に行ったのが豊田氏だった、と当時の関係者は証言する。

ハイブリッド車は、自動車技術の将来を見通す眼識とこれを具体化するトヨタの技術蓄積や人材が生み出したという意味で、トヨタという企業がグローバル市場に問う製品イノベーションであった。将来の自動車が直面する課題を、エンジン（内燃機関）と２モーター方式のハイブリッドという技術革新で解決したのである。

一方、ＩＭＶがターゲットにした新興国市場は、先進国市場で完成した１９９０年代の勝ちパターンがそのままでは通用しない新たな巨大市場であった。したがって

ＩＭＶには、トヨタというものづくり組織能力からまずはいったん離れ、途上国が必要とする自動車のあるべき姿をそこに住む人々のライフスタイルから企画する「適地良品」の商品イノベーションが必要であった。同時にＩＭＶは、互換性を持った部品の組み合わせで多様な商品を作る開発思想の具体化、さらには新興国の全域にサプライシステムを新たにつくる取り組みなど、これまでのトヨタが経験し得なかった思想転換と総合力を必要とするものであった。この意味でＩＭＶプロジェクトを成功させるには、経営側のイノベーションが必須だったのである。

ハイブリッド車とＩＭＶは21世紀のトヨタを象徴する車と位置づけられる。現在のトヨタが言う「もっといいクルマをつくろうよ」という「いいクルマ」の中でも、技術でひらく「いいクルマ」がハイブリッド車とすれば、新興国という広大な市場を「適地良品」でひらく「いいクルマ」がＩＭＶだと言える。

本章で取り上げるＩＭＶの開発思想や設計思想は、新興国に巨大な自動車市場が興隆する前の90年代であれば、大きな意味を持つことはなかった。市場の構造が変わらず、そしてこれまでと競争ルールが変わらないのであれば、これまでと同じようにものづくりを追求すればよかったからである。

◉かつては販売のトヨタ

トヨタ自動車の歴史をひもとくとき、豊田佐吉から始まる豊田家の人々が、その成長に最も大きな役割を演じたのは言うまでもない。しかしながら、トヨタという企業活動を販売および製造という視点に絞って語るとき、われわれは神谷正太郎と大野耐一の名前を忘れてはならないだろう。これを日野三十四氏の視点から述べたい。

神谷正太郎は、日本GMの副支配人であった1935年に豊田喜一郎氏の依頼によって豊田自動織機へ入社し、当時のアメリカで最も先進的と言われたゼネラルモーターズのフランチャイズシステムや販売店管理、月賦販売、広告宣伝、サービス機能をトヨタへ移植し、さらにこれを日本的なものへと進化、発展させた。

さらに将来の自動車市場の拡大を見据えて、整備会社や中古車販売、複数販売店制度などを次々に国内市場へ定着させ、販売重視というトヨタの伝統を築いた。工場でものづくりを重視するフォード型ではなく、徹底した顧客重視を追求するゼネラルモーターズの組織文化を発展させてトヨタに植えつけたのである。

当時のトヨタ自動車販売で全員が毎日のように言い続けたのが、一にユーザー、二にディーラー、三にメーカー（当時のトヨタ自動車工業）であり、これこそが神谷の経営思想だった。一ではなく三にメーカーを位置づける神谷の経営思想は、豊田英二というトップの支持だけではなく、1949年の経営危機で銀行団から融資条件とされて実現したトヨタ自動車販売の独立、などがあって初めて組織に染み込んでいった。

特定の市場セグメントを技術力で奪うことは不可能ではない。しかしながら生身の人間が毎日生活している販売チャネルを、後追いで奪還するのは不可能に近い。ここから日本市場におけるトヨタ車の市場シェアが長期に維持され、「販売のトヨタ」という企業イメージが国内に定着した。ものづくりのトヨタ、あるいは技術のトヨタを標榜する現在のトヨタと当時のトヨタとの大きな違いをここに見ることができる。少なくとも1980年代までは販売のトヨタだったのである。

神谷正太郎を現在の視点で見るとき、特に注目したいのは、技術と販売という事業の両輪を全社的な立場でバランスよく進化させ、そして統合するために、情報を収集・分析する調査室（後の調査部）を1956年の時点でつくった点にある。ここへ、機械工学はもとより、数学や統計分析の専門家を含む人材を集め、カネを惜しまず「仕事の遊び」を認めた。

有能な人材と巨額資金を投じて情報を収集・分析し、ここから企業として全体最適の方向性を決める当時のトヨタの姿は、1990年から現在に至る韓国のサムスンと同じである。サムスングループの全体戦略を担う構造調整本部には、約300人のスタッフと2000億円以上に及ぶ資金が投入されているという。

トヨタを支えるもう一つの組織能力、生産現場重視のものづくり組織能力は、大野耐一によってトヨタに植えつけられた。大野耐一は豊田佐吉が他界した2年後の1932年に豊田自動織機へ入社し、1943年にトヨタ自動車工業へ転籍する。大野が生み出し、日本のものづくりとして世界の経営学や経済学にまで大きな影響を与えるトヨタ生産システム（TPS）については、多数の研究蓄積があるので重複を避けたい。

これを支えるジャストインタイムの基本思想は、豊田喜一郎氏が考案したものであり、これを大野がカンバンを使って蘇らせた。その本質を要約すれば、徹底したムダの排除であり、背後に潜むムダを顕在化するための仕組みづくりにあり、不良発生の原因究明と再発防止の仕組みづくりであり、そのための生産現場観察であった。

◉販売からものづくりイノベーションへ

神谷の販売イノベーションと大野のものづくりイノベーションは、いずれも製造業を支える車の両輪であるが、自動車販売と自動車工業が合併（1982年）したあとの1980年代後半から、トヨタにおけるこの比重が大きく変わる（輸出台数はすでに1980年に国内販売を超えていた）。

第一に、80年代後半から国内市場の伸びが止まり、国内の販売比率がトヨタ全体の50％を切って減少しはじめたからであり、第二に、日米構造協議や円高の進展によって1990年代から海外生産が急増するようになったからである。

1970年に成立するマスキー法によって、アメリカ市場で燃費の良い日本の小型車が伸び、日本車のコストと品質が驚きの目で見られたが、その当時のトヨタの事業を支えたのは国内市場であった。その後、生産と売上の比重が日本の国内から北米に移る90年代になると、日本から遠く離れた欧米の工場で、クルマという製品そのものの競争力を支えた大野のものづくり思想が目に見えない力となってトヨタの収益を支える。

事実、欧米企業と差別化し、トヨタのブランドを広く定着させる圧倒的な強さの秘密は、大野が定着させた低コストで高い品質の自動車を量産するものづくりの組織能力にあった。80年代にせいぜい50万台であった海外生産を90年代に2000万台へ近づけ、2000年代には150万台に及ぶ海外生産を主導してトヨタを躍進させた主役が、大野の薫陶を受けた生産技術の人々だったのである。２０１３年にはさらに増えて７００万台を超える見込みだ。いかなる場合でも大量生産は、販売する力がなければ業績に貢献しない。それでも90年代以降のトヨタで大きな影響力を持つようになったのは、生産技術を担う人々であった。

工場の生産性を起点に考える生産技術や製造技術は、競争ルールが大きく変わることのない既存の市場とその延長でなら持続的な成長に最も大きく貢献する。市場の構造が変わらず、競争ルールが変わらないのであれば、トヨタは今後も１９９０年代から２０００年代に追求したものづくりを追求すればよい。だが競争ルールがまったく違う市場が出現すると、既存の組織能力を新たな環境へ適応させるのが非常に難しくなる。分業とルーチン化によって効率を高めた組織能力を急には変えられないからである。

２０００年代に顕在化する巨大な新興国市場は、先進国市場で完成した１９９０年代の勝ちパターンがそのままでは通用しない新たな巨大市場であった。この意味で新興国の興隆は、トヨタが置かれた経営環境が20年ぶりに大きく変わることを意味したのであり、その経営思想の基本は、一にユーザー（新興国に住む人々）、二にディーラー（新興国の販売チャネルとグローバルサプライチェーン）、三にメーカー（日本のトヨタ）であった。市場とそこに住む人々を最優先して事業の枠組みを決め、そして商品開発をも決めるという神谷正太郎の経営思想が、新興国の市場で再び必要となったのである。

このような経営思想から導かれる商品企画とは、まだ顕在化していない将来性を見抜いて、関係者へ説得し得る知的な体系に整理し、さらにクルマというモノの型へ落とし込む一連のプロセスとなる。この意味で商品企画には歴史観が必要となる。

ＩＭＶは、まさに第3章で述べた製造業のグローバライゼーションが創り出す新興国市場の興隆と経済成長、そしてライフスタイルの変化を予見し、モータリゼーションの到来を見抜くことで生まれた商品であり、トヨタが総力を挙げて取り組む意識改革運動の表れでもあった。新興国に住む人々のライフスタイルに着眼したＩＭＶのような商品企画は、１９９０年代であれば注目されることはなかったであろう。

１９８０年代末から90年代に、ホンダの二輪車事業が新興国の市場から復活して圧倒的な競争優位を持つに至ったのは、新興国に住む人々のライフスタイルを直視しながら、適地良品・適地適価の商品を現地で企画・開発できる力を持つ北村道朗氏が、アジア事業のトップに就いてからであった。北村氏のビジネス思想と行動を学んだ人々がその後のホンダの二輪車事業を支え、世界のトップメーカーへ躍進させた。

１９８０年代から90年代のアジアで四輪車の市場を席巻していたのは、いすゞ自動車のアジアカーであった。いすゞ自動車のアジア展開を背後で支えた三菱商事は、社長直轄の商品企画によってトヨタのラインナップにない車を次々に投入し、圧倒的な強さを見せた。タイに駐在する三菱商事の日本人スタッフが、アジアに住む人々のライフスタイルを商品企画へ反映させ、また販売チャネルの開拓でも地道な草の根活動を続けてユーザーの心をつかんでいったという。

三菱商事によるこのような地道なマーケティングは、ほぼ同じ時期にホンダのオートバイ事業を再興させる北村氏のやり方とまったく同じであった。しかしながら当時のトヨタは、主戦場を北米に定めていたので手が回らず、アジア専用車を開発できないでいた。トヨタは2000年代の初めまで、いすゞ自動車にまったく勝てなかった。

●IMV開発に見る「適地良品」の設計思想

1990年代の後半になると、製造業のグローバライゼーションの進行によってアジアの国々が豊かになる兆しが、東アジアだけでなく、東南アジアのASEANでもはっきりと見えていた。IMVはこのような歴史の流れの中で企画された。

その基本思想は先進国市場で売れたクルマを持ち込むことではなく、先進国のクルマをカスタマイズすることでもなく、アジアに住む人々の生活の中で企画する「適地良品」であった。道路などのインフラも完全に整備された先進国市場の設計思想から離れて生まれたのがIMVだったのである。

このような基本思想を持つIMVは、以下の5つのモデル（3種類のトラック＋2つのモデル）で構成されており、いずれも先進国で普及するセダン型のクルマを開発するという発想とはまったく異質のものであった。

- **3種類のピックアップトラック**：世界統一モデル名は「ハイラックス」。スタンダード、ダブルキャブ、エキストラの3つ
- **ミニバン**：世界統一モデルは「イノーバ」

●多目的スポーツ車：ＳＵＶ、世界統一モデル名は「フォーチュナー」

その特徴を以下にまとめる。

① ターゲット市場を新興国に定めてアジアで企画され、日本にマザー工場を一つも持たず、最初から途上国で量産され、そして日本で作られることも販売されることもなかったトヨタで最初のグローバル車

② プラットフォームとその構成部品を５つのモデルで共有し、アッパーボディや車の内装部を組み換えながら５種類のモデルを「適地良品」へ組み合わせ設計する、トヨタで最初のグローバル車

③ エンジンやトランスミッション、ステアリングなど基幹部品であっても最初からものづくり現場をＡＳＥＡＮ各国に置き、部品を特定の国で一括量産しながら各地域から輸出し合う相互補完の分業生産体制にし、それぞれの国が個々の部品をＡＳＥＡＮ各国から調達しながらその国に住む人の「適地良品車」を組み立てる、トヨタで最初のグローバル車

このようなＩＭＶの特徴は、乗用車で当たり前のように使われるモノコック方式を採用せず、トラックやＳＵＶで多用されるフレーム方式を採用することによって比較的容易に具体化できた。２０１０年代になればモノコック方式でもやれるようになったが、１９９０年代では非常に困難だったので

ある。

モノコック方式とは、昆虫のように内部に骨格を持たず、アンダーボディとアッパーボディを一体化し、クルマ全体で強度を持たせる方式である。先進国の乗用車の大部分がこの方式を採用している。一方、ＩＭＶで採用したフレーム方式とは、エンジンやサスペンション、ステアリングなど重い部品を支える頑丈な構造部材（フレーム）とアッパーボディとを、別々に設計・製造して組み合わせる方式であり、ＳＵＶと呼ばれる多目的スポーツカーやトラックで採用される方式である。

言い換えれば、モノコック方式がすり合わせ型であって、フレーム方式がモジュラー型と言ってもよいであろう。すり合わせ型ではなく、モジュラー型を選んだことが、トヨタのＩＭＶが新興国で成功するための大きな要因だったのである。

ここでフレーム方式の採用に至った要因を整理してみたい。

まず第一の理由として、インドネシアで国民車と言われるほど普及したキジャン（ミニバン）も、またタイなどで大量普及していたハイラックス（ピックアップトラック）も、フレーム方式であり、これを統合するフルモデルチェンジを考えていたからである。

ダイハツが担当したインドネシア市場向けのアンダーＩＭＶがモノコック方式を採用する予定だったこともあり、インドネシア側のトヨタ技術陣はモノコックを強く主張したが、タイのハイラックス事業の立て直しを優先するトヨタ本社の経営判断がフレーム方式の採用を決めた。経営危機に陥ったタイ・トヨタのピックアップトラックの救済が最も重要な経営課題だったからである。１９９８年のアジア経済危機で窮地に陥ったインドネシアでは、販売価格を3倍に上げて赤字を回避していた。

一方、タイではすでにモータリゼーションが進んでいたので、値上げできなかった。

第二に、フレーム方式なら道路とクルマの間隔（車高）が高くなり、新興国に多いでこぼこ道でも車底をこすらず、洪水が起きても水につからずに済むからである。適地良品のクルマを作るにはフレーム方式がベストであった。

第三に、フレーム方式なら非常に頑丈であり、共通プラットフォームの上に異なるアッパーボディを載せるだけでミニバンにもピックアップトラックにも、そしてSUVにもなるからである。フレーム方式であれば、衝突時に衝撃の約80%をフレーム側が吸収し、アッパーボディの構造設計で自由度が飛躍的に高まる。

ここで言う共通プラットフォームとはアンダーボディ全体のことであり、フレームやタイヤを含むサスペンション、ステアリングとハンドル、エンジン、トランスミッションとそれらの搭載に必要な部品、およびエンジンルームに格納される主要部品や燃料タンク、バンパー、エプロン、ダッシュパネル、ペダル類、フロアパネルなどで構成される。

共通プラットフォームを構成するこれらの部品が、5つのモデル（ブランド）に共通して互換性を持つので、部品を組み合わせながら多様なブランド車をコストアップなしで作れる。少ない部品を組み合わせるだけで多種多様な「適地良品の車」を設計できるからである。

この意味で、ライフスタイルも嗜好もまったく異なる新興国の市場へ、それぞれの国の「適地良品」を提供するうえで最も効率的なのがフレーム方式だったのであり、5種類のモデルのボディを同時に、しかも同じ製造工程で作れるという意味で圧倒的に有利であった。

たとえばピックアップトラック用のプラットフォームをそのまま使い、アッパーボディを変えるだけでミニバンを組み立てることができる。これは、外見がまったく異なるクルマであっても使われる部品の大部分を共有できるので、量産効果による大幅なコスト低減が期待できることを意味する。

筆者がニューデリーで乗ったイノーバも、バンコクで乗ったイノーバも、そしてジャカルタや台北で乗ったイノーバも、極めて魅力的で高級感あふれたデザインであったが、これが大型機関銃と兵士を載せるピックアップトラックと、まったく同じプラットフォームでできていたのである。

ＩＭＶがフレーム方式を採用した第四の理由に、当時のＡＳＥＡＮ諸国は経済成長が始まったばかりであって、一つひとつの国の自動車需要が非常に少なかった事実を挙げなければならない。しかしながらこれまでと同じように部品をそれぞれの国で別々に作っていては、量産効果が出ないのでコストが下がらない。プラットフォームを構成する一つひとつの部品を最適な地域で一括生産し、これによって量産効果を生み出す以外に、ＩＭＶのコストを下げる方法がなかったのである。たとえばインドネシアがガソリンエンジンを、タイではディーゼルエンジンを、そしてフィリピンやインドでトランスミッションを作り、マレーシアでステアリングや電装品をまとめて作るというような国際的な生産分業が必要となる。

フレーム方式であれば、それぞれの国が部品を輸出し、調達し合う相互補完によって車を組み立てることが比較的容易となる。もしこれがモノコック方式であったなら、プラットフォーム（アンダーボディ）とアッパーボディを一体化した設計にしないとクルマとしての強度を確保できないので、アッパーボディが変わればプラットフォームの設計もこれに合わせて変えなければならない。

ライフスタイルがまったく異なるそれぞれの国の「適地良品」を互換性のある部品の組み合わせによって多様なモデルを作るというIMVの構想は、現在のフォルクスワーゲンのMQBや日産のCMF、あるいは最近のトヨタが提案するTNGA（トヨタ・ニューグローバルアーキテクチャ）などの開発思想を、10年以上も先んじていたことになる。

この意味でフレーム方式の採用は画期的であった。トヨタのIMV以外では、スウェーデンのスカニアがフレーム方式のトラックやバスでこれを実現させ、IMVと同じように非常に高い利益率を誇っていたと日野三十四氏が言う。

●ASEAN型モデル

フレーム方式の採用に至った第五の要因として、ASEANの主要6か国で共通有効特恵関税の協定（AFTA）が2002年に合意し、ここからASEAN域内で国際分業が可能になったことを挙げなければならない。自動車と部品については1年延期の動きもあったが、合意通りに実施された。2004年から出荷されたトヨタのIMVにとって、ASEAN域内を巨大な自由市場とみなす基本的なビジネスの枠組みは、AFTAなくして完成できなかった。

AFTAの成立によって、ASEANが技術蓄積の少ない国の集合体であっても、5種類のモデルからその国で売れるIMVのモデルを決め、その部品をASEAN諸国から調達して組み立てられるようになった。フレーム方式なら高度なすり合わせ協業を必ずしも必要とせずに自動車を組み立てることができる。ＩＭＶのビジネスの枠組みづくりに、ＡＳＥＡＮ域内の共通有効特恵関税の協定成立（関税がゼロあるいは非常に低い）が決定的な影響を与えたのである。

一国では市場が小さいので互いに部品を輸出し合う「相互補完」の取引は、すでに１９８９年からトヨタとダイハツが主導してインドネシアとマレーシアで行われていた。また96年11月に発足したＡＬＣＯ（ＡＳＥＡＮ産業協力計画）で、特にＡＳＥＡＮ域内の自動車メーカーに対する特典が与えられていたが、97年に始まるアジア通貨危機によって機能不全になっていた。その大規模展開は、主要６か国で合意された２００２年の特恵関税協定まで待たなければならなかったのである。

フレーム方式の選択は、先進国市場向けの開発・生産方式を離れ、新興国に適した方向への再構築を促した。市場構造がまったく異なり、競争ルールも異なる市場へ参入するのであれば、それぞれの国に住む人々のライフスタイルに適応した「適地良品」、すなわち神谷正太郎氏の「ユーザー第一（市場第一）」思想を必要とする。新興国に住む人々のライフスタイルを最優先するＩＭＶのような商品企画は、新興国に巨大な自動車市場が興隆する前であれば、そしてアジア経済の危機がなければ全社プロジェクトとして取り上げられることはなかったであろう。

この意味で、その兆候を日本から把握できない１９９５年の時点で起案されたＩＭＶの基本構想は特記に値する。１９９９年の商品企画後であっても社内調整で困難を極めたはずだ。たとえば、当時はトヨタの主要なクルマがすべてモノコック方式で設計されていたので、もしＩＭＶでこれを選択したなら、設計では日本側との共通性や互換性が必ず大きなテーマになったはずである。そして生産技術でも日本型がそのまま取り込まれて適地良品の設計思想が徹底されなかったであろう。当時、フレーム方式の製造体系がグループ会社の日野自動車にはあったが、当時のトヨタの生産技術部門には部品溶接やプレスのノウハウさえ残っていなかった。

その後も何度か、21世紀のグローバル市場に問うミニバン（イノーバ）までがフレーム方式でいいのかという議論はあったようだが、10年後の現時点で見てもフレーム方式の採用が正しい判断であったと考えられる。それは、トヨタという自動車メーカーのビジネスの枠組みをも再構築したいという狙いを持ったＩＭＶの基本的思想が、フレーム方式の採用によって結果的にスムーズに具体化されたことからも明らかであろう。

●ＩＭＶの経営イノベーション

先に述べたように、２００１年4月に発足したＩＭＶシグマプロジェクトによる検討結果を受けて、全社プロジェクトとしてＩＭＶが２００２年12月の副社長会議で最終承認され、対外的に発表された。翌年2月には、ＩＭＶの量産と販売に向けた実務を担うＩＭＶ準備室が発足する。

ＩＭＶ準備室を統括した当時の安田善次常務は、ここに社内の若い部長や次長クラスのエースを集めて実務を担わせただけでなく、他の役員はもとより安田氏へも進捗状況の報告を一切禁じたという。21世紀のトヨタをすべて若い人材に任せようとしたからだけでなく、先進国市場で成功体験を持つ役員によるＩＭＶへの干渉を防ぐ狙いがあったのではないか。それほどＩＭＶは当時のトヨタで画期的な企画だったのである。

しかしながら、若き精鋭が方向づける事業の枠組みが明らかになるにつれてこのプロジェクトの難しさが次々に明らかになり、成功を危ぶむ声が続出した。それでも安田常務は、ＩＭＶ準備室を取り仕切る小寺信也氏（当時部長）へ、「ＩＭＶはもうダメと君らが判断したときだけ報告に来るように」と何度も指示している。

多くの人が危惧したのは、トヨタが先進国で培ったビジネスの枠組みから離れること、技術蓄積の少ない新興国だけの５拠点で同時生産すること、貧弱だったアジア地域のサプライヤーシステムの再構築、および世界１００か国を超える新興国へＡＳＥＡＮから供給するシステムの構築など、すべてこれまでのトヨタが経験しなかったことばかりだったからである。

あまりにも壮大な構想であり、あまりにも多くの課題があった。しかもこれらに同時に取り組まなければならない。まさに経営イノベーションが必要であったが、これを小寺信也氏とそのチームが冷静にさばいていった。

以上のように、若い精鋭が結集したＩＭＶ準備室では商品企画部から参加した井上孝雄氏と事業部門から参加する小寺信也氏、そしてＩＭＶ専任のチーフエンジニアとして参加した細川薫氏らが中心となり、２００４年の出荷に向けた実務レベルの作業が進展していった。

ＩＭＶの企画・開発を見るとき、一つひとつのレベルは難しいことは何もない。最も難しかったのは、プロジェクト全体のコーディネーションであり、適地良品のクルマへ導く設計マネジメントだったと推察される。その意味でＩＭＶは、技術イノベーションが生み出したいいクルマではなく、経営イノベーションによって生まれたいいクルマだったのである。

◉適地良品の商品設計に向けた取り組み

１９９０年代のトヨタは、タイ市場でいすゞ自動車・三菱商事連合にまったく勝てなかったが、インドネシアでは圧倒的な強さを見せていた。国民車とまで言われて普及したミニバンのキジャンこそ、トヨタがアジア専用車として開発した適地良品の車だったからである。エンジンを含む部品の多くを最初からインドネシアで作ってキジャンを組み立てるなど、すでに１９８０年代の当時ですら現地のサプライヤーを多用し、現地調達率が60%を超えていた。そもそもインドネシアで調達できる部品を使うことが当時のインドネシア政府の要請だったからである。

キジャンがインドネシアに登場したのが１９７７年のことであった。このキジャンがフルモデルチェンジの時期に来ており、同時にタイのハイラックス（ピックアップトラック）もフルモデルチェンジの時期に来ていた。

適地良品としてのＩＭＶを設計するにあたって極めて重要な貢献をしたのが、当時のインドネシア市場に深く陣取るダイハツの支援であった。当時のダイハツは、インドネシア人のライフスタイルに特化した製品を数多く市場へ投入しており、まさに適地良品の商品設計でもトヨタの先を走っていた。

そのダイハツが競争相手のスズキに優る新型モデルを企画しており、２０００年3月にトヨタのＩＭＶ委員会にダイハツの企画案が打診されていた。ＩＭＶがキジャンよりサイズが大きくなることもあり、同年6月のＩＭＶ委員会で、一回り小さな低価格のＩＭＶが必要であることも議論されていた。ダイハツが企画する新型モデルが必ずキジャンの後継車に行き着くと考えたトヨタ側が、２００0年の秋にダイハツ側へ共同開発を申し入れた。

ダイハツが開発を担当する１０００cc、１３００cc、１５００ccの小型・中型車をU‐IMV（アンダーIMV）と高梨企画部長が命名し、トヨタが開発する２０００cc、２７００ccをIMVと呼ぶことにした。U‐IMVとの二枚看板で行くことが、これら一連の協業シナリオから２００1年2月に決まった。

これを受けて細川薫氏が、２００1年3月にU‐IMVのトヨタ側のチーフエンジニアに任命された。U‐IMVは松林淳氏がチーフエンジニアとなってダイハツが開発を担当し、ダイハツがこれをセニアのブランドで売り、トヨタもこれを「アバンザ」のブランドで同時に販売することになった。共同開発と言っても設計の実務をダイハツが担当するので、トヨタのブランドで売るためにはトヨタの要件をダイハツに伝えて議論する必要があった。これが当時の細川氏の役目であった。

２０１3年上半期時点まで見ると、ミニバン市場の40%がトヨタのアバンザであり、U‐IMVがインドネシアにおけるトヨタの地位を不動のものにしたことがわかる。

細川氏はアメリカ専用のランドクルーザー「セコイア」の開発で、チーフエンジニアを１９９6年から務めていたが、セコイアはまさにピックアップトラックをベースにしたSUV車であった。この意味で細川氏は、フレーム方式の自動車設計でトヨタでは数少ないプロ中のプロだったのである。

翌年1月に細川氏はIMV全体のチーフエンジニアに任命される。ここから２０１1年まで10年もの長い間、細川氏がIMV専任のチーフエンジニアを務め、ビジネスとしてのIMVを適地良品の設計現場から成功に導くことになる。

たとえば、インドネシアでミニバンを持つ人は富裕層であり、ステータスシンボルなので、外観デザインも軽自動車の延長では決して許されない。したがって、クレー（粘土）によるモデリング作業はダイハツのデザイナーがトヨタのデザイン部に来て、トヨタの車を毎日見ながら作業をした。

ユーザーがトヨタというブランドに期待するクルマの仕様、性能はもとより、1977年以来の国民車、キジャンを作ったトヨタにインドネシアの人々が期待する高い品質もまた、トヨタというブランドのU‐IMV（アバンザ）には必須の条件であった。国民車となったキジャンの耐久性、走破性、使い勝手などはインドネシアの人々にトヨタのブランドを植えつけた。こうしたブランドと高度な市場文化を、U‐IMVではさらに進化させなければならなかったのである。

ダイハツも、トヨタが同じクルマを売るのであれば、設計基準や価格を変えて住み分けなければならない。インドネシア市場のダイハツにとっては、トヨタのレベルへ品質を高めるよりもコストを下げることが優先であった。同じU‐IMVであってもダイハツのブランド（セニア）とトヨタのブランド（アバンザ）とで機能、性能、品質の目標値を区分けしなければならなかったのである。

いずれにせよダイハツ側との区分けでは大変手こずったものの、インドネシアの市場を見ながらダイハツと議論することによって初めて、品質の見極めや割り切りという考え方をトヨタ側が理解できるようになった。

トヨタには、50年以上も前の1961年から設計に関する強力な標準化管理体制があり、適宜改訂され、新設されてきたが、ここで決まった技術標準や設計基準は社長でも変えることができない。技術標準や設計基準の詳細が記載されたマニュアルを使ってクルマを設計するのであれば、誰かが決めた標準や基準に疑問を持つことなく、これを守って設計することが当たり前となってルーチン化される。

ルーチン化とは、企業効率化にとって極めて重要な経営ツールである。市場構造が本質的に変わらず競争ルールも従来と同じなのであれば、長期にわたる知恵の結晶としての標準や基準の徹底が最も効率良く機能するのは、いかなる組織にも共通の真実である。

トヨタ生産方式を特徴づける要件はいくつかあるが、その第一に挙げられるのは、徹底したムダの排除であり、そのために部分ではなく全体としての経済合理性（たとえば能率）を追求することであった。しかしながら、１９９０年代の後半から急増する生産台数に既存の組織で対応するには、組織の細分化による徹底した分業とルーチン化が必須だったのである。そして細分化された組織のルーチンの一つひとつを全体最適の視点から見直すことは、個人レベルはもとより個々の設計チームにとっても困難になっていた。

このような状況に置かれていた当時のトヨタでＩＭＶの設計を任された人々は、先進国とまったく異なるインドネシアの市場でダイハツの設計思想に出会い、先進国市場で50年も積み上げたこれまでの技術標準や設計基準の意味を、あらためて問い直さなければならなかった。クルマの一つひとつの技術体系が規定してきた部分最適としての個々の基準・標準を、クルマとしての全体最適から再構築せざるを得ない状況に置かれたのである。

たとえばインドネシアでは、高速運転と言ってもせいぜい時速１４０キロメートルなので風圧が小さく、フロントガラスもサイドガラスも薄くできる。こんなことは日本で考えもつかなかったことだが、事実0・2ミリメートル薄くしても問題が出ず、重さも4キログラム軽くなってコストが下がった。エアコンにヒーターが不要なのは言うまでもない。

現在でも過剰品質で話題になる「キズなきこと／ムラなきこと」の表記も、図面のすべての個所へ適用するのではなく、これが本当に意味を持つ領域にだけ適用することで、単に部品コストが下がるだけでなく、返品が大幅に減ってトータルコストが激減する。

クルマの錆びに関する基準も、先進国では、雪に塩を撒くことの多い北欧やカナダに合わせた非常に厳しい基準と測定法を踏襲し、塩を撒いた雪の上にさらして5年経っても錆びず、10年経っても穴があかない、という基準が採用されていた。

雪が降らず道路に塩を撒かないインドネシア・ASEANの市場であっても、海岸を走るので同じ基準を採用すべしと主張する声も強かったが、これも1977年から走り続けたキジャンの事例やダイハツ車の実績データを挙げて、インドネシアでは過剰品質であることを示して、3年経っても錆びず5年経っても穴があかない、という緩やかな基準にした。

それでもトヨタのブランドで売るアバンザには、防錆鋼板を多く使った。当然のことながら、出荷して10年に近づく現在でも何の障害も起きていない。

◉適地良品は品質の妥協ではない

タイから欧州へ輸出されるＩＭＶ（ピックアップトラック）には欧米の厳しい基準を設けた。適地良品の設計思想の本質をここにも見ることができる。適地良品とは決して品質基準を下げることではない。あくまでクルマを使う人々のライフスタイルに合わせて基準を柔軟に設定する、という設計思想なのである。

しかしながらトヨタというブランドにユーザーが期待する信頼性については、深く考えながら総合的な判断を下した。たとえば衝突安全についてインドネシアには規制がなく、人々の衝突に関する意識も低かったが（現在は違う）、ここに日本と同じ衝突安全基準を採用した。インドネシアの自動車法規に「原産国の基準に準じてよい」という条項があったからである。トヨタのアバンザでは、サスペンションやフロアなど、下回りと呼ばれるプラットフォーム部品の構造材に補強材を追加することによって、日本とほぼ同じ衝突安全基準を実現させた。

先進国の市場では、ドライブライン（トランスミッション、ディファレンシャルギア、ドライブシャフト、アクスルシャフトなど）の設計基準を50万キロメートル程度に設定するのが普通だが、Ｕ－ＩＭＶやＩＭＶでも先進国と同じ基準にした。出荷して10年に近づく現在でも問題なく走ってトヨタのブランドを支える。

◉ダイハツとの協業でトヨタが学んだこと

これ以外にも適地良品に向けて基準・標準を再構築した部分は多岐にわたる。しかし、トヨタはIMVで品質を落としたのでは決してない。無意識のうちに、誰も理由を理解せずに蓄積され続けて結果的に過剰品質になった基準・標準を、適地良品の基準・標準へ変えただけであった。

組織文化として定着していて疑うことがなかった基準や標準であっても、これが決まっていく背景が理解できれば、ユーザーがブランドに対して抱く期待感を損なわずに柔軟に変えていくことができることをトヨタは学んだのである。ダイハツとの協業によってトヨタが学んだことは計り知れない。

- インドネシアの人々は家族を非常に大事にする。休日に買い物やドライブするときも家族と一緒である。メイドも一緒に連れて行くので後部に二列目と三列目の座席シートを取りつけ、さらに乗り降りも楽にできるようにしなければならない。水道の水質が悪いので、飲み水として2リットルのボトル4本が楽々収めるスペースも必要となる。
- トヨタ車を買う人には会社経営者も多く、運転手を雇って自分は後部座席に座るので、助手席のヘッドレストを前に倒して前方を広く見せる工夫もした。当時のインドネシアでこんなことは思いもよらなかったことだという。エアコンも、冷気が後部座席へ優先して流れるように工夫されている。
- インドネシアでは、都心部を離れて郊外に行くと、道路が舗装されてなく排水も悪く、ひとたび雨が降ると泥んこ道となって車が立ち往生する。インドネシアの実態に合わせて車高を高くする必要がある。

●同じIMVであってもピックアップトラックの場合、アジアの人々の使い方は、農機具を載せたり、建設機械を載せたり、人も乗せてバス代わりに走ったりする。場合によっては重機関銃と兵士も運ぶ。休日には家族を乗せてドライブにも買い物にも使う。

これがアジアの人々のクルマの使い方であった。ピックアップトラックのダブルキャブモデルとエキストラキャブモデルがいずれも4ドアであって、前から三分の二が乗用車と同じ姿に見えるボディデザインなのは、こうした理由からだ。

これらのいずれも、自ら何度もインドネシアへ行き、何度もタイへ行き、マレーシアやフィリピンを訪れて初めて気がつくことである。ダイハツが持つものづくり文化を決して否定せず、真摯に受け止めて議論し、ここから基準・標準が持つ意味を再確認し、そしてインドネシアに住む人々のクルマの使い方を体系化する。この一連のプロセスを経験することで、適地良品のクルマ設計思想がトヨタのIMVへ移植されていったのである。

多くの関係者が、インドネシアのダイハツなくしてはIMVの成功はなかったと語る。インドネシアやタイで当時の細川氏を知る人は例外なく、細川チーフエンジニアはその国の人々の意見をよく聞く「大きな耳を持った人だった」と懐かしむ。

◉ＩＭＶに見る日本国内のマザー機能

ここで、日本の製造業が国内に残すべきマザー機能と海外拠点との関係について今後の方向性を考えるために、ＩＭＶの設計拠点と生産拠点、および調達サプライチェーンとの関係に焦点を当てながら、ＩＭＶが設計されて出荷されるまでの経緯を紹介したい。

ＩＭＶの５つのモデル開発という基本的な枠組みだけでなく、その具体的な作業工程もすべて日本側が担当した。５つのモデルで共通のプラットフォームだけでなく、インドネシア市場から生まれて世界的なブランドに成長するイノーバ（ミニバン）でも、またタイで大量普及するハイラックス（ピックアップトラック）でも、アッパーボディの設計と内装開発を、細川チームに参加したトヨタ車体が担当した。

工場が立ち上がる２００４年８月までの10か月は、細川チームの日本人設計者がタイの工場（ＴＭＴ）に張り付き、タイのエンジニアと一緒に汗水たらして最後の詰めに責任を持って取り組んだ。

設計側は部品図だけ作るのではなく、部位ごとに「組立図」の図面を作らなければならない。たとえばサスペンション組立図、エンジン組立図、アクスル組立図、エキゾーストパイプ配管図、燃料タンク搭載図などがある。主にプラットフォームに関わる部位は、組付け、検査に関わる作業注意、管理値（たとえば組み立て時の許容公差）など、すべてを設計側が図面に書き込まなければならない。

組立図を受け取ったタイの製造工場の生産技術部門は、これを工程作業の設計へと展開する。たしかに製造工場には日本のトヨタから出向し、それぞれの工程でタイ人のスタッフにアドバイスはしたが、組み立て仕様書とそれに関わる作業要領、および検査方法などはすべてタイ工場の生産技術部門のタイ人が担当した。

人件費の安いタイでは、日本や欧米並みの（最新の、高度な）設備を使う必要がない。自動化は組み立て作業の安全性に関わる領域に限られている。他は極力、自動化に頼らないで、人が考えて動かす／運ぶというコンセプトが徹底されていた。それぞれの工程設計でタイ人が中心になった背景がここにもあったのである。日本の生産技術がそのまま移植されたのでは決してなかった。

また立ち上がり10か月前から日本の設計者が現地に張り付いたのは、日本にマザー工場を持たず、これら一連の作業をタイ工場の製造現場で生産技術や製造技術の人たちと調整しながら図面を確実に仕上げるためであった。

タイ側がＩＭＶの設計そのものに関与したのは、出荷した2年後の２００６年から始まるバンパーやランプなどのマイナーチェンジ設計からであった。２００８年と２０１１年のマイナーチェンジでも、フレームを含むプラットフォーム全体を日本側が担当し、タイ側は従来のものをモディファイするという範疇で、内装や外装（バンパー、ランプ）そしてアッパーボディの一部で開発を担当した。

その後、このような設計分業が徐々に進み、現地スタッフの実力向上とともに、タイ側のスタッフが関与する領域が徐々に拡大していった。次期モデルチェンジ車の開発では、多くのタイ人が日本に長期出向して設計の実務にあたるが、開発が伴う設計を主導するのは現在でも日本側である。

その背景には、主要図面を日本で書き、図面の改廃権を日本側が持つことで、海外事業の利益を日本の本社へ還流させる大義名分を立てる必要があったからである。経営学書が言う現地人の技術力の問題だけではなかった。

一方、設計部門が完成させた図面を、工場の現場で組み立て仕様書とそれに関わる作業要領、および検査方法などへ展開するのはタイにいる人々であった。生産一次サプライヤーだけでも150を超え、二次を加えるとその何倍にも広がる巨大なサプライチェーンとの折衝や工場側との連絡実務をすべて現地で担い、これをしっかり日本側の細川チームへつないでくれたのは、タイにいる人々であった。

IMVの部品開発や調達は、すでにサプライチェーンが完成した先進国市場のヴィッツやプリウスとはまったく異なり、10万点（自動車の組み立て工場へ搬入するのは約3万点）にも及ぶ部品調達のサプライチェーンシステムを、すべて最初から構築しなければならなかった。日本にマザー工場を持たず、日本で生産も販売もせず、部品の現地化率100％をIMVが目標にしていたからである。

多数の日系サプライヤーと現地のサプライヤーを相手にするネットワーク構築は困難を極めた。その当時、IMVのサプライチェーンのトップだった中川宏氏（当時部長）とそのスタッフが、全体の構造とサプライヤーのバランス、および部品の過不足が一目でわかる仕組みを作りながら、日系サプライヤーに対して現地生産を繰り返し要請し続けたという。わずか10か月で大規模ディーゼルエンジン工場をタイに作ったサプライヤーもいた。

たとえば細川氏が率いる設計チームが設計変更すると、その情報がいち早く中川氏の大部屋に飛ぶ。それを受けてサプライヤーの対応可否がすぐ調査され、日程の妥当性が検討された。多くのケースでサプライヤーにもタイの組み立て工場でも工程計画への影響が必至となったが、その影響を解析して工程計画を組み直し、サプライヤーに新たな指示を出す（納期再指示）のが中川氏の大部屋機能だったのである。

開発は日本であり、日本で決めた設計仕様に対して、部品ごとの生産準備から量産、および納入に至るすべての流れに対する進捗管理が必要とされた。タイの中川氏とそのスタッフによって、精密な進捗管理能力がトヨタの組織に育成されることになる。その大部屋には、数人の日本人コーディネーターを除き、大部分がタイ人スタッフだったのである。

以上のように、IMVという商品の企画とビジネスの枠組み、これを受けた全社的なプロジェクト組織の結成、IMVの設計思想・設計基準と商品設計、およびグローバルサプライチェーンの枠組み設計など、いわゆる目に見えないソフトパワーはすべて日本側で決められていた。一方、タイのトヨタ工場は、数多くのサプライヤーと一体となってIMVの量産出荷を支えた。

タイ・トヨタが自らの手で創り出した中川チームのソフトパワー、およびこれと日本側で育成されたソフトパワーとをつなぐトヨタの組織能力もまた、比較優位として日本企業が持つべきマザー機能になっていたのである。

◉IMVシリーズの新興国への出荷が始まる

2001年からダイハツの松林淳氏がチーフエンジニアとなって設計したU‐IMVは、約2年半後の2003年11月に出荷され、すぐ大量普及の軌道に乗った。2004年の販売計画は最大でも年間4万台であったがすぐその2倍に近づいた。U‐IMVは当初インドネシア市場だけを想定していたが、予想以上の売れ行きなのでトヨタブランドのアバンザが2004年の中期からマレーシアでも生産・販売され、ここでも多くの人から高い評価を得る。

その後、2007年から2008年にかけてインドネシアからメキシコ、フィリピン、南アメリカなどへ輸出された。2011年9月からフルモデルチェンジしたアバンザが出荷されると、さらに快進撃が続いて現在に至る。

一方、2002年から設計が始まるトヨタ側のIMVも、約2年半後の2004年8月にタイ市場へ出荷された。普通は新規製品の開発に3年半から4年は必要だったが2年半で済んだのである。ここにもフレーム方式を採用した効果が出ていた。先に低価格のU‐IMVを出荷して市場を賑わし、競合企業をあわてさせ、そのあとにトヨタ本命のIMVを大々的に出荷するシナリオは、事前に考え抜かれたトヨタの市場展開戦略だったという。

その1か月後にはインドネシアで生産を開始し、2005年の2月から4月にかけて、それぞれインド、アルゼンチン、南アメリカでも生産が始まった。事前に想定した年間50万台の最大販売数は出荷して2年半後の2006年に超え、2007年には累積200万台となった。

リーマンショック後であってもIMVは順調に伸び、2012年度の年間販売が100万台となった。2013年3月には累積500万台に到達する。同年春の時点で、IMVシリーズが世界の170か国で販売されているという。2014年春に累積620万台になる見込みであり、カローラと並ぶグローバルカーとなってトヨタの収益を支えている。また、1998年の金融危機から経営が厳しくなったインドネシアのダイハツもＵ‐ＩＭＶによって復活し、リーマンショック後でも高収益を続けて現在に至っている。なおＵ‐ＩＭＶから次世代Ｕ‐ＩＭＶへ切り替わる２０１４年にホンダがインドネシア専用車を投入したこともあって、ダイハツの収益が悪化しているという。実はこれを開発したのも日本ではなく、適地良品・適地適価のクルマ設計を追求するホンダＲ＆Ｄアジアであった。

インドネシア市場をターゲットにしたトヨタのＵ‐ＩＭＶ（アバンザ）はすでに59か国で販売されている。ＩＭＶは新興国の人々が豊かになればなるほど売れる仕組みが刷り込まれた「いいクルマ」であり、今後も伸び続けることであろう。

◉ＩＭＶに見る日本企業のＡＳＥＡＮ型モデルとその意義

トヨタＩＭＶの開発に協力した日系サプライヤーは、ＩＭＶが新興国の隅々へ大量に販売されることによって大きな恩恵を受けることになった。まず第一に、同じ部品が5つのモデルで共通化されるので量産効果によってコストが大幅に低減し、トヨタにもサプライヤーにも、大きな売上と利益をもたらすことになったからであり、第二に、新興国で必須の「適地良品」と「適地適価」の部品開発ノウハウを、トヨタと一体になって学んだからである。アジア展開で身につけた適地適価のものづくりは、新興国だけでなく先進国の市場でも部品サプライヤーに大きな利益をもたらした。

ＡＳＥＡＮの国からこれを見れば、ＩＭＶやＵ‐ＩＭＶのサプライヤーが現地企業と現地に合弁会社を作って部品を量産することで多くの雇用をインドネシアに生み出し、経済成長に貢献する。また国の技術水準を向上させて産業の高度化に貢献する。すでにインドネシアでは、ＩＧＰ社のようにフライホイルやトランスミッション、シャフトなど、アクスル系の部品を高品質で大量生産する現地メーカーも育っている。ＩＧＰの工場の製造技術は、１９９０年代の日本の部品メーカーに決して劣らない。

高い技術力を必要とする材料加工や高級材料などでも、インドネシア国内に新たな産業が生まれている。多くの部品や材料がインドネシアで量産されてＡＳＥＡＮ全域へ輸出されるまでになった。タイでも多くの現地サプライヤーが育っている。

トヨタが自動車事業を始めた当時の豊田喜一郎氏は、アメリカ自動車産業のようなフルセット自前主義を採ることができなかったので、多くの部品サプライヤーとの協業を重視し、トヨタと部品サプライヤーは「共に成長する」と言い続けた。21世紀のＩＭＶではこの経営思想がＡＳＥＡＮ全体に展開され、ＡＳＥＡＮ諸国の産業を育成する役割さえ持つようになったのである。

日本の企業集団によるこのような成功モデルをＡＳＥＡＮ型モデルと呼ぶならば、ホンダの二輪車の成功も同じＡＳＥＡＮ型モデルであった。１９８０年代の後半から90年代を通してアジア地域の事業責任者であったホンダの北村道朗氏は、帰国しても本社へ行かず日本の部品メーカーへすぐ直行して協業を話し合いながら信頼関係を築き、タイやベトナムへの進出を説得している。

誘いに乗った日本の部品メーカーが、タイやベトナム、インドネシアなどに合弁会社を作ってホンダの二輪車用に適地良品の部品を適地適価で提供し、これによって初めてホンダが新興国市場を席巻することができた。誠実なものづくり力や確かな品質に支えられた日本のサプライヤーの適地良品・

適地適価の設計力が、ホンダを新興国市場最大の二輪車メーカーへ躍進させたのである。

再度繰り返すが、適地良品とは品質を落とすことでは決してなかった。新興国の人々の所得水準が向上することによって生まれる高い要求水準を先取りし、高度な市場文化の形成を主導しながらブランド力を高め、ここへ日本の製造業が培った誠実なものづくりを適地適品・適地適価として適合させることだったのである。適地適品・適地適価は、全体最適の視点から設計思想を再構築できる技術力があって初めて可能になる。

ホンダの二輪車もＩＭＶと同じように、２００８年のリーマンショックの直後であっても非常に高い利益率を維持してホンダを支えたが、日系の部品サプライヤーも同じだった。ＡＳＥＡＮの国にとっても、ホンダの二輪車がグローバル市場で圧倒的な競争優位を維持することによって自国内に多くの雇用が生まれ、ここで育成・蓄積された人材と技術が２０００年代に到来する自動車産業の発展を担うことになる。約10万点にも及ぶ部品で構成される自動車はもとより、約１万点の二輪車も、非常に裾野の広い技術体系によって支えられている。これらの部品産業は、いずれの国にとっても雇用と経済成長を支える基幹産業となっている。

インドネシアのモータリゼーションはＵ‐ＩＭＶから始まったと言われる。２０００年に29万台だった生産台数は２００５年になっても変わらなかったが、２００８年に60万台を超え、２０１２年には１１２万台と増え続けている。ここで日系企業の製造シェアが95％を超え、ダイハツとトヨタを合わせた市場シェアも50％を超えるまでになった（ミニバン市場では65％）。

ＩＭＶが出荷された２００４年に、タイ政府は自国をアジアのデトロイトと位置づけた。ここからタイの自動車生産が成長軌道に乗りはじめた。２００８年に１４０万台だった生産台数は２０１２年に２４５万台となり、その90％を日系企業が占めている。生産した自動車の半数以上がタイから世界中へ輸出されるまでになり、タイが自動車の世界的な輸出基地に成長した。ここでＩＭＶが重要な役割を演じたのは言うまでもない。

日本、中国、韓国を除くアジア諸国で、２０１２年に約５４０万台の車が作られたが、65％を超える３５０万台がタイとインドネシアで作られ、そしてこの90％以上を日系企業が作っている。新興国の経済が成長すればするほど、ＩＭＶは今後も伸び続ける。そして日系の自動車メーカーも部品サプライヤーもＡＳＥＡＮ型モデルの恩恵を受け続けるが、同時にこのモデルがＡＳＥＡＮの国々の雇用と経済成長、そして産業の高度化に寄与し続ける。

先に述べたように、ＩＭＶはハイブリッド車と並んで21世紀にトヨタの持続的成長を牽引するクルマとなった。ハイブリッド車は技術でひらく「いいクルマ」であり、ＩＭＶは新興国という地域を適地良品の設計思想でひらく「いいクルマ」であった。

歩みが遅いとはいえ、一歩一歩試行錯誤を繰り返しながら、そして一つひとつモノを作って納得しながら変化していくのもトヨタであった。２０１３年5月10日の日刊工業新聞は、「トヨタの今後の成長を占うカギは２０１５年に全面改良予定のプリウスと新興国向け戦略車ＩＭＶシリーズにある」と語る豊田章男氏の姿を、大きな顔写真入りで載せていた。ＩＭＶは、ハイブリッド車と並んで今後のトヨタを支える事業に育ったのである。

◉次世代IMVの行方

IMVは15年も前に現在の新興国を予見して企画された革新的なクルマであった。しかしながらたとえタイ国であっても、所得水準の高い大都市よりも、むしろ都市を離れた地域でIMVを多く目にする。所得水準が高くなるとIMVのフレーム方式が主役の座を離れるという兆候がすでに見えてきている。

第二期ユドヨノ政権が打ち出したインドネシア経済開発加速・拡大マスタープラン（2011年から2025年）によれば、2025年までにインドネシアのGDPを2010年の6倍（4・5兆億ドル）に伸ばし、1人あたりGDPも5倍の1万4500ドルへ伸ばすという。その頃には人口も2億5千万人をはるかに超える。もしインドネシアやタイで政治的安定が長く続くなら、そして金融グローバリズムに対抗し得る力が製造業の発展によって蓄積されて経済が成長し続けるのなら、類似の成長が人口6億人のASEAN諸国で次々に起きるであろう。

新興国の所得水準が高くなり、道路などの交通インフラが整備されると、人々は先進国市場で普及するモノコック方式のセダン型高級乗用車を求める。その兆候は、シンガポールを含むASEANの大都市でも見えている。

CAD／CAEによる最新の自動車設計によって、たとえモノコック方式であっても車種をまたぐ部品の互換性を実現させることが可能になった。しかしながらIMVの中核車種であるピックアップトラックをモノコック方式で作ることはできない。したがってトヨタは、次世代IMVでもフレーム方式を徹底して追求していくことになるのではないか。またインドで開発した小型戦略車のエティオスなど、モノコック方式のクルマを成功させないと、トヨタの新興国ビジネスが厳しくなる。ホンダやスズキによるタイやインドネシア市場の攻勢も激しくなった。

ASEANの国々とそれ以外の国との二国間FTAも協議されており、ASEANに大規模な生産拠点を持たないために参入できなかった韓国や欧米企業も、ASEANの自動車市場へ参入しやすくなる。現在進行中で2015年にスタートする、AEC（ASEAN経済共同体）も、そしてTPPやRCEPもこの潮流を加速する。

さらには、たとえ新興国であっても環境規制が非常に厳しくなる。ASEANでは2020年までに環境規制が大幅に強化されるはずであり、燃費や排ガス改善が今後の売れ行きを左右する。重い車体のフレーム方式でこれをどこまで改善できるだろうか。

今後のクルマは、情報通信ネットワークとつながることを避けることができない。先進国ではなくASEANだからこそ、人々がネットワークとつながるクルマを必要とするという考え方が必要になる。実際、中国はすべての新車へネットワークとつながる機能の搭載を、2020年までに義務づけると2012年の年末に決めた。これに対して日本もアメリカも、ネットワーク連携のクルマを先進国市場の中でしか議論していない。

IMVはトヨタで超高収益のクルマに成長した。しばしば多くの組織で見られるが、このような成長のあとでは大胆な方向性を打ち出すことが困難になる。トヨタもそうならないとは限らない。特に共通プラットフォームで多様なクルマを作るIMVでは、その数が年間100万台を超えるだけに、フルモデルチェンジをすれば工場の生産ラインに多大な投資を必要とする。これはカローラでも起きていたことだが、次世代のＩＭＶでトヨタはどんな手を打つのだろうか。

自動車の商品企画とは、将来に向けた確かな方向性を見抜き、これを関係者へ説得し得る知的な体系に整理し、クルマというモノの型へ落とし込む一連のプロセスと定義される。この意味で、おそらく現在進行中と思われる次世代ＩＭＶの基本コンセプトやエティオスの基本コンセプトが、トヨタの新興国ビジネスに大きな影響を与えるであろう。

◉日本企業が先進国型製造業として進化し続けるための方向性

１９９０年代に進んだ製造業のグローバライゼーションは、アジアの中でも特に東アジアの産業構造を転換させた。ここではアメリカのデジタル型（ソフトウェアリッチ型）産業が非常に強く、日本企業が主導権を取れたのはごく初期のステージだけであった。

東アジアでは、ビジネス・エコシステムを介して欧米企業とつながる比較優位の国際分業が大規模に進展したが、ここで躍進したアメリカ企業はいずれも大規模企業ではなく、当時はまだ小規模だったベンチャー企業群であった。一方、日本企業は、たとえ国際分業であっても企業内の国際分業を進める大規模企業が主役であり、欧米企業が主導するエコシステム型の産業構造に適応できなかった。

東南アジアのＡＳＥＡＮでは様相が一変していた。東南アジアでは、１９７０年代の末から鉱業はマイナス成長となり、１９８２年頃には経済成長そのものの低迷が顕在化するが、１９８０年代の後半から始まる日本の製造業の投資で成長に転じた。こうした背景からＡＳＥＡＮでは、東アジアとまったく異なる姿で日本企業が影響力を持つことになった。

80年代の後半から始まるＡＳＥＡＮへの大規模投資は、当時の代表的な輸出産業である電気・電子製品の業界や自動車業界が中心であった。だが電子産業では、技術がアナログ型からデジタル型へ転換する１９９０年代の後半に、ＡＳＥＡＮでも東アジアと同じメカニズムで日本企業が主導権を失った（ただし競争相手はアメリカ企業ではなく韓国や台湾企業）。

自動車産業の視点でＡＳＥＡＮを見れば、１９６０年代のベトナム戦争時に進出したアメリカの自動車産業は、戦争終了後のアジア経済低迷や１９７０年代から続くアメリカの経済低迷によってアジア市場から撤退する。したがって70年代のタイやインドネシア政府は、日本の自動車産業に頼らざるを得なかったのである。インドネシアの国民車であるキジャンの開発やタイの国民車になったピックアップトラックの開発で、日本企業が主導権を取れた背景がここにあった。

自動車は巨大な技術体系で構成されているが、当時のアメリカ企業はすべて自社で内製するフルセット垂直統合型だったので、アメリカに自動車のベンチャー企業が生まれることはなかった。そもそも自動車それ自身ではオープンな企業間国際分業は生まれにくい。これが東アジアでアメリカが主導権を取るデジタル型（ソフトウェアリッチ型）産業との大きな違いである（オープンなビジネス・エコシステム型に転換しやすい電気自動車やネットワーク連携が進む自動走行型の自動車になれば、ＩＣＴ産業から多くのベンチャー企業が参入して企業間の国際分業が急速に広がるであろう）。

われわれがここで特に注目すべき点は、日本企業が培った組織能力がソフトウェアリッチ型、すなわち完全オープンなビジネス・エコシステム型の産業構造になってしまったエレクトロニクス産業ではまったく通用しなくなっていたにもかかわらず、自動車産業ではその力が十分に発揮されたという事実である。日本の自動車産業は初期の段階からアメリカのようなフルセット垂直統合型とは異なり、資本関係を持たないサプライヤーとさえ取引を行うようなビジネス・エコシステム型の分業を採っていて（ただし、いわゆる系列内のクローズなエコシステム）、環境の変化へ適応しやすかったからである。

それ以上に大きかったのは、そもそも自動車では、ソフトウェアリッチ型と違って基本機能や基本性能がこれまで機械部品の組み合わせによって実現されてきたので、大規模な産業構造転換が起きにくかった。つまり、競争ルールの変化も非常に緩やかだったのである。したがって日本企業は、一つひとつモノを作って納得し、一歩一歩確かめながらこれを組織能力へ刷り込み、少しずつ適応する時間的な余裕を持つことができた。

これが東アジア諸国の完全オープンなソフトウェアリッチ型のエレクトロニクス産業とＡＳＥＡＮの自動車産業との大きな違いである。１９８０年代以降のＡＳＥＡＮ市場では、完成品（自動車）メーカーとサプライヤーが、共に市場変化へゆっくりと適応しながら、日本企業の影響力が広範囲に強化されていった。

インドネシアの国民車となるキジャン（ミニバン）を１９７７年に出荷した当時のトヨタ自動車販売は、日本国内の日本企業や現地企業と合弁した日系企業だけでなく、現地の企業とビジネス・エコシステム型の調達システムを構築していた。１９８０年代の当時ですら、現地調達率が60％を超えていたという。

●製造業のグローバライゼーションに適応する組織能力の育成

ここで、環境変化に対する組織の適応と進化について考えてみたい。

和田昭允氏（東大名誉教授）によると、地球の生命体を36億年以上も支えたDNAでは、非常に堅牢な二重らせん構造を採る2つの主鎖が長期にわたる安定性を担い、生命体としての多様性は2つの主鎖に囲まれた多くの側鎖（塩基配列）が担っているという。塩基配列がアミノ酸の配列を決定し、この配列から多種多様なタンパク質が合成されて新たな生命機能を生み出す。

生命体は子孫を残すために自己複製を繰り返すが、このとき側鎖側でランダムに発生する突然変異の中で、地球環境に適合したものだけが新たな遺伝情報となって子孫へ伝えられる。たしかに数限りなくランダムに起きる突然変異は常に不安定をもたらすが、二重らせんの基本構造を維持したうえで環境変化へ適合した変化だけが、遺伝情報として次の世代に引き継がれるのだという。環境が変わっても常に安定的な二重らせんの主鎖と、環境変化に適応して変わる側鎖との分業があったからこそ、36億年も生命をつなぎ続けたのである。

トヨタのケースで言えば、IMVの誕生は突然変異でなかったものの、産業構造や競争ルールがまったく異なる新興国市場の興隆を確かな歴史観と識見によって予見し、ここに適応した開発思想や設計思想をトヨタの堅牢な組織能力（二重らせんの主鎖に相当）へつないだのがIMVである。IMVは、今後も既存の側鎖（塩基群に相当）と結合し、新たなアミノ酸とタンパク質を作り続けることによって、新たな進化の方向性を遺伝情報としてトヨタの今後に引き継いでいくだろう。

36億年の生命をつないだＤＮＡからもう少し学びたい。ハエが学習や記憶に利用する遺伝子を人間も持っているという。理化学研究所ゲノム研究センターによれば、ヒトとチンパンジーの遺伝情報の違いはわずか1・23％であった。ヒトやチンパンジーで生命体を安定に維持する共通領域が98％以上もあったのである。

これを企業に当てはめて考えれば、持続的成長に向けた新たな遺伝情報の獲得は非常に少なくて済むのであり、特に大規模企業では、一気に変わろうとする企業のほうがむしろ非常に不安定となる。それでも新たな遺伝情報を内部で次々に生み出さないと、その企業を持続的に成長させることができない。

１９８０年代にアメリカのシリコンバレーで輩出した多産多死型ベンチャー企業群は、約5億年前から始まるカンブリア紀の生命大爆発と同じように、遺伝情報を一気に変えて生まれたものであった。ソフトウェアリッチ型のエレクトロニクス産業では、遺伝情報を一気に変えた小さな企業群だけが新たな経営環境に適応し、１００年に一度とも言うべき産業革命をこの世にもたらしたのである。しかしながらカンブリア紀の生命体もシリコンバレーのベンチャー企業群も、多産多死であって大部分の企業は少しの環境変化で消滅した。

一方、このような急激な変化の中では、大規模企業が環境変化に組織能力を適応できず、生き残ることができなかった。たとえトヨタといえども、グローバル市場の産業構造が一気に変わり、競争ルールも一変するエレクトロニクス型の環境変化に直面していたなら、１９９０年前後のＩＢＭと同じ窮地に陥っていたであろう。大規模企業は、それ自身の規模が大きいだけに、遺伝情報を少しずつしか変えることができないからである。

この意味で、オープンネットワークを含む多くの技術体系がソフトウェアリッチ型へシフトする2020年代に、IMVを越える大規模な経営イノベーションを必要とするだろう。テスラモーター社の電気自動車（EV）にはオープンネットワーク型の技術思想が随所に取り込まれていると聞くが、次世代IMVにもその一部が拡張機能として組み込まれていることを期待したい。

1990年代のIBMの中にも、2000年代の日本のエレクトロニクス企業の中にも、環境変化を予見した人々によって新たな側鎖が数多く生み出されていた。しかしながら組織の細分化とルーチン化が過度に進んでしまい、新規分野へ事業転換するための側鎖を堅牢な土台（二重らせんの主鎖に相当）につなぐプロセスに時間がかかりすぎた。遺伝情報にならなかったのである。この事情は2000年頃のシーメンスやフィリップスも決して例外ではなかった。

これ以外にも数多くの教訓がある。たとえば、デジタルカメラが大量普及の軌道に乗ってわずか5年後に、コダックやポラロイド、アグファなどのフィルムメーカーが経営危機に直面する。このとき、世界で日本の富士フイルムとコニカミノルタだけが、フィルム技術を液晶パネルのTACフィルムへ適用して巨額の利益を生み出し、危機を脱して蘇った。欧米企業の中でも、新たな側鎖としてTACフィルムの技術が確かに生まれてはいた。しかし短い期間でものづくりという堅牢な土台につなぐ柔軟性を持っていたのは、日本のフィルムメーカーのほうだった。

伝統的なビジネス組織は、これを乗り越えようとする側鎖の動きを阻害してはならない。あるいは、新たに生み出される多様性の取り込みに寛容でなければならない。TACフィルムの技術は、経営危機のはるか前から日米欧の企業の中に生み出されていた多様性の一つであったが、これを新たな経営環境の到来に適合させ堅牢な土台へ短期間でつないだのは、欧米企業でなく日本企業のものづくり力だったのであり、企業幹部が持つマネジメント力だったのである。

組織が細分化され、それぞれがルーチン化した業務の組み合わせで構成される大規模企業を、変化する環境へ適応させるのは、企業トップの最も重要な仕事である。

●トヨタの組織改革

2013年4月に、トヨタは先進国市場を担当する「第1トヨタ」と新興国を担当する「第2トヨタ」という、あたかも遺伝情報の異なる2つのトヨタができたような組織改革を発表した。第2トヨタは、IMVの大躍進なくして生まれることはなかったであろう。

同年6月末に第2トヨタは、次期小型車で使う部品を、これまでのトヨタの特別仕様ではなく汎用仕様に変えると部品サプライヤーへ伝えた。高度な技術統合力と全体最適に向けた高度で堅牢なトヨタの組織能力なくして、汎用仕様の部品でトヨタに期待される品質・信頼性やブランドを支えることはできない。この意味で第2トヨタは、トヨタの堅牢な遺伝子を引き継ぎ、IMVを超える遺伝情報を求めて新たな側鎖を次々に生み出そうとしているのではないか。

トヨタを「ものづくり企業」と呼ぶのは、決して間違ってはいないが正確ではない。ましてや「すり合わせのトヨタ」という呼び方も、トヨタが持つ組織能力の一断面を局所的に捉えた表現に過ぎない。圧倒的に強かった1980年代は「販売のトヨタ」と呼ばれていたのであり、2000年代にはこれまでのトヨタが持ち得なかった遺伝情報をIMVによって取り込んだ。2010年代にはさらに新たな遺伝情報を持とうとしようとしている。

欧米企業のようにトップを他の業界から連れてきて組織能力を変えるのではなく、トヨタという企業が自ら変わる力を内部に持ち続けてきた事実、これこそがトヨタの本質だ。「ものづくりのトヨタ」が前面に出たのは、1980年代後半から2000年代の中期までの15年から20年に過ぎない。

◉先進国型製造業としての日本企業の持続的な成長に向けて

日本企業が新興国の成長とともに歩むということは、日本型のものづくりをそのまま新興国へ移植することではない。製造業のグローバライゼーションの中で新興国の成長を取り込むための基本的な考え方は、以下のように整理できる。

第一に、新興国市場の前線で、そこに住む人々のライフスタイルを製品設計へ刷り込む適地良品の商品開発である。新興国の人が中心になって新興国の人のための製品を設計するには、新興国に適地良品の開発拠点を設け、市場で得た利益を日本の本社へ適切に還流させるメカニズムを確立した上で、図面を改廃する権利を拠点へ委譲しなければならない。

第二に、高度な自動機械を使って組み立てる先進国型のものづくりからまず離れ、製造技術や生産技術を新興国の人々の実態に合わせて再構築しなければならない。自動化率や一個流しの生産技術・

製造技術も、現地の労働者や現場力に応じて判断しなければならない。特に製造技術については、日本のマザー工場よりも量産工場のある新興国で開発する日本企業が非常に増えている。

第三に、日本に残すべきマザー機能のあり方も変わらなければならない。工場中心のものづくりではなく、日本側で次々に技術イノベーションを生み出し、次々に製品イノベーションを生み出し、オープン&クローズ戦略に基づいて日本と新興国が共に成長する仕組みをつくらなければならない。小規模企業は必ずオンリーワン技術を持たなければならない。そのうえで、新興国の拠点からロイヤリティーを日本へ環流させる国際ルールと合法的な仕組みを確立しなければならない。

いずれも日本企業が持つ組織能力をそのまま新興国へそのまま持ち込むのでは決してなく、新興国の人々のライフスタイルをものづくりに取り込む多様性を、二重らせんの側鎖として追加しなければならない。これがＡＳＥＡＮ型モデルとも言うべき経営イノベーションであった。その代表的な事例がトヨタのＩＭＶだったのである。

これまで述べてきたことを踏まえながら本章の最後に、トヨタのＩＭＶが創り出した自動車産業のグローバライゼーションについて、その歴史的な意義を考えてみたい。これはアメリカの小規模企業がソフトウェアリッチ型産業で引き起こしたグローバライゼーションとまったく異なり、大規模な日本企業がグループ企業と一体になって作り出した独自のものである。

第二次世界大戦を契機に独立を果たした東南アジア諸国の中で、特に大きな人口を抱える国々は、いわゆる自国内ですべての産業をまかなうフルセット主義の政策を追求した。戦後独立した多くの国が、資源を輸出して工業製品を輸入するだけなら途上国は先進国に搾取される、という従属理論を信じて工業製品を自ら生産しようとしたからである。

だが当時の新興国の自動車産業は、巨額の設備投資と技術力を必要とする割に自国内の市場規模が小さく、自動車部品のコストを下げることができなかった。先進国で作るよりもはるかに高価なクルマになってしまったのである。

この問題を解決する手段として、互いに部品を輸出し合う「相互補完」の取引が必要になった。これを最初に実現させた企業が、インドネシアでミニバンのキジャンを国民車として普及させた1977年当時のトヨタ自動車販売だった。21世紀のIMVはこれをASEANから世界の隅々まで大規模に進化させ発展させた。

アメリカ企業が東アジア企業との間で製造業のグローバライゼーションを加速させたのは、製品設計にデジタル技術（組み込みソフトウェア）が使われるようになり、ここにオープン標準化の経営思想が重なる1990年代のエレクトロニクス産業からであった。

一方、同時期の日本の製造業は、東南アジアで非デジタル型製造業のグローバライゼーションを大規模に進展させていた。すでに1990年代から、ホンダも二輪車で部品サプライヤーと一体になった日本型グローバライゼーションを世界の隅々へ大規模に展開していた。トヨタのIMVもホンダの二輪車も、21世紀の新興国市場で圧倒的な競争力を持っている。2010年代になるとこれが他の多くの産業領域へ広がった。これがASEANの雇用や経済成長に多大な貢献をしてきたのは言うまでもない。

このように日本の製造業は、欧米企業と同じように、得意な技術領域を起点にしながら新興国の成長と共に歩むための方向性を自らの手で生み出していた。しかしそれ以上に日本企業は、日本の製造業が先進国型の製造業として進化発展するための新たな方向性を、ＡＳＥＡＮ型モデルとして創り出していたのである。

エレクトロニクス産業と自動車産業では、グローバライゼーションが生まれる背景も、進化発展するプロセスもまったく異なる。しかしいずれの場合でも共通しているのは、ビジネス・エコシステム型の産業構造が生まれ、比較優位の企業間国際分業が生まれるということであった。ビジネス・エコシステムは、先進国と新興国が互いに経済成長する原動力になったのであり、21世紀のグローバル市場の産業構造を決定するうえで重要な役割を果たしてきたのである。

第6章

オープン＆クローズ戦略に基づいた知的財産マネジメント
――我が国製造業の再生に向けて

これまで述べてきたように、製造業のグローバライゼーションの背景にあったのは、100年に一度とも言うべき産業構造の転換であった。この構造転換がグローバル市場に巨大なビジネス・エコシステム型を出現させる1990年代から大規模な経済革命へ進展する。

しかしながらわれわれは、ビジネス・エコシステムによって一変した競争ルールの変化に適応できず、DVDや液晶パネル、液晶テレビ、太陽電池セルやリチウムイオン電池で市場撤退を繰り返す日本企業の姿を、呆然と見送る以外になかった。技術も知的財産も人も、そしてものづくりさえもが瞬時に国境を越えて競争ルールが一変する事実を、体系的に解明してこなかったからである。

21世紀になるとこの現象が他の多くの産業へ急拡大し、日本の製造業にとって深刻な問題となった。新古典派経済学が語るマクロ経済の視点でなら技術伝播は好ましいことかもしれないが、国の雇用や企業収益には深刻な事態をもたらす。

たとえば、自動車の価値がソフトウェアによって決まる時代が来るのであれば、第5章で述べたASEAN型モデルであっても安泰でなくなる。ソフトウェアリッチ型産業の競争ルールを事前に取り組んで、ビジネス・エコシステム型のグローバル産業構造を、自社優位に再構築しなければばらない。

技術とその関連情報の伝播をビジネス・エコシステムの中で戦略的にコントロールする経営ツールが、オープン&クローズの知的財産マネジメントであり、契約マネジメントである。しかしながらこれらのいずれも、日本では製造業のグローバライゼーションが起きていなかった時代の考え方で運用されており、有効に機能していなかった。エレクトロニクス産業の敗戦と言われ、ものづくりの敗戦とまで言われた背景に、実は知的財産の敗戦があったのである。

たとえば企業だけでなく、大学や国家プロジェクトでも、特許の数が多いことがグローバル市場の競争力に直結すると信じている人が非常に多い。また特許出願や登録件数が圧倒的に多いにもかかわらず何度も市場撤退を繰り返す日本企業の実態を、ごく一部の人を除いて直視しようとしない。これを直視せずに、知的財産とイノベーションとの関係を論じることはできない。

本章では、技術伝播をコントロールしながら日本の製造業を先進国型製造業へ変貌させるための方向性について、オープン＆クローズ戦略に基づいた知的財産マネジメントという視点から示したい。

オープン＆クローズの思想を取り込む知的財産マネジメントであれば、技術や技術情報の伝播を効果的にコントロールできる。同時にオープン＆クローズ思想を活用することによって新興国の成長を先進国の（日本の）雇用と経済成長へ結びつける仕組みの構築も可能になる。この意味でオープン＆クローズ戦略に基づいた知的財産マネジメントは、先進国型製造業を支える政策ツールであり経営ツールであると位置づけられる。

◉オープン＆クローズ思想を必要とする時代背景と日本

製造業のグローバライゼーションが進む背景に、製品設計にデジタル技術、すなわちマイクロプロセッサと組み込みソフトウェアからなる組み込みシステム深く関わり、製品アーキテクチャをモジュラー型へ転換させていた事実があったことは繰り返し述べてきた。当初これはエレクトロニクス産業の中の出来事に過ぎなかったが、２０００年代には他の多くの産業領域へ急速に拡大している。エレクトロニクス産業で生み出されたビジネスモデルや知的財産マネジメントを、他の多くの産業が学びはじめたからである。

特に重要なのは、製品やシステムを構成する技術体系が、同じ製品の中で伝播・着床スピードの非常に速い技術領域と非常に遅い技術領域との二種類に分離する事実である。スピードの速い技術領域は、先進国から新興国へ瞬時に伝播・着床して新興国の経済成長に貢献する。

同時に多くの先進国は、スピードの遅い領域を国内に残しながら、新興国の成長を自国の雇用と経済成長に取り込むメカニズムを完成させていた。インダストリー4・0やインダストリアル・インターネット・コンソーシアムでは、これがさらに高度に進化する。

組み込みシステムすなわちマイクロプロセッサと組み込みソフトウェアが作り出す伝播・着床スピードの違いが、ビジネス・エコシステムとも言うべき比較優位の国際分業を、同じ製品産業の中で大規模に出現させた。これは、過去200年にわたって経済学で語られてきた毛織物とワイン、あるいは自動車と半導体デバイスのような、異なる産業を対象にした比較優位論ではなく、そしてまた1960年代頃から語られてきた多国籍企業による企業内の国際分業でもなかった。パソコンや、テレビそれ自身、あるいはスマートフォンそれ自身のサプライチェーンで、国と国がそして企業と企業が得意領域を持ち寄りながらビジネス・エコシステムを介して協業する、比較優位の企業間国際分業だったのである。

技術の伝播・着床スピードの違いで生まれる同じ製品の中の国際分業を目にした多くの新興国は、1990年代から税制を含む優遇政策を駆使しながら先進国から自国への技術伝播を加速させ、技術の着床を容易にする政策を繰り出すことによって自国経済を成長軌道に乗せた（第４章参照）。たしかに１９８０年代以前にもＮＩＥＳと呼ばれる東アジア諸国で経済成長が起きてはいたが、アジア企業が企業間の国際分業の一翼を担い、先進国の市場へ大規模に参入しながら成長軌道に乗るのは、比較優位の国際分業が、同じ製品産業の中で進む90年代の後期からであった（第６章参考文献の小川紘一（２０１１）を参照）。

一方、技術蓄積や新たな技術創出で優位性を持つ先進国企業は、グローバルなビジネス・エコシステムの構造と競争ルールを自社が優位となるようにつくり、新興国企業の活力や新興国市場の成長を自社（自国）の成長へ取り込む仕組みを完成させていた。

先進国企業はたとえ巨大な多国籍企業であっても、従来までの企業内の国際分業を捨てて、企業間の国際分業へ転換させた。これらの企業は技術伝播しにくい（あるいは模倣されにくい）領域をコアに定めて自社内に残した。

同時に、コア領域以外をオープン化したが、この場合のオープン化の目的は技術伝播を加速させて新興国の比較優位（たとえば低コストのビジネスインフラ）を自社に取り込むことだったのであり、同時に、自社の付加価値をグローバル市場へ普及させる手段としてもオープン化を利用したのである。

自社に残すコア領域とオープン化する領域との間の強い相互依存性を事前に持たせておいたことは言うまでもない。インダストリー４・０やインダストリアル・インターネット・コンソーシアムであっても決して例外ではない。必ず相互依存性を強化している。

21世紀の現在ではこれが、事務機械、建設機械、航空機や自動車産業といった一般的な製造業のみならず、機能材料や石油化学へも急速に広がっている。19世紀後半から100年以上も続いて安定だったはずの企業制度が、崩壊しようとしているのである。これもまた製造業のグローバライゼーションを特徴づける象徴的な出来事であった。

◉雇用創出につながらなかった技術イノベーション

日本は、1996年の第一期科学技術政策から2011年に終わる第三期までの15年間で、総額60兆円を超える税金を科学技術の研究開発につぎ込んできた。民間投資を含めると毎年GDPの3・3%から3・8%という世界最高レベルの投資を15年以上にわたって続けたのであり（欧米の主要国家では2・3%から2・9%）、その累計が15年で約200兆円に及ぶ。民間投資だけでも140兆円にも及ぶが、この85%以上（約120兆円）が製造業の研究開発投資であった。

日本の製造業は、巨額の研究開発投資によって世界に誇る技術イノベーションを次々に生み出し、世界中の人々に使われる製品を数多く開発してきた。ものづくり大賞に応募する件数も400件に及び、ものづくりの技と知恵の結晶が、地域経済に密着した小規模企業から次々と湧き出た。研究開発投資が生み出す特許の出願件数に着目すれば、1990年代から現在まで毎年40万件から50万件に及び、全欧州の4万件から15万件はもとより、アメリカの20万件から42万件をも凌駕する。

にもかかわらず、120兆円もの巨額投資をしてきた製造業で、そして毎年40万件の特許を出願してきたはずの製造業で、1990年代の初期に1500万人を超えていた雇用が2012年に950

万人となり、約５００万人も減少したのである。

生産性が圧倒的に高い製造業の雇用が激減すれば、経済が成長するはずがない。１２０兆円の投資は、日本の製造業の競争力強化にどんな貢献をしたのだろうか。少なくとも１９８０年代までならこのような事態は考えられなかった。

日本の地方経済に焦点を当てると、製造業、特に自動車産業が盛んな中部地域と北九州地域など、ごく一部で経済成長を維持できたに過ぎない。その他の地域はマイナス成長であった。生産性の高いサービス業と言われる弁理士も地方から消えた。東北、山陰、南九州、四国では、弁理士の数が10人以下の県もあり、２人しかいない県もあった。

工場は都会ではなく地方にあるという意味で、製造業の雇用激減が地方経済に致命的なダメージを与えたのである。

いずれにせよ、巨額の研究開発投資が数多くの技術イノベーションや製品イノベーションを生み出しても、これがグローバル市場で競争優位に結びつかなければ、企業は国内に工場を建設しない。地方自治体は工場を誘致したくてもできない。

たとえば自動車メーカーがＡＳＥＡＮやインド地域へ工場を移転させれば、為替変動の影響を少なくするネッティング・オペレーションを効果的に運用するために、部品や材料のサプライヤーを含め、大挙してＡＳＥＡＮやインド地域へ工場を作らなければならない。国内の生産技術や調達の工夫によるコストダウンは年間でせいぜい数%に過ぎないが、為替レートはその5倍も、場合によっては10倍も変動するからである。

地方の小規模企業は、取引先のメーカーがアジアへ工場を移転するので仕方なく自社の工場も移すことになる。日本各地の少なからぬ小規模企業が、需要が少なくなった国内に見切りをつけ、第二の創業と覚悟しながら、命がけでアジア諸国へ進出するのである。たとえば、タイの自動車量産工場に納入される部品の80％以上がＡＳＥＡＮ域内の工場で量産されている。２０１３年に日本からの輸出は20％に満たなかったが、２０１５年にはさらに10％へ近づいている。

取引先である中小企業がアジア進出すれば、地域密着の地方銀行もアジア諸国に進出せざるを得ない。シンガポール、タイ、インドネシアなどには多くの日本の地方銀行が活動している。これが日本の地方経済の現実である。

実際に稼働する工場が日本の国内になければ雇用は生まれない。製造業に雇用が生まれなければ地方の商店街でシャッターが閉まったままになる。地方のサービス産業も低い生産性から脱皮できない。そして日本の多くの地域で経済が疲弊する。これまでの15年間に１２０兆円（製造業）という巨額の研究開発投資で生み出された技術も製品も、そして知的財産も国内の雇用や経済成長に結びついていないのである。

海外に工場を作ったとしても、利益を国内に還流させればよいという意見もある。しかしながら、たとえば日本の地方で生産して１００億円の製品を輸出している工場が海外へ移転しても、海外工場が生み出す１００億の５％からせいぜい10％が所得収支やサービス収支として日本に環流するに過ぎない。

国内に工場を作って製品を輸出し、貿易収支を介して経常収支に貢献するほうが、海外で生産し、所得収支を介して経常収支へ貢献するよりはるかに効果的である。その貢献度は利益還流の10倍を超える。それ以上に日本の地方で多くの雇用を支えながら地域経済に貢献する。

日本の製造業が海外展開することで国内の雇用が増えるという分析も一部にある。これらの議論の大部分は、ごく一部の特異な事例から全体を語っているのであり、たとえば山形県、秋田県、青森県の工場がなくなった地域、あるいは四国や九州、中国、北海道の工場がなくなった地域で起きている悲惨な雇用の実態に焦点を合わせて語ることはない。国内に投資し、国内に工場を作って製品を輸出しながら、地域の人々を雇用するほうがはるかに良いに決まっている。

日本には３００兆円をはるかに越えるストックとしての外国債があり、国債も日本人が所有するので、経常収支が赤字になっても大きな問題にならない、という意見もある。しかしながら日本にはアメリカやイギリスのようなソフトパワーを持たないので、経常収支が長期にわたって赤字になると国の経済が大混乱する。これが１９７０年代のイギリスやアメリカの事例から学ぶべき教訓だ。そして、それ以上に２０１０年代には、70年代よりはるかに巨額で実体経済の10倍を超える投機マネーが短期的な利益を求めて日本経済に襲いかかり、日本経済の土台を揺さぶる。

◉ビジネスモデルを再構築せよ

国の競争政策では、円高の是正、経済特区の設備投資減税（特に柔軟な減価償却費）など、ビジネス制度（図４・３の右側）を他国と同じイコール・フッティングに向けて是正しようとしている。

これと並行して国や企業は、製造業のグローバライゼーションが急速に進み、製造業のほぼ全域でビジネス・エコシステム型の産業構造になることを前提に、オープン&クローズの考え方を駆使し、企業制度もビジネス・エコシステム型へ切り替えることによって、新興国の成長を自社/自国の雇用と経済成長へ結びつける仕組みを構築する必要がある。

われわれはこれまで、産業構造が変わらず競争ルールが変わらないことを前提にしたこれまでのリニアモデルを信じ、あるいはキャッチアップ型時代のままの考え方で技術開発や商品開発を推進し、そしてこれまでの考え方で知的財産のマネジメントを繰り返してきた。残念ながら、今やこれが機能しなくなったのである。

産業構造が一変したのであれば、産業構造が変わらないことを前提にした科学技術立国の政策や、変わらないことを前提にした知的財産立国の政策を変えなければならない。ものづくり立国の考え方も、これが機能する要件を再確認しなければならない。企業のビジネスモデルや知的財産マネジメントも、そしてものづくりさえも再構築しなければならない。

研究開発投資を雇用や経済成長につなげるには、まず第一に、グローバル市場の競争力に結びつける出口サイドの視点から技術開発や製品開発の方向性を決めるべきである。第二に、知的財産マネジメントもまた、開発された技術や製品の伝播をコントロールすることで新興国の成長を国内の雇用と経済成長に結びつけるメカニズムも、オープン&クローズの戦略思想で再構築されなければならない。

アメリカが1980年代に知的財産政策を大転換させたことを第2章の後半で紹介したが、その目的はまさに技術伝播を合法的・戦略的にコントロールするためであり、技術や製品イノベーションの成果をアメリカの雇用と経済成長へ貢献させることが最大の目的だったのである。

この政策思想とオープン化思想をソフトウェアリッチ型の産業に適応するプロセスで考え出されたのが、オープン＆クローズ戦略に基づいた知的財産マネジメントであった。アメリカのプロパテント政策とは、決して特許の数を増やすことではなかった。特許の数は表面に現れた現象の一つに過ぎない。

●オープン＆クローズ戦略に基づいた知的財産マネジメント

オープン＆クローズ戦略に基づいた知的財産マネジメントは、１９８０年代に興隆するパソコンやインターネットなど、オープン環境で標準化されて分業型へ転換するデジタル型産業、すなわちソフトウェアリッチ型の産業で考え出されたものであった。技術体系の一部だけを担う小規模企業は、すべての技術体系に知的財産を張りめぐらせることができないので、自社のコア技術だけを知的財産権で守る。これは、当時のアメリカ企業を象徴するフルセット垂直統合型企業の知的財産マネジメント思想とまったく異なる。

その後の小規模企業は、徐々に自社のコアとなる技術領域と他社技術をつなぐインタフェース領域にも知的財産権を張りめぐらせ、他社へ大きな影響力を持たせる仕組みを１９８０年代の後半に生み出した。この代表的事例が当時のインテルやシスコシステムズ、そしてマイクロソフトやアドビであった。

このような知的財産マネジメント思想は、１９９０年代になるとコア技術を持つ欧米企業が新興国に対する影響力行使のために使うようになった。まず自社と市場の境界を自社優位に設計し、自社のコア領域に知的財産を集中させ、さらに、そのコア領域と他社（新興国）の技術をつなぐインタフェースに知的財産を刷り込ませる。さらにグローバルなビジネス・エコシステムを自社優位に事前設計すれば、急成長する新興国企業に強い影響力を行使しながら成長を自社の成長へ取り込むことができる。

この仕掛けづくりが「伸びゆく手」の形成である。オープン＆クローズ戦略に基づいた知的財産マネジメントとは、自社のコア領域を徹底して守りながらコア領域からオープン市場へ向かう伸びゆく手の形成そのものであり、フルセット垂直統合型企業が全盛の時代の知的財産マネジメント思想はもとより、たとえ国際分業であっても企業内に閉じた国際分業の時代の知的財産マネジメント思想ともまったく異なる。

垂直統合型や企業内国際分業で勝ちパターンを繰り返してきた日本の製造業も、１９９０年代後半からまずエレクトロニクス産業で製造業のグローバライゼーションとビジネス・エコシステム型への転換に直面した。ここで遭遇する混乱を知的財産の視点で語ってみたい。

たとえば多くの知的財産関係者は、特許数が非常に少ない新興国の企業が日本企業を追い越す現実を見て、途上国企業が日本の特許を侵害しているという。しかしながら、所有する特許が非常に少ない欧米の小規模企業が瞬時に日本を追い越す姿を見ても、その背後に潜むビジネス・エコシステムと

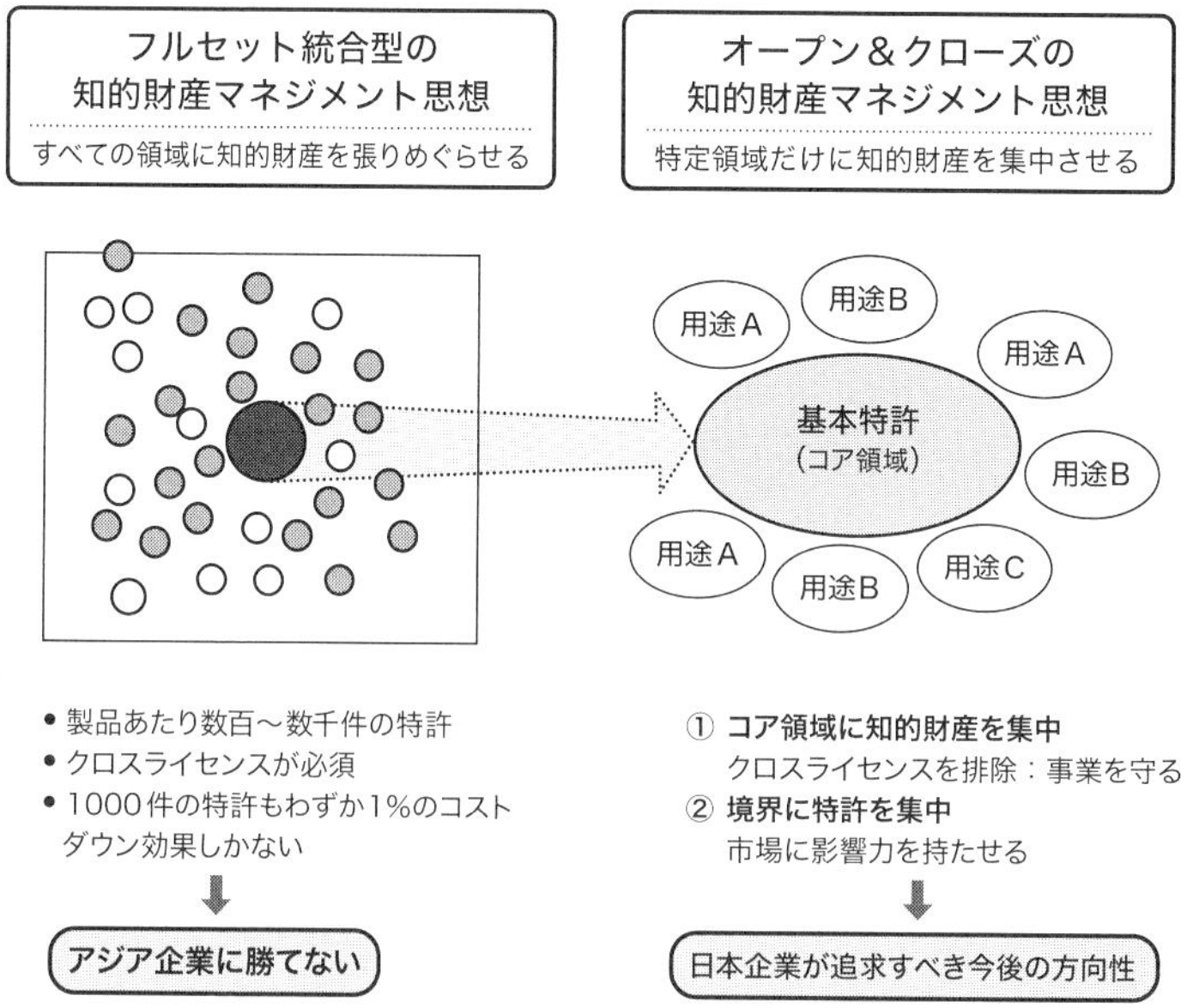

図6.1　フルセット統合型の知的財産マネジメント思想とオープン＆クローズの知的財産マネジメント思想

エコシステムを前提にした知的財産マネジメントを語る人は少ない。

一方の新興国企業も、権利を侵害することなく市場参入できる仕組みを、ビジネスの全体構造とトータルなビジネスコストの視点から創り出していた（第4章）。これは欧米企業も同じである（第3章）。この背後にあるのが、ビジネス・エコシステムの中のオープン&クローズ戦略による知的財産マネジメントであった。

多くの知的財産関係者は、コモディティ化するから日本企業が勝てないので、コモディティ化していない製品に多数の特許を刷り込むべきだと主張する。しかしながら、ＤＶＤや太陽電池のように日本企業が世界の80％に及ぶ特許を出願してもコモディティ化によって市場撤退を繰り返すのなら、われわれは何のために特許を出願するのだろうか。

その製品産業を戦略的にコモディティ化させて大量普及と高収益を同時実現させたインテル、シスコシステムズ、あるいはメディアテックやクアルコムが完成させたオープン&クローズの知的財産マネジメントを学ぶべきではないか。われわれはビジネス・エコシステムが持つ経済合理性をまだ活用できていない。

日本企業は保有する特許を十分に活用していないと主張する人もいる。しかしこのとき、事業戦略としてではなく、ノルマとして特許出願を強制している日本企業の実態を直視して論じる人はいない。特許の数が多ければ自社の競争力に結びつく、と誤解する人が多い事実に触れることもない。

フロントランナーとなった日本企業は、巨額の研究開発投資が生み出す技術を守るために、非常に多くの特許を出願・登録してきた。日本企業にとって良い特許とは、自社の技術を守ることのできる特許だったのである。一方、キャッチアップ型新興国が考える良い特許とは、先進国の企業をクロスライセンスに持ち込んで差し止め訴訟をさせないための特許であり、あるいはクロスライセンスのロイヤリティー支払いを少なくするための特許であった。決して良い技術を守るためのものではなかった。

この意味でキャッチアップ型の新興国は、できるだけ多くの特許を出願しておく必要があったのである。一方、先進国型の日本企業が特許を乱造することは、実質的に技術を公開することと同じになったのである。

日本は２００３年７月から知的財産立国の政策（知的財産推進計画）をスタートさせるが、この政策に注ぎ込まれた国費の90％以上が知的財産を生み出す政策に使われ、知的財産の活用に使われた国費は１％にも満たない。欧米企業をキャッチアップする時代の知的財産政策が現在でも続いているのである。

大部分の識者は、新古典派経済学の視点あるいは知的財産法の視点からアメリカの知的財産論を日本に紹介する。しかしながら、アメリカという国の競争政策やアメリカ企業の競争戦略から、すなわちフロントランナーに立つ先進国型製造業という視点から知的財産マネジメントを論じる人はごくわずかである。

さらに言えば、宮沢政権時代の日米構造協議を背景にして生まれた第一期科学技術基本計画（１９９６年）には、成果を知財で守り、産業競争力に寄与するという方向が出ていなかった。このことはアメリカの新たな競争政策が台頭してきた時代に、日本には先進国型の知的財産マネジメントの思想がなかったことを意味する。

21世紀になっても、産業構造も競争ルールも変わっていない1980年代以前の、すなわち産業構造が100年前と変わらずリニアモデルが機能した時代であって、しかもキャッチアップ型だった時代の考え方から脱皮できていないと言える。

技術や技術情報が瞬時に国境を越える製造業のグローバライゼーションの時代になると、競争ルールが変わらないことを前提にしたこれまでの知的財産マネジメント思想が、日本の製造業に深刻な事態をもたらすようになった。DVDや液晶技術、リチウムイオン電池、太陽電池セルで圧倒的な知的財産を持ちながら、グローバル市場から何度も撤退を繰り返すようになるからである。これを第1章の図1・1に示したが、われわれはこの背後に潜む産業構造の転換や、競争ルールの変化に焦点を当てた知的財産マネジメントを議論してこなかった。

フロントランナーである先進国は、技術イノベーションや製品イノベーションを生み出す費用を自ら負担しなければならない。しかしながら、巨額の費用を使ってフロントランナーに押し出されてしまった21世紀の日本も例外ではない。多くの技術領域でフロントランナーが生み出す技術情報が国内に留まることなく、瞬時に国境を越えてキャッチアップ型諸国へ伝播するのなら、先進国型の製造業が成り立たない。

日本では、1990年代の後半からエレクトロニクス産業で製造業が成り立たなくなっていたのである。巨額の研究開発投資が生み出す知的財産が、わずか数パーセントだけビジネスコストを下げる機能しか持ち得なくなり、技術や知的財産以外の別の要因が競争優位を左右するようになっていた。

過去10年以上も、世界の特許出願数で上位に位置したソニーやパナソニック、シャープは、このような背景から窮地に追い込まれていったのである。このメカニズムは第4章の図4・3で解説した。日本の出口サイド政策や事業戦略に多くの課題はあるが、その中で特に深刻なのが知的財産マネジメントである。

◉オープン＆クローズ戦略による製造業復活の処方箋

製造業のグローバライゼーションは、2000年代までならまだエレクトロニクスとその関連産業に留まっていた。しかしながら2010年代になると、これが事務機械、産業機械、自動車、そして機能材料や石油化学にも見え隠れする。いまわれわれが行うべきことは、エレクトロニクス産業から教訓を学び、技術伝播を事業戦略としてコントロールするオープン＆クローズ戦略に基づいた知的財産マネジメントを、自ら創り出すことである。

以下では、日本の製造業の復活に向けた処方箋をオープン＆クローズ戦略に基づいた知的財産マネジメントという視点から提案する。

知的財産の役割や知的財産マネジメントは、産業構造の変化に即して変えなければならない。現在でも産業構造が変わっていない領域であれば、そしてキャッチアップ型のビジネスであれば、これまでと同じように特許の数と質を競えばよい。しかしながらフロントランナーになり、しかも技術が瞬時に国境を越えてビジネス・エコシステム型になるのなら、オープン＆クローズの戦略思想を採り込むべきである。やみくもに特許を出すべきものではない。

特許は技術の本質が記載された宝の山であり、多数の特許を出すことは製品技術の全体系を公開することと同じ意味を持つ。特に多くの日本企業は国内に特許出願して海外に出願しないことが多く、結果的に公知の技術となってしまい、権利を主張できなくなる。これが実質的に新興国企業への大規模な技術伝播となって日本企業に深刻な事態をもたらすのである。

技術開発から製品化までは10年もかかることが多く（研究者の50％以上が10年と言っている）、世界市場で大量普及の兆しが見えるまでさらに5年以上の時間が必要になる。特に基礎研究ではさらに長い年月を必要とし、成果を企業収益へ結びつけるために残された期間が非常に短い（特許の有効期間は出願してから20年）。大量普及するときすでに基本特許の権利が切れているケースも枚挙に暇がない。

たとえば太陽電池では、キャッチアップ型の新興国企業は、すでに公知となった知的財産だけを使って商品化しているという。さらに、公開された技術をベースに新興国企業が技術を進化させれば、たとえ日本企業が新規技術を開発してもクロスライセンスを強いられる。つまり、第4章の図4・3のメカニズムで日本企業が勝てなくなるのである。

これが過去20年の日本のエレクトロニクス産業であった。特許出願が結果的に技術伝播を加速させてしまう。公開特許が技術伝播の主要ルートになっているという事実は、すでに経済学者によっても実証されている。このため医薬品業界では、特許を出願するタイミングそれ自身が最も重要な事業戦略と位置づけられてきた。

しかしながらそれ以外の多くの日本企業では、こうした特許による技術伝播の問題を考慮することは非常に少なく、いまだにキャッチアップ型だった時期と同じように、特許の数を競う知的財産思想が横行する。

ビジネス・エコシステムの中で追求するオープン＆クローズ戦略の知的財産マネジメントでは、自社のコア領域（中核となる技術領域）と他社に任せる領域との境界を自社優位に事前設計することがすべての出発点となる。したがって、企業と市場の境界が商品企画や事業企画の時点で事前に設計されていなければならない。

このようなオープン＆クローズの戦略思想は、ＩｏＴやインダストリー４・０、インダストリアル・インターネット・コンソーシアムなどのビジネス・プラットフォーム構築で不可欠なものとなった。

製品やシステムを構成するすべての技術領域へ知的財産を張りめぐらす従来型と異なり、自社のコアとなる技術領域だけに知的財産を集中させる。さらにコア技術を他社技術と結合するインタフェース領域に知的財産を集中させる。その目的は、コア領域は独占するがインタフェース領域を公開し、競争相手になりかねない相手を国際分業の仕組みに巻き込むことにある。

他社より先にこれができれば自社優位に企業間の国際分業の構造を創り出すことができ、自社優位にビジネス・エコシステムをグローバル市場で形成することもできる。相手を巻き込む手段として結合インタフェースは公開しても、ここに知的財産の権利を保持できていれば、自社のコア領域からビジネス・エコシステムを介した市場コントロールの仕組み、すなわち伸びゆく手がビジネス・プラットフォームの上に形成される。この一連のメカニズムを図６・２に要約した（たとえばオープン標準化を駆使した具体的な運用事例は本書の第3章および小川紘一『国際標準化と事業戦略』の第2部を参照）。

21世紀の製品やシステムは、多数の技術体系を組み合わせた複合型になっており、特許の数が非常に多い。たとえばＤＶＤは２０００件以上の必須特許で構成され（出願件数はこの10倍をはるかに超える）、リチウムイオン電池とその関連技術には10万件にも及ぶ特許が出願されている。したがって特定企業による独占は不可能であり、クロスライセンスがなくては市場参入できない。

一方、クロスライセンスになれば、たとえ10年から20年の長い年月をかけて開発した技術であってもトータルなビジネスコストをせいぜい数%下げる効果しか持たない。図４・３で示したメカニズムで企業収益に結びつかなくなるのである。

さらに、製品やシステムを構成する技術と関連情報が瞬時に国境を越える製造業のグローバライゼーションが進むのであれば、徹底して守るべき領域と公開する領域を組み合わせるオープン&クローズ戦略に基づいた知的財産マネジメントが必須となる。

オープン&クローズ戦略に基づいた知的財産マネジメントを支える基本思想は、第一にクロスライセンスを徹底して排除する技術領域をコア領域として持つことであり、第二に、競争相手になりかねない相手にサプライチェーンの他の領域を任せながら市場を拡大させる仕組みづくりにある。

特定領域で独占できるのであれば利益率が非常に高い。多くの企業がビジネス・エコシステムを介して協業すれば、１社が単独で行うよりもはるかに低いコストで巨大市場を作ることができる。この代表的事例がインテル（パソコン）であり、アップル（ｉＰｈｏｎｅ）であり、クアルコム（スマートフォンのチップ）であり、三菱化学（ＤＶＤディスク）であり、あるいは本書では取り上げなかったがボーイング（航空機）やボッシュ（自動車のＥＣＵ）、オートリブ（自動車のエアバッグ）である。トヨタのハイブリッド

- コア領域を囲むブラックボックス型のプラットフォームを形成する
- 伸びゆく手の形成をプラットフォーム内部で支える
- 伸びゆく手をグローバル市場で安定化させる仕組みを構築する

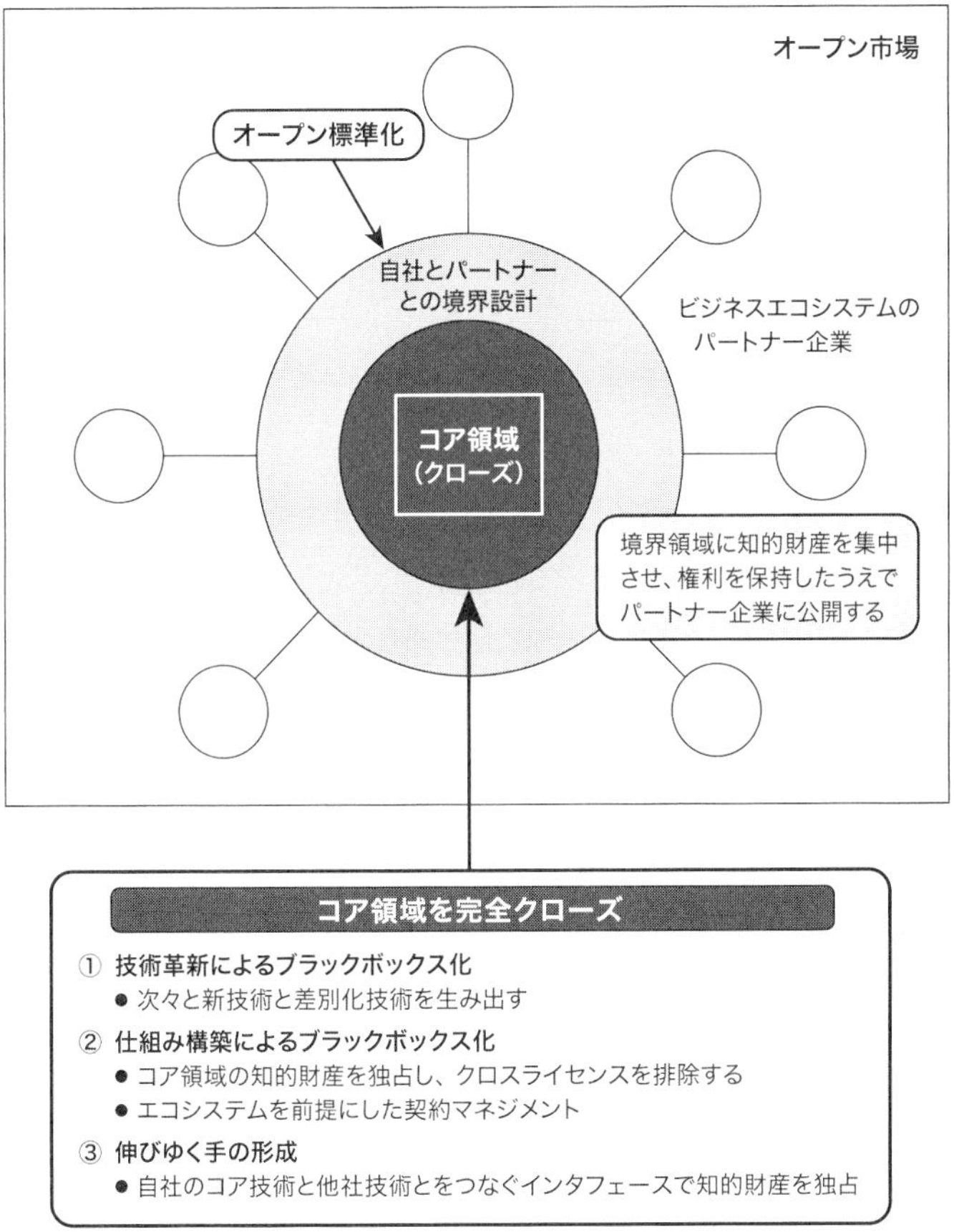

図6.2　オープン＆クローズ戦略に基づいた知的財産マネジメント

システムも決して例外ではない。

この意味で、先進国型の製造業は、合法的に独占領域を作ってクロスライセンスを徹底排除する仕組みを作っていたのであり、これを実現させる経営ツールがオープン&クローズ戦略に基づいた知的財産マネジメントだったのである。第3章で紹介したほぼすべての事例が、オープン&クローズ戦略に基づいた知的財産マネジメントを活用しながら高収益と大量普及を同時に実現させていたことが理解されるであろう。

図6・2で示したように、オープン&クローズ戦略ではコアとなる技術領域を徹底してクローズにする(ブラックボックス化する)ことが重要となる。一般にブラックボックス化は、誰も真似のできない技術を次々に開発し、これを秘匿するという視点で語られることが多い。

だが、これだけでは不十分である。コアとなる技術領域をキャッチアップ型企業によるクロスライセンスの攻勢から守って独占し、ブラックボックス化するための仕組みづくりが、極めて重要な意味を持つようになった。クロスライセンスを徹底排除できるのであれば、たとえ他社技術と結合するインタフェースを公開しても公開時の契約とその背後にある独占的に保持している知的財産によって、競争相手の企業が自社のコア領域へ実質的に参入できなくなるからである。

前者は「技術によるブラックボックス化」であり、後者は「知的財産と契約のマネジメントによるブラックボックス化」である。こうすれば、自社のコア領域を守れるだけでなく、エコシステムのパートナー企業に大きな影響を与える伸びゆく手も形成することができる。

このように、企業と市場の境界は、技術の視点だけではなく知的財産や契約の視点から決定されなければならない。そうすれば、技術が瞬時に国境を越える時代になっても、知的財産や契約のマネジメントによって技術を保護することができる。

◉毒まんじゅうモデル

オープン＆クローズ戦略では、ブラックボックス化されたクローズ領域（自社のコア領域）からオープン領域に強い影響力を持たせる仕組みも同時に構築しなければならない。その技術モジュールが簡単に使えるフルターンキー・ソリューションになっていれば、技術の細部をまったく知らないキャッチアップ型の企業であっても簡単に使える。

そして、この技術が次々に技術革新を生み出して業界の方向性を常に主導するのであれば、他の類似技術に乗り換える気が起きない。これが、市場支配の伸びゆく手が形成されるメカニズムであり、「病みつきモデル」、あるいはあえてどぎつい表現を使えば「毒まんじゅうモデル」と呼ぶことができる。その全体像は図6・3のようになる。

図の左右は、オープン領域かクローズ領域かを表現し、上下は自社が強い技術を持つ領域かあるいはエコシステムのパートナーとなる企業が強い技術を持っているかを表現している。左上から右上を経て右下までの経路がサプライチェーンを構成する。図の左上が技術革新と知的財産マネジメントおよび契約マネジメントとを組み合わせてブラックボックス化を追求するクローズ領域であり、毒まんじゅうモデルを完成させた企業はすべてここに位置づけられる。

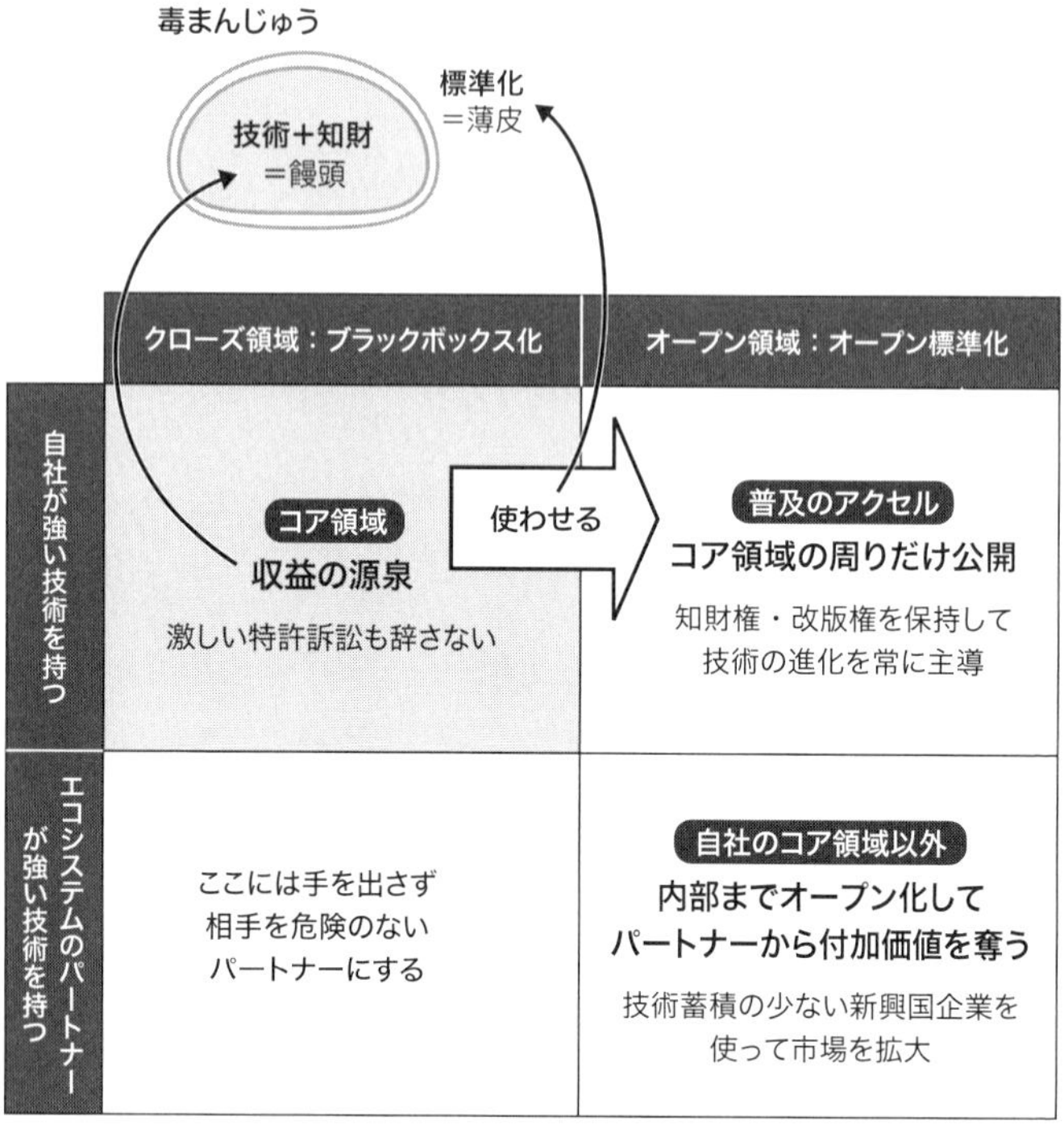

図6.3　毒まんじゅうモデル

毒まんじゅうモデルを主導して完成させた図の左上の企業が、完成品メーカーかあるいは部品・材料メーカーかによってオープン＆クローズ戦略に基づいた知的財産マネジメントが大きく変わってしまう。

基幹部品・材料が主役の毒まんじゅうモデル

もし図6・3の左上に位置する企業が部品や材料メーカーであれば、コアとなる技術領域とパートナー技術をつなぐインタフェースがすべて公開され、誰でも使えるフルターンキー・ソリューション型のプラットフォームが提供されている。

パソコンやスマートフォンであればインテルやクアルコム、メディアテックが、欧州方式の携帯電話であれば、基地局を握る欧州の携帯電話陣営が、この領域の主人となる。また自動車市場のボッシュ（エンジンECU）やオートリブ社（エアバッグ）も図6・3の左上に位置づけられるであろう。DVDプレイヤーの三洋電機（光ピックアップ）もここに位置づけられる。第5章で紹介した三菱化学のDVD材料では、フルターンキー・ソリューション型の製造設備プラットフォームおよびその中の記録材料がこれに相当する。

このモデルは、図6・3の右下に多くのエコシステム・パートナーが参入できる環境を作り出さなければ、有効に機能しない。この意味で、オープン標準化が非常に大きな役割を担う。パソコンやDVDプレイヤー、携帯電話、スマートフォン、液晶テレビであれば、積木細工のように誰でも作れる仕組みにしてしまえばよい。このとき図の右下の市場へ参入するパートナー企業は、毒まんじゅうモデルの構造を変えることができないだけでなく、そして産業の全体構造を理解できない位置にいるだけでなく、製品の進化を主導できない。したがって、モデルを構築した企業の手のひらでビジネスする以外の手がなく、厳しい価格競争を避けることができない。

完成品が主役の毒まんじゅうモデル

図6・3の左上に位置する企業が航空機や自動車などの完成品メーカーであれば、航空機メーカーや自動車メーカーは、CADやCAEのソフトウェアを駆使しながら部品や材料といった技術モジュールの組み合わせで完成品を設計できるようにし、これを一つ一つ切り出して調達する。

このとき図の右下に位置するエコシステムのパートナーが、調達される側の部品サプライヤーであり素材サプライヤーとなる。この位置にいるサプライヤーは、航空機や自動車の技術体系を知らなくても、単に技術モジュールの仕様（ここでは技術要件や調達仕様）を知るだけで市場参入できる。

完成品メーカーだけが全体の技術体系を最適化する組織能力を持ち、図6・3の右下に位置づけられる企業パートナー群は単に指定された仕様の部品を提供するだけで済む。したがって完成品メーカーだけが毒まんじゅうモデルを主導することができる。当然のことながら、巨大な技術体系であればあるほど完成品メーカーに市場支配の力が集中する。その代表的な事例がiPhoneや先進国の自動車メーカー、航空機メーカーである。

もし完成品が大規模で複合的な技術体系からなり、主要な技術モジュールの機能が組み込みソフトウェアを介して結合される場合は、ソフトウェアと結合インタフェースを独占した企業が強力な毒まんじゅうモデルを完成させることができる。

これまで述べた伸びゆく手の形成を担う毒まんじゅうモデルは、図6・3の左上に位置するクローズ領域のコア技術が起点になって形成される。この意味でこのモデルの最大の弱点がコアとなる技術領域であり、常に業界の将来を方向づける技術革新を主導し、新たな技術を次々に取り込む仕組みを自らの手で構築し続けなければ、モデルの有効性が一瞬にして崩壊する。その代表的事例が第3章で紹介した携帯電話のノキアである。パソコン市場のインテルやマイクロソフトにもその兆候が見え隠れする。

一方、シリコン系の太陽電池のようにコア領域の技術革新スピードが非常に遅いケースでは、そもそも毒まんじゅうモデルの形成が困難となる。

ここで再度繰り返すが、たとえ産業構造が変わらないか、あるいは変わってもそのスピードが非常に遅く、ビジネス・エコシステム型の国際分業が起きにくい製品であれば、〝ダントツ技術〟を持つ企業が毒まんじゅうモデルを比較的容易に形成できる。

あるいは医薬品や材料分野のような物質特許および製法特許という自明でコンパクトな構造の技術で構成されて独占しやすい。また、製品そのものがそれ自身でビジネス・エコシステム型へ転換することがない場合は、さらに強力な毒まんじゅうモデルを形成できる。

◉フロントランナー型事業とキャッチアップ型事業の知的財産の公理

以上述べたことを、フロントランナー型とキャッチアップ型という2つの事業視点から公理として以下に要約する。公理とは証明を必要としない真実である。

フロントランナー型事業のケース

このケースの知的財産公理は「アップル型」と呼ぶことができ、以下の3つで記述される。

公理1・1：その知的財産に価値があり、これを回避・迂回する知的財産が存在しないとき、その企業は競争優位を築くことができる。

公理1・2：自社のコア領域とオープン化すべき領域との境界を定め、そのコア領域でクロスライセンスを排除できて、コア以外の領域で他社の知的財産を回避・迂回できるのであれば、その企業は競争優位を獲得することができる。

公理1・3：自社のコア領域と他社技術をつなぐ境界に知的財産が刷り込まれ、知的財産権を維持しながら知的財産と境界仕様を公開し、他社へ強い影響力を持たせることができれば（毒まんじゅうモデル）、伸びゆく手の作用によって、その企業はさらに強力な競争優位を築くことができる。

キャッチアップ型事業のケース

このケースの知的財産公理は「サムスン型」と呼ぶことができ、以下の２つで記述される。

公理２・１：その製品の産業構造がビジネス・エコシステムを介した国際分業型であり、パテントプール、あるいはこれと同じ機能を持つ仕組みの中で対価を支払えばライセンスを受けられ、そしてその企業のトータル・ビジネスコストがフロントランナー企業よりもはるかに低いのであれば、そのキャッチアップ型企業はグローバル市場で競争優位を獲得することができる。

公理２・２：たとえ最先端の技術を持たなくても、先行する企業にとって必須となる知的財産を一つ以上持っていてクロスライセンスに持ち込むことができ、そしてトータル・ビジネスコストがフロントランナー企業よりもはるかに低いのであれば、そのキャッチアップ型企業はグローバル市場で競争優位を獲得することができる。

公理２・３：数多くの知的財産を出願登録すれば、そのどれかがクロスライセンスで使える可能性が高くなるので、公理２・２によって競争優位を獲得することができる。

日本企業が圧倒的に強い製品領域は、その産業構造がまだ変わっていない、すなわちビジネス・エコシステムが未発達の産業領域である。したがってわれわれは、まだ産業構造が変わらない今のうちに先手を打って、新たな勝ちパターンを構築しなければならない。

その主役になるのが、オープン&クローズ戦略に基づいた知的財産マネジメントであることは何度も繰り返した。またオープンではなくオープン&クローズの戦略思想であるがゆえに知的財産マネジメントが必須となることも繰り返し説明した。

先に要約した公理からも明らかなように、毒まんじゅうモデル、あるはグローバル市場に強い影響力を持たせる伸びゆく手の形成は、圧倒的な技術格差や技術情報の非対称性がある場合は非常に有効である。圧倒的な技術格差があれば、自社と市場の境界も、グローバルなビジネス・エコシステムの構造も、自社のコア領域を起点に自社優位に事前設計できるからである。

したがって、広い領域で深い技術蓄積と人材を持ち、次々と技術イノベーションや製品イノベーションを先導できる先進国の比較優位、とこれを位置づけることができる。オープン&クローズ戦略に基づいた知的財産マネジメントは、先進国で製造業を復活させるために必須の政策ツールであり、必須の経営ツールなのである。

●新たな知的財産マネジメントを担う人材の育成

技術、人、そしてものづくりさえも瞬時に国境を越える産業領域が急速に拡大しているとはいえ、人も企業も現状を維持したほうが楽なのであり、別の姿に変わるには長い時間と多大な労力を必要とする。世界中から人材を集めて知的財産マネジメント思想をダイナミックに変える企業は日本に存在しない。できることから始める以外に手はない。

オープン&クローズ戦略に基づいた知的財産マネジメントを具体化するには、まずその製品が創り出すグローバル市場の全体構造と競争ルールを事前に予測し、自社のコアとなる技術領域を決め、自社のコア領域を起点にした毒まんじゅうモデルを起案し、これを実現するためのビジネス・エコシステムの構造を自社優位に事前設計する必要がある。

ただしオープン&クローズ戦略は、技術開発や製品開発はもとより、ビジネス構造を俯瞰し、競争ルールの変化も俯瞰しながら構築しなければならない。これを主導するのが軍師型人材であるが、日本企業の幹部は、上記で定義する軍師型人材としての訓練を受けてこなかった。ビジネススクールにも軍師型人材を育成する機能がない。しかしながらわれわれには、スティーブ・ジョブズや盛田昭夫(ソニーの創業者)のような天才の出現を待つ時間的余裕はない。

まず日本企業が持つチームワークの力を活かしたい。事業企画や知的財産と契約を担うチームだけでなく、商品企画、商品開発、マーケティング、国際標準化と認証を含む組織横断型のタスクフォースを作り、複数の人々が協業して軍師の機能を持つための人材育成法が有効だ。場合によっては、販売チャネルや生産管理システムとものづくりも仲間に入れるとよい。

タスクフォースが以下の準備をし、以下の視点で議論すれば、オープン&クローズの戦略が実ビジネスとして共有されやすく、チームとしての軍師型人材が効果的に育成されるだろう。

事前準備

1　軍師型人材の育成はトップの強力な支援があって初めて機能する。

●まず対象とする事業の責任者か会社のトップが軍師型人材チームの育成を宣言し、同時に、事業／会社の方向性に関する議論で決まったことは必ず実行することを宣言し、コミットしなければならない。

●タスクフォースには必ずリーダーが必要となる。事業責任者かトップがリーダーを任命しなければならない。これによって初めてタスクフォースの議論が事業戦略に反映される。

●タスクフォースに参加するメンバーも、それぞれの部門の幹部が指名するか、あるいは承認しなければならない。これによって初めて軍師型人材チームが機能する。

●成果を上げたチームの人材を幹部に登用しなければならない。この好循環が続けば、多くの軍師型人材チームが企業の中に育成される。

2　タスクフォースは、同じ言葉を使い、同じ問題意識を持ち、同じ知識レベルになって初めて機能する。

●タスクフォースのメンバーは、互いに異なる組織文化で異なる経験をした人の集まりであり、たとえ同じ事象を説明するにしても使う言葉が違う。マクロな問題意識は同じでも具体的な課題になると議論がかみ合わなくなる。知識レベルも同じではない。

●妹尾堅一郎氏によれば、異業種の定石を一緒に学び、そして一緒に何度も議論することによって初めて、共通の言葉・意識・知識で組織が抱える基本問題を議論できるようになるという。タスクフォースによって軍師型人材チームを育成するには、この事前訓練が必ず必要になる。

準備ができたらすぐタスクフォースを結成し、次のような視点から議論をスタートさせる。

まずビジネス・エコシステム型の産業構造とフルセット自前主義の違いを理解しよう

1　1990年代前半までの日本は、フルセット自前主義で付加価値を内部に取り込むことが成功モデルであった。しかし1990年代の後半からグローバル市場がビジネス・エコシステム型へ変わってしまい、競争のルールが変わった。

● 欧米企業は多くの製品領域を最初からビジネス・エコシステム型に変え、オープンイノベーションではなくオープン＆クローズの戦略思想を駆使する。欧米企業が言うオープンイノベーションとは、オープン＆クローズの戦略思想に基づくイノベーションである。オープン＆クローズの戦略思想なら稼ぐ力（ＲＯＥ：資本生産性）が非常に高いはず。この背景を皆で理解し、わが社と比較してみよう。

● ビジネス・エコシステムが未発達の製品と大規模に進展している製品に分け、なぜオープンイノベーションではだめなのか、なぜオープン＆クローズの戦略思想が必要なのかを皆で議論しよう。

2　わが社の製品がすでにビジネス・エコシステム型になっているのかどうか、ビジネスの全体構造を俯瞰的に捉え、皆で確認しよう。

● フルセット自前主義なら特許の数と質が競争力に直結しやすかったが、ビジネス・エコシステム型になると従来までの考え方が通用しない。まず現在のわが社の製品でどうなっているかを皆でもう一度確認しよう。

● オープンイノベーションではなくオープン&クローズの戦略思想が必要になったので、コア領域と非コア領域の峻別が必要になり、コア領域だけを徹底して守る知的財産マネジメントが必要となったのではないか。これも皆で議論しよう。

3　フロントランナーに立つ製品領域では、知的財産の役割がキャッチアップ型の領域とまったく異なる。この現実を直視し、知的財産マネジメントを変えよう

取得した特許の数を競うのではなく、その特許が持つビジネス上の役割を認識し、権利行使できるものを出願・登録するという知的財産マネジメントを徹底させなければならない。しかしながら、ともすれば企業の幹部は、自社保有の特許の数が他社より少しでも多ければ安心する。実際には、圧倒的な特許の数を誇っても実ビジネスで勝てない日本企業が非常に増えているのに、この現実と勝てない理由を理解していない。

● われわれはいつの間にか、特許出願や登録の数を自社の競争力と同一視してしまった。圧倒的な特許数を誇るＤＶＤや液晶テレビ、太陽光発電でなぜ日本企業が勝てなくなるのかを議論し、ここから教訓を学ぼう。

- ほぼすべての業種で、欧米企業は日本の半分から5分の1の特許しか出願・登録していない。なぜ少ない特許数でROEや営業利益率が非常に高いのかをもう一度考えてみよう。
- 日本企業で特許の数が競争優位に結びついたのは、キャッチアップ型だった1980年代まででではなかったか。そもそもアナログ型や機械特性中心の技術（ハードウェアリッチ型）とデジタル型技術（ソフトウェアリッチ型）で、特許の役割がなぜどのように違うのかを、わが社が過去に経験したケースを使って議論しよう。

4 新興国がなぜ特許を増産しているのかを理解しよう。

- 新興国の多くがキャッチアップ型だった1970年代までの日本と同じ状況に置かれている。新興国の企業は、知的財産が公開された技術や権利が失効している技術、あるいはクロスライセンスに持ち込める製品市場に焦点を当てて市場参入しているのではないか。これが確認できれば、われわれは先進国型の企業として冷静に対応できる。
- 70年代まで日本の政府および企業がやってきたことをもう一度整理し、現在の中国や韓国の知的財産政策にどう対応すればいいかを、皆で議論して共有しよう。先進国企業にとって、公開特許そのものが技術漏洩の主要なルートという現実を再確認すべきではないか。今後は特許の数でなく特許を使う知恵で勝負しよう。そのためにもオープン＆クローズの戦略思想を使いこなそう。

5. 特許の数や質を評価基準にする自社の現状の知的財産マネジメントを変えたい。変えるためにオープン&クローズの考え方を導入したい。

- その準備として、特許を含むそれぞれの知的財産がどのようなメカニズムで自社の競争力につながるのかを、もう一度皆で議論してみよう。たとえば、クロスライセンスがトータルなビジネスコストにどんな影響を与えてきたのか、皆で議論しよう。
- われわれは研究開発に巨額の投資をして次々に新しい技術と製品を世に送り出した。しかしながらキャッチアップしてくる企業にいつの間にか追いつかれ、クロスライセンスに引き込まれて知的財産権も機能しない。ビジネス・エコシステムの進展で競争ルールが変わったからではないか。今後は事前にオープン&クローズの知的財産戦略を取り込み、具体策を皆で議論しよう。

6 アップルは毎年100件からせいぜい300件くらいしか特許を登録してこなかった。非常に少ない特許数でグローバル市場を合法的に独占できている。

- なぜアップルは非常に少ない特許でこれができるのか。なぜ日本企業にできないのか、これを一緒に議論しよう。
- アップルは携帯電話関連の特許をさほど持っていないのに、iPhoneで関連ビジネスに参入して圧倒的な市場シェアを持つ。パテントトロールや競争相手に訴えられてはいるが、アップルが劣勢に立つことはない。なぜアップルでこれが可能なのか。アップルでオープン&クローズの戦略思想がどんなメカニズムで活用されているのか、皆で議論しよう。

● そのメカニズムを理解して、自分たちの会社でも活用し、新規市場へ参入したい。たとえばこの製品を事例にして、具体的にどうすればよいかを皆で議論しよう。実ビジネスの中で知的財産マネジメントの公理となったアップル型とサムスン型の意味を自社の製品に当てはめれば、方向性が見えてくるのではないか。

● アップルは意匠権を巧みに使い、特許よりはるかに効果的に競争力を生み出している。なぜそのようなことができるのか、われわれの製品にも応用できるかどうか皆で議論しよう。

● たとえば日本企業が得意とするコネクタ製品に適用すれば、製品形状が差別化要因になるので、圧倒的な競争力を持てるのではないか。特許庁と相談してみよう。

7　兆候を見つけ、先手を打とう

たしかに知的財産の役割はエレクトロニクス産業で一変してしまったが、材料産業、化学産業や自動車産業、産業機械・建設機械産業では、まだその兆候が見え隠れしているに過ぎない。そもそも医薬品では知的財産権が収益を支える根幹となっている。

● 産業によってなぜ違いが出るのか、皆で議論しよう。そしてわが社の製品に過去のエレクトロニクス産業と同じことが起きていないか、皆でチェックしてみよう。実際、自動車産業でもうすぐ同じことが起きると考えられている。

● これまで材料産業には液晶パネルのような事態が決して起きないと思われてきた。しかし複合型の機能材料が多くの特許で構成されるようになったので、必ず同じことが起きる。どんなメカニズムになるか皆で考えてみよう。そのためにも液晶パネルの偏光フィルターやTACフィルムと液晶パネルで何が違うのかを学んでから議論しよう。

●われわれは技術の視点でしか機能材料を捉えてこなかった。今後はビジネスの視点から捉えてオープン&クローズ戦略に基づく知的財産マネジメントを追求したい。ダントツの技術ならアップル型で、後追いの技術ならサムスン型を自社の機能材料に適用したい。どうすれば具体化できるか皆で議論しよう。

8　IoT（モノ）やIoS（サービス）、IoP（ヒト）あるいはドイツ主導のインダストリー4・0とアメリカのインダストリアル・インターネット・コンソーシアムは、組み込みシステム（MPUと組み込みソフト）を介して互いにつながり合う巨大なビジネス・エコシステムをこの世に創り出すはずだ。

●ここで競争ルールがどのように変わるか、どんなグループがどのようなプロセスでエコシステムの中の競争ルールを決めていくのかまったくわからない。手分けして内外の識者に聞いてみよう。

●IoTやインダストリー4・0では、自社の製品がどんなパートナーとどんなメカニズムでつながるのだろうか。つながったとき自社製品の競争力がどのように変わるのだろうか。色々な仮説を立てて皆で議論しよう。

●もしIoTやインダストリー4・0でも、つながる仕組みを自社優位に事前設計し、自社のコア領域からパートに向けて強力な伸びゆく手を形成すれば、エコシステムを介してグローバル市場の付加価値を自社に取り込める。どうすればいいか、さっそくタスクフォースを組んで検討しよう。

9　**わが社の製品でビジネス・エコシステム型への転換や競争ルールが変わる兆候がまだ見えていない。しかしIoTやインダストリー4・0になるとエコシステム型へ変わる可能性が高いので、他社より早く手を打ちたい。**

●どんな指標に注目すれば兆候が見えるかまだわからない。途上国市場か、あるいはユーザー市場か調達市場か、どんな指標に注目すれば兆候が見えるのか皆で議論しよう。

●たとえば自動車でも、ハードウェアの技術体系がソフトウェアを介してつながるようになり、そのソフトウェアを握る部品メーカーが市場に強い影響力を持っている。ここに注目すれば、わが社製品の競争ルールの変化を予想できるのではないか。

●会社の幹部へ提案し、タスクフォースをスタートさせよう。

10　**わが社製品でもエレクトロニクス産業と類似の兆候がかすかに見えてきた。IoTやインダストリー4・0ではこれがすぐ大きな潮流となって手に負えなくなってしまう。そうなる前に毒まんじゅうモデルを考えておきたい。**

- エレクトロニクス産業から教訓を学び、勝つための定石を学びたい。社内の関連部門を集めて研究会をスタートさせ、皆で手分けしながら自社の方向性を議論しよう。
- わが社には他社に真似のできないダントツ技術もあり、他社を追いかける後追いの技術もある。ダントツ技術にはアップル型の知的財産マネジメントを、後追い技術にはサムスン型の知的財産マネジメントを活用したい。具体的にどうすればよいかを皆で議論しよう。
- 次に、毒まんじゅうモデルを仕掛けるための知的財産マネジメントを考える。オープン&クローズの視点から、自社のコア領域をもう一度確認する。単に技術だけでなく、知的財産、契約、ブランド、製品統合化の組織ノウハウ、販売チャネル、生産技術など、多面的に確認する。関係者を集めてタスクフォースをスタートさせよう。事例がたくさんあるようなので、これを調査分析すれば定石が見つかるはず。
- わが社のコア領域を決めるには、まずパートナー企業に任せる技術領域（非コア領域）を見定めることから始めたほうが社内の合意を得やすい。非コア領域とは、わが社に付加価値をもたらさない領域であり、あるいは他社による知的財産の攻勢を跳ね除けられない領域であり、したがってパートナーに対する伸びゆく手を仕掛けることのできない領域である。
- パートナーに委ねる領域を見定めたら、次にわが社に高い付加価値（利益）をもたらすコア領域を決めていこう。ここから再び非コア領域をチェックし、またコア領域の議論に戻る。このくり返せば非コア領域とコア領域を正しく決められるはずだ。

11

わが社が展開している製品領域にも国際標準化の波が押し寄せてきた。特に製品設計で組み込みソフトウェアがますます増えてきたので、遠からずグローバル市場にオープンなビジネス・エコシステム型の産業構造が生まれる。ＩｏＴやインダストリー4・0がこの潮流を加速させる。

- わが社が持つ技術、知的財産、組織能力、販売チャネル、ブランド、そして日本という国のビジネス制度を勘案すると、トータルなビジネス構造の中で、わが社のコア領域と他社との境界をどこにすべきなのかを皆で議論しよう。
- 国際標準化が進んでビジネス・エコシステム型の産業構造になると、知的財産の価値が自社のコア領域と他社技術とのつながり方に集中する。特に組み込みソフトウェアを介してつながる場合は、競争ルールが一瞬にして変わる。どこにどんな特許を刷り込めばいいか皆で議論しよう。
- われわれのシナリオを具体化するため、特許を刷り込ませてから国際標準化に参加したい。ここで国際標準化をどうすればリードできるか、皆で考えよう。
- われわれはさらに、オープン＆クローズの考え方で毒まんじゅうモデルを具体化したい。わが社を取り巻く現状を毒まんじゅうモデルの視点から見たとき、欠けている特許がないかどうかを特許マップでチェックし、どの領域へどんな特許を新たに出願・登録すればよいか、あるいは出願すべきでないかを皆で議論したい。
- それには多くの専門分野から人を集めなければならない。まず3～4種の毒まんじゅうモデルをわれわれの手で考えてから幹部へ提案し、すぐタスクフォースをスタートさせよう。

12 わが社が展開している製品領域で産業構造が大きく変化する兆候が、特に新興国の市場でもはっきり見えてきた。この影響を受ける前に、わが社のビジネス領域だけは競争ルールが変わらない仕組みにしておきたい。

- それには、自社と新興国との技術格差を最大限に活用し、ここにオープン&クローズの戦略思想でビジネス・エコシステムを自社優位に構築すればいい。
- わが社のビジネス領域だけは変えずその周辺だけが変わる仕掛けを事前に設計し、グローバル市場で大量普及と高収益を同時実現させた事例がたくさんあるはず。これを探してわが社の製品に応用しよう。
- まずパートナーに任せる非コア領域を見定めよう。次にコア領域の知的財産を独占できているのかを確認したい。ビックデータ分析を用いて、われわれがコアと考えている領域に他社特許があるかどうかを調べよう。もし他社の特許が申請・登録されていれば、法的処置を取るか、あるいは買収しよう。
- 特にわが社が当該の製品領域でダントツ技術を持つトップランナーであれば、同じ産業（同業者）よりも、むしろ異業種の成功モデルを学んでわが社のケースへ翻訳したい。事例がたくさんあるようなので調査分析しながら定石を学び、わが社の製品に応用しよう。このために何をすればよいか、タスクフォースをスタートさせて皆で議論しよう。

13 わが社は機能材料のメーカーだがいつも川下側のパートナーに価格競争を強いられ、市場がで

き上がる前に利益を取れなくなる。

●材料のビジネスにオープン＆クローズ戦略を適用するのが非常に難しいと言われるが、適応しなければ現状を変えられない。すぐタスクフォースを組んで検討してみよう。

●ところでわが社に付加価値をもたらすコア技術は何だろう。付加価値形成に貢献しない不採算の非コア領域が、コアと思い込んでいた領域に多く混入しているのではないか。まずコアでない領域をリストアップしてコア領域を浮かび上がらせよう。

●またコアと特定した領域が知的財産権で完全に守られた独占領域か、常に技術革新を先導できる領域か、ダントツの技術と知的財産を武器に、契約マネジメントでパートナー側へ強力な伸びゆく手を形成できる領域なのか、これを皆で議論し、確認しよう。

●必ず成功事例と定石があるはず。１９９０年代からごく最近まで圧倒的な市場シェアと利益率を誇ったカネカのＭＳポリマーは、どんなメカニズムであの強力な伸びゆく手を作り上げたのだろうか。３Ｍのウィンドーフィルムはどうだろうか、三菱化学のＤＶＤ用記録材料はどうだろうか。これを手分けして調べ、皆で議論しよう。

●ＬＥＤ材料やチップは日本が誇るコア領域であり、知的財産権で守れていたはずだが、基本特許が切れる前に市場シェアと利益率が大幅に下がってしまった。このメカニズムも調べてわれわれの教訓にしよう。

●材料にはＩｏＴの考え方が通用しないと言われるが、本当だろうか。ＩｏＴが生み出す市場が材料産業にどんな影響を与えるのかを、識者を招いて議論してみよう。

14　わが社の材料ではなく、材料を使うパートナーの市場がオープンなエコシステム型になってしまい、このまま放置すれば利益率が非常に小さなビジネスに追い込まれる。すでにセンサーモジュールをオープン標準化し、センサー材料の付加価値を小さくしようとする動きがアメリカで起きている。その前に製造側のエコシステムに向けて伸びゆく手を材料サイドから形成したい。

- その手段として製造プラントの主要工程をこの材料でカスタマイズしたい。どの工程をどうカスタマイズすればよいか、皆で議論しよう。
- わが社の材料技術がないと動かない（あるいは作れない）製造プラットフォームなら、これを普及させて伸びゆく手を形成できるはず。どうすればよいかを皆で議論しよう。
- わが社が持つ技術を製造レシピ付きのフルターンキー・ソリューション型の製造プラットフォームとして新興国に提供したい。それには自社が利益を上げるだけでなく、新興国企業にビジネスチャンスを与えてビジネス・エコシステム型にし、これによって新興国の雇用や経済成長へ貢献しなければ、決して長続きしない。
- 新興国の産業育成に貢献する伸びゆく手をどんなメカニズムで構築できるのだろうか。アジア市場担当のマーケティングスタッフや営業企画部門から精鋭を集めてタスクフォースをスタートさせ、皆で議論しよう。

技術開発や商品企画の段階から手を打とう

15　技術を自らの手で生み出すのは研究所であり、ビジネスの全体構造を自らの手で創り出すのは商品企画部門である。

●われわれが考えたオープン＆クローズの戦略を研究所へ提案し、開発の初期の段階からタスクフォースをスタートさせたい。具体的にどうすればよいか、皆で考えよう。

●特に基礎研究の部門にこのような考え方になじみのない人が多い。研究者にオープン＆クローズの思想を理解してもらうためにどうすればいいか、皆で議論しよう。

16

わが社の技術陣が世界に誇るダントツ技術を開発したのなら、これをぜひ商品化したい。

●まったく新しい産業を興すことになるのだから、この技術が創り出すビジネス全体の構造を俯瞰し、競争ルールをわが社優位に構築しなければならない。

●それには、商品企画の段階からオープン＆クローズ戦略を適用して、ビジネス・エコシステム構造を自社優位に事前設計したい。どうすればよいか、社内の関連部門から人材を集めてタスクフォースを組み、議論しよう。

●その前に、これまでの事例の産業構造を整理して、なぜわが社の利益が小さいかを分析しよう。次に今回のダントツ技術とその周辺をコア領域にし、どんなコアシステム構造を事前に設計すればよいか、3～4つのモデルとして考えてから幹部へタスクフォースの結成を提案しよう。

以上は単に一例に過ぎない。タスクフォース型でチームとしての軍師型人材を育成するには、まずトップあるいは上級幹部が事前準備で主導権を発揮しなければならない。これがトップと幹部の重要な役割である。

準備が終わったなら、上記の1から16で書かれたことを参考に複数のビジネスモデルを想定し、それぞれの企業が置かれた実情に合わせて設問を工夫し作っていけばよい。

タスクフォースを結成して議論した経緯と、その議論の結果がデータベースとして蓄積され、実ビジネスで検証され、そして次のビジネスにフィードバックされる仕組みを作り上げることだ。さらには、成功したタスクフォースのメンバーを昇進させて企業の中に好循環を定着されなければならない。

このような仕組みの中で、伸びゆく手の仕掛けをグローバル市場で安定化させる軍師型の研究人材、軍師型の開発人材、軍師型の商品企画人材、軍師型の国際標準化人材、軍師型の知的財産マネジメント人材、軍師型の契約マネジメント人材、そして軍師型の事業部長が育成されるだろう。この地道な積み重ね以外に手はない。

日本企業には才能のある人材がたくさんいる。能力を発揮できず眠っているだけなのだから、才能のある人材を探して軍師型人材へ育成できるはずだ。

これまでの日本には、本章で紹介する知的財産マネジメントの考え方が足りなかった。知的財産マネジメントを具体化できる軍師型の人材はさらに少ない。軍師型人材の育成が21世紀の日本企業を復興させるうえで不可欠であると強く指摘して人材育成の前線に立つ教育者は、妹尾堅一郎氏などわずかに過ぎない。

ビジネス・エコシステムが大規模に形成される21世紀、そしてクラウドを介して多くの産業がつながる21世紀は、エコシステムやつながる仕組みの中にオープンな自由競争とクローズな独占領域を共存させて初めて、技術イノベーションや製品イノベーションの成果が企業の付加価値（利益）と国の雇用や持続的な成長に結びつく。

このような視点に立つ議論は、標準的な経済理論はもとより標準的な経営論から見れば異端であって受け入れられないであろう。しかしながら、１００年に一度とも言うべき第三の産業構造転換、すなわちソフトウェアリッチ型産業の興隆や製造業のグローバライゼーションが世界の隅々に現れており、誰もこの潮流を止めることができない。

すでにグローバル市場の競争ルールが大きく変わりはじめており、既存の理論体系が機能し得ないケースも次々に現れる。１００年前から続いて安定と思われていた産業構造も競争ルールも、そして企業制度のあり方もダイナミックに変わっており、われわれがこれまで精緻化してきた知財思想の通用しない産業領域が急拡大されているのである。

多くの日本の企業は、グローバル市場の競争ルールを自社優位に事前設計するなど思いもよらなかった、と感じるだろう。しかしながら日本より15年以上も早くからグローバライゼーションを経験し、ビジネス・エコシステムの中に引き込まれた１９８０年代から１９９０年代の欧米企業は、試行錯誤を繰り返しながら事前設計のノウハウを身につけたのである。

その代表的な事例を第3章で紹介した。われわれは勝ちパターンの定石を学び、これを自社の製品に適用するための訓練を市場の前線に立って繰り返し、ここから事前設計のノウハウを身につけなければならない。

日本企業はハードウェアリッチなものづくりで圧倒的に強いのだから、定石を応用すれば欧米企業よりはるかに強力な勝ちパターンを必ず構築できる。既存の経済理論や経営学の理論からこれを学ぶことはできない。

このような問題意識を持って本章が提案したのは、産業構造や競争ルールの変化に対してオープン＆クローズ戦略で立ち向かう知的財産マネジメントの方向性、およびこれを担う軍師型人材の育成に向けた枠組みである。われわれは単にスタートラインに立ったに過ぎない。まず方向性と枠組みを議論の土俵として設定し、多くの人々と議論しながら具体的な事例を集め、多くの人の知恵を借りながら具体的な取り組みを進化・発展させていきたいと考えている。

日本は１９９６年から科学技術立国の政策を強力に進め、キャッチアップ型からフロントランナー型に変わった。ここでわれわれが再構築しなければならないのは、蓄積した技術と今後生み出す技術を日本の産業競争力に結びつけ、ここから雇用と持続的な成長に結びつけるメカニズムである。

本書で何度か繰り返したが、グローバル市場に強い影響力を持たせる伸びゆく手の形成は、圧倒的な技術格差と技術情報の非対称性があって初めて機能する。格差と非対称性があればグローバルなビジネス・エコシステムの構造も自国（自社）とパートナー国（企業）との境界も自社優位に事前設計できるからである。これが事実であることは、これまでのアメリカＩＣＴ産業やドイツが国を挙げて推進するインダストリー４・０から理解できるであろう。

21世紀は、ビジネス・エコシステムが世界の隅々に広がり、互いにつながり合って付加価値を生み出す産業構造になった。この事実も本書で繰り返し紹介した。オープン＆クローズの戦略思想は、グローバルなエコシステム型の産業の出現によって必須となったのである。

オープンイノベーションではなく、オープン＆クローズであるがゆえに、クローズのコア領域を徹底して守る知的財産マネジメントが、さらにはコア領域からオープンなパートナー領域へ強力な伸びゆく手を形成する知的財産マネジメントが、戦略の中核に位置づけられることもここから理解されるであろう。

これまでアメリカの経営学は、ポジショニング派とリソースベース派が競ってきたと言われる。しかしながら上記２つのいずれも本書で紹介するオープン＆クローズ戦略の全体構造を捉えることができない。むしろオープン＆クローズ戦略はポジショニングとリースベースの２つを新結合した戦略思想になっているのではないか。あるいは、２０１４年秋にノーベル経済学賞を受賞したジャン・ティロールの二面市場モデル（Two-sided Market Model）に近いのではないか。

本書で紹介した事例はもとより、今後興隆するＩｏＴ（モノ：Internet of Things）やＩｏＳ（サービス：Internet of Services）、ＩｏＰ（ヒト：Internet of People）で、そしてインダストリー４・０やインダストリアル・インターネット・コンソーシアムでも、グローバル市場が瞬時に巨大なビジネス・エコシステム型になるという意味で、オープン＆クローズの戦略思想なくして市場の全体構造を俯瞰的に捉えることができないのではないか。

この意味でこの戦略思想は、フロントランナーとしての先進国の製造業を復活させて雇用と持続的な経済成長に至る政策ツールとしてだけでなく、新興国や途上国の産業高度化に貢献しながら経済秩序を守るための政策ツールとして使われることが期待される。

本章の末尾に、本書で展開した内容をまとめた「オープン&クローズ戦略の概要」（図6・4）と「オープン&クローズ戦略の策定」（図6・5）の図を付記する。両図とも筆者が特別顧問を務めるドリームインキュベータ社によって作成されたものである。オープン&クローズ戦略に基づいた知的財産マネジメントを実践する際の参考にしていただきたい。

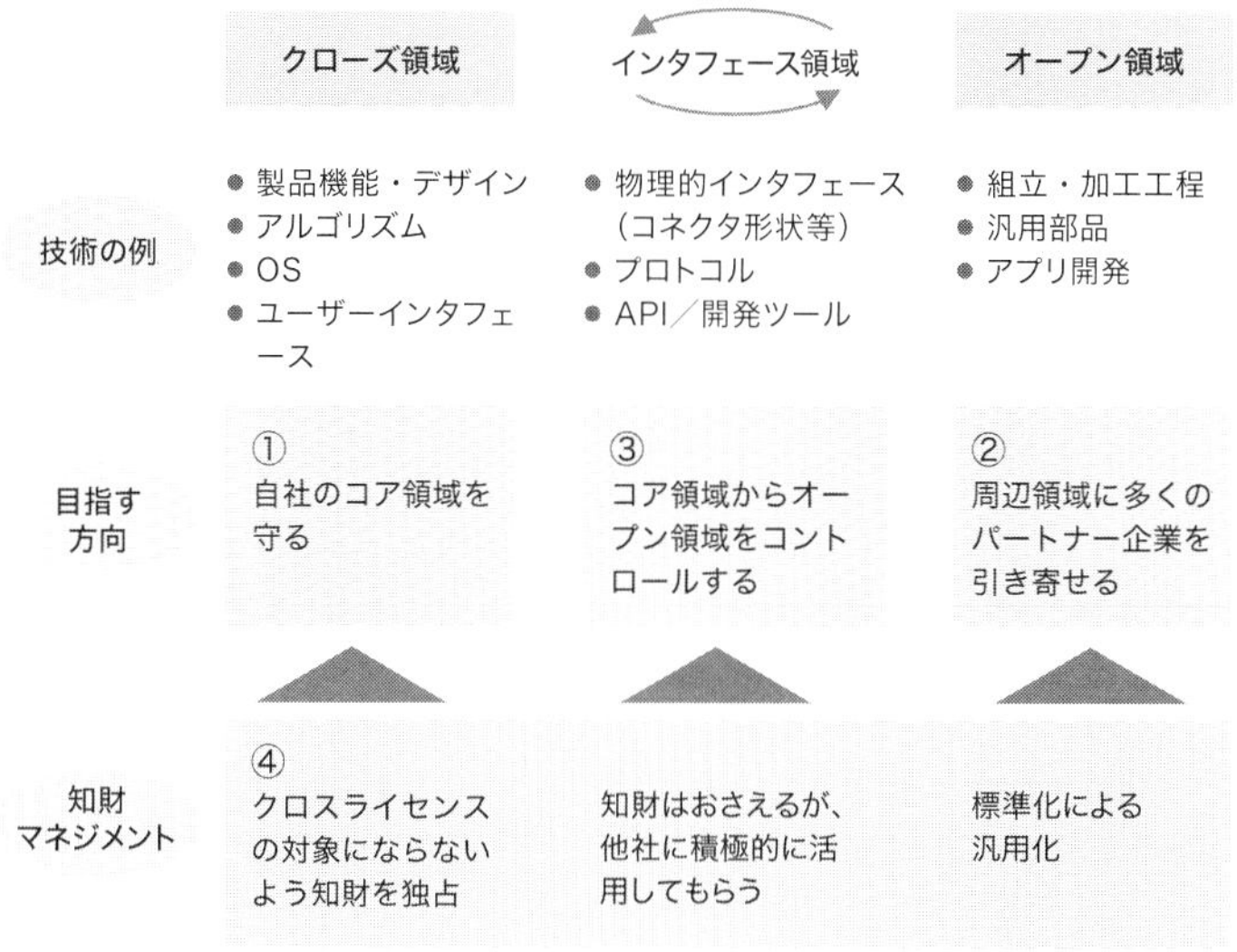

	クローズ領域	インタフェース領域	オープン領域
技術の例	● 製品機能・デザイン ● アルゴリズム ● OS ● ユーザーインタフェース	● 物理的インタフェース（コネクタ形状等） ● プロトコル ● API／開発ツール	● 組立・加工工程 ● 汎用部品 ● アプリ開発
目指す方向	① 自社のコア領域を守る	③ コア領域からオープン領域をコントロールする	② 周辺領域に多くのパートナー企業を引き寄せる
知財マネジメント	④ クロスライセンスの対象にならないよう知財を独占	知財はおさえるが、他社に積極的に活用してもらう	標準化による汎用化

図6.4　オープン＆クローズ戦略の概要　図版作成：©株式会社ドリームインキュベータ

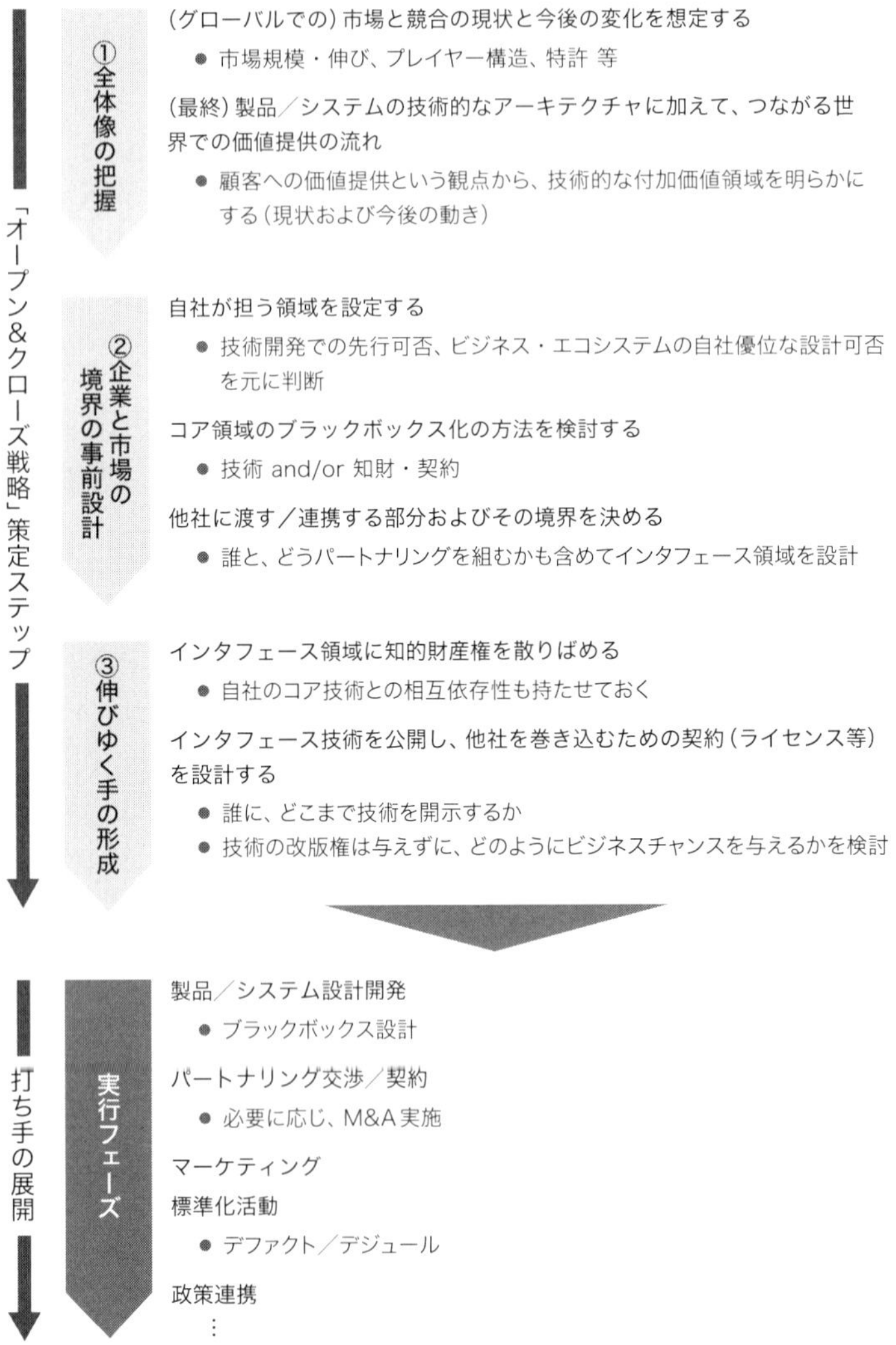
「オープン&クローズ戦略」策定ステップ
①全体像の把握
(グローバルでの)市場と競合の現状と今後の変化を想定する
● 市場規模・伸び、プレイヤー構造、特許 等
(最終)製品/システムの技術的なアーキテクチャに加えて、つながる世界での価値提供の流れ
● 顧客への価値提供という観点から、技術的な付加価値領域を明らかにする(現状および今後の動き)
②企業と市場の境界の事前設計
自社が担う領域を設定する
● 技術開発での先行可否、ビジネス・エコシステムの自社優位な設計可否を元に判断
コア領域のブラックボックス化の方法を検討する
● 技術 and/or 知財・契約
他社に渡す/連携する部分およびその境界を決める
● 誰と、どうパートナリングを組むかも含めてインタフェース領域を設計
③伸びゆく手の形成
インタフェース領域に知的財産権を散りばめる
● 自社のコア技術との相互依存性も持たせておく
インタフェース技術を公開し、他社を巻き込むための契約(ライセンス等)を設計する
● 誰に、どこまで技術を開示するか
● 技術の改版権は与えずに、どのようにビジネスチャンスを与えるかを検討
打ち手の展開
実行フェーズ
製品/システム設計開発
● ブラックボックス設計
パートナリング交渉/契約
● 必要に応じ、M&A実施
マーケティング
標準化活動
● デファクト/デジュール
政策連携
⋮
図6.5　オープン&クローズ戦略の策定ステップ　図版作成:©株式会社ドリームインキュベータ

補論

IoTとインダストリー4・0をめぐって

本書では、2014年に発行した『オープン&クローズ戦略』を底本とし、ほぼ全章にわたって追記と修正を行った。

今回の改訂にあたり特に検討を加えたのは、1990年代から大規模に出現したビジネス・エコシステム型の産業構造、および2010年代に出現したIoT（Internet of Things）とインダストリー（Industrie）4・0についてである。随所にこの2つの概念とオープン&クローズ戦略の関連性を指摘したが、ここにあらためて補論として筆者の考え方をまとめておきたい。

なお、この2つに関してのより本格的な分析と事例を踏まえた考察は、今後執筆する次の著作で展開することとし、本章では現段階での素描となることをお許し願いたい。

IoTやインダストリー4・0が出現した歴史的な背景とその意義

◉先進国が直面する課題

デジタル技術とソフトウェアがグローバル市場の産業構造を変えてしまった。第一に、製品設計に組み込みソフトウェアが深く介在することによって製品アーキテクチャが技術モジュールの組み合わせ型（寄木細工型）になるからであり、第二に、それぞれのモジュールをつなぐデジタルインタフェースやプロトコルがオープン標準化されて国境を越えるスピードが加速するからである。そして第三に、たとえ技術蓄積の少ない新興国であっても流通する部品を寄木細工のように組み合わせるだけで、製品システムを大量生産できるようになったからである。

新興国と先進国が互いに得意領域を持ち寄って協業するビジネス・エコシステム型の産業構造は、このような背景でグローバル市場に出現した。ビジネス・エコシステムの一翼を担って新興国がここから経済成長の軌道に乗る。

一方、先進国は、エコシステムを介して新興国の低コスト・インフラを自社/自国の付加価値として取り込むことが可能となり、生産性も維持できた。この意味でビジネス・エコシステムの出現が新興国の産業高度化に大きな貢献をしたのは確かだが、先進国の雇用に深刻な事態をもたらした。多くの先進国企業はビジネス・エコシステムを介して新興国の低コストインフラを取り込むために、1990年代に入って非常に多くの生産拠点を新興国へ移転させたからである。

1991年に世界の製造業は約460兆円の付加価値を生み出し、日米欧の先進国でその78%を占めた。当時はまだビジネス・エコシステムがごく一部の産業領域に限定されていたので、アジアのシェアは全世界の8%に過ぎなかった。

これが20年後に一変する。先進国とアジア諸国が大規模なビジネス・エコシステムでつながり、2011年にインダストリー（広い意味での製造業）の付加価値創出が約2倍の870兆円まで成長する（出典：Roland Berger, *Think Act*, March 2014）。しかし先進国の日米欧が生み出す付加価値のシェアが58%まで落ち、アジア諸国のシェアが30%を超えた。

2025年にはアジア諸国のシェアが40%を超えるであろう。このとき、経済だけでなく世界のパワーポリティクスも大きく変わることは、現在の中国を見れば容易に理解できる。

IoTやインダストリー4・0は、このような経済環境の中に現れた。その背後で強く期待されるのは、先進国のインダストリーが自らの手でイノベーションを起こし、新たな付加価値創出と雇用創出に向けて成長軌道に乗ることであった。この点について述べる前に、インダストリーそれ自身のイノベーションを可能にする第三次経済革命について説明したい。

●第三次経済革命

本書で繰り返し述べたように、世界のインダストリー（広い意味での製造業）は1971年に出現したマイクロプロセッサによって歴史的な転換期を迎え、20年後の1990年代からグローバル市場の産業構造を大規模に変えた。これが本書で定義する100年に一度ともいうべき第三次経済革命である。産業革命ではなくあえて経済革命と呼ぶのは、工場だけでなく、インダストリーの世界だけでもなく、世界の経済システムを変え、世界の隅々で70億人の暮らしを一変させる可能性を秘めているからである。

2010年代に出現したIoTやインダストリー4・0は、その中核技術がデジタル技術とソフトウェアであるという意味で、40年前の1971年から始まる第三次経済革命の派生物と位置づけられる。

マイクロプロセッサが出現する200年前（1770年頃）のイギリスで起きた第一次経済革命は、人類が千年以上にわたって蓄積した〝経験則の産業化〟であった。その代表的な事例が、技術モジュールとしての蒸気機関や機織機である。

マイクロプロセッサが出現する100年前の1870年頃にドイツで始まる第二次経済革命では、科学者が発見した自然法則の組み合わせが技術イノベーションの連鎖を加速させ、電機産業や化学産業など、人類が経験し得なかった新たな産業を次々に生み出した。

また自然法則の組み合わせが多種多様な基礎技術を生み、基礎技術が蒸気機関や工場設備の機能と性能を、さらには発電・送電や電動モーターの機能・性能を飛躍的に進化させた。また基礎技術が有機化学合成やポリマーのイノベーションを次々に生み出す。この意味で第二次経済革命は〝自然法則の産業化〟であった。

本稿が焦点を当てる第三次経済革命が第一次や第二次と大きく異なるのは、製品やシステム設計にデジタル技術とソフトウェアが深く介在する産業から生まれたという点にある。デジタル技術やソフトウェアは、人間が創り出した人工的な論理体系であるという意味で、第三次の経済革命は〝論理体系の産業化〟と言ってもよい。

◉第三次経済革命から第四次経済革命へ

人間は神が作った自然法則を変えることはできないが、ソフトウェアならプログラミングを工夫するだけで人間のアイデアや期待さえも、製品機能やシステム機能として自由自在に表現できる。

ＩｏＴやインダストリー４・０を象徴するスマート化とは、デジタル技術やソフトウェアを介してモノやサービスがつながることであり、つながり方を認識・判断する機能を、モノやサービスそれ自身がソフトウェア技術として持つことである。また後述するCPS（Cyber Physical System）で、ハードウェアと連動させながら新たな付加価値を生み出すという機能を、モノやサービスそれ自身がソフトウェア技術として持つことでもある。このソフトウェアが人工知能を宿せば、賢いつながり方を自ら考え出すであろう。

シュンペーターはイノベーションを、経済活動の中で生産手段や資源などが従来とは異なる形で新結合することと定義したが、すべてのモノやサービスが、そしてヒトさえもソフトウェアを介してつながるＩｏＴやインダストリー４・０の時代は、１００年前のシュンペーターが見た世界よりはるかに容易に無限に新しい組み合わせをつくることができる。

またソフトウェアなら、互いのつながり方をオープンな標準化によって決めるだけで済むので、結合スピードは自然法則の結合よりも格段に速く、大規模に起きる。ＩｏＴやインダストリー４・０は、これまで想像し得なかったスピードでイノベーション連鎖を起こし、連鎖が連鎖を生み出してグローバル市場に広がる理由が、ここから理解されるであろう。

あらゆるモノがつながる機能は、超小型のマイクロチップとセンサーの組み合わせによって生み出される。マイクロチップは、マイクロプロセッサ、メモリー、Ｗｉ-Ｆｉ、ブルートゥースなど、すべて既存の技術の単純組み合わせるだけで構成されるので、世界中で低コスト大量生産が始まる。しかもマイクロプロセッサの性能は、今後も10年で１００倍以上という驚異的なスピードで進化する。

センサーも世界中で開発競争が行われており、２０２０年には年間１兆個が量産され、２０３０年

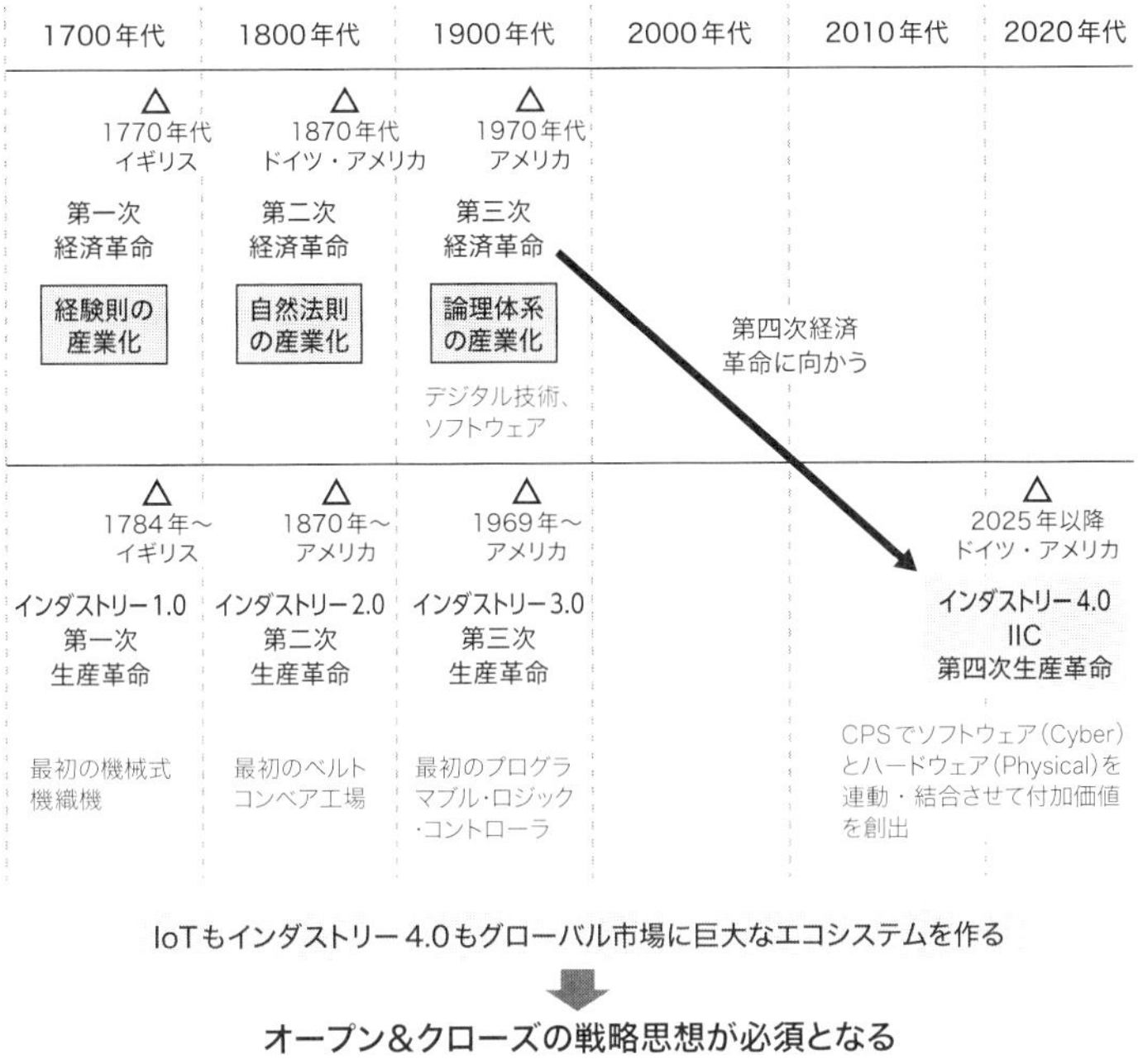

図A.1　第三次経済革命の中のインダストリー4.0とIoTの位置づけ

にはこれが10〜20兆個になると予想されている。そう遠くない将来に、このチップも一部に人工知能の機能が宿ることになるであろう。

図A・1には、第三次経済革命とインダストリー4・0との関係を、歴史的な経緯を踏まえて示した。ドイツが先導するインダストリー4・0は図の下半分に示すが、少なくとも2011年から2013年頃のドイツ政府や業界団体、主要企業などがインダストリー4・0の位置取りを示すために用いたインダストリー1・0や2・0、3・0の事例は、明らかに工場の生産工程革命であり、産業革命と呼ぶに値しない。

またここで、2020年以降あるいは2025年以降に到来と位置取りされるインダストリー4・0も、少なくとも2013年の時点でなら産業革命というよりも生産革命の色彩が強い。

しかし、センサーが年間10兆個以上も生産されて、すべてのモノやサービスはもとよりヒトさえもつながり、そしてここに人工知能の機能が宿る2025年頃には、すなわち本書が定義した第三次経済革命（1970年代）から50年後には、第四次経済革命とも言うべき経済環境がグローバル市場の隅々に広がることになる。

ここでわれわれが特に留意しなければならないのは、モノだけでなく、サービスだけでもなく、ヒトさえも互いにつながり合う世界になれば、つながりは同時にリスクの連鎖を世界中に拡散させる、という懸念である。いわゆる国立情報学研究所の中島震教授が繰り返し警告するソフトウェア・ディペンダビリティやシステミック・リスクの問題がますます深刻になってくる。

これまで日本は、二重化暗号技術や量子暗号技術などによるサイバー攻撃を防止する技術開発に注力してきたが、これは安全性にカテゴライズされるセキュリティの視点に過ぎない。それ以上にわれわれは、安全性だけでなく信頼性も同時の担保し、つながりによって生まれるリスク連鎖の基本問題をソフトウェア・ディペンダビリティやシステミック・リスクという視点から捉え、ここに知恵と技術開発を注力しなければならない。つながるノードに人工知能が宿れば、この問題を解決できるのだろうか。

ソフトウェアのレバレッジで生産性を高める先進国型インダストリーの興隆

●先進国がインダストリーの国内回帰に向かう

先進国は2010年代からインダストリーを国内回帰させる政策を採りはじめた。マネーのレバレッジを高めて付加価値を生みだす金融経済から離れ、インダストリー自身のレバレッジによって生産性を高める方向へ、先進工業国が大きく舵を切ったからである。

国の経済を支える堅牢な産業基盤がインダストリーであることを、2008年のリーマンショック後に、世界の人々はあらためて理解したのではないか。マネーは瞬時に国境を移動できるので、国の経済を不安定にする。一方、インダストリーなら国境を移動するスピードが非常に遅いので経済基盤を安定に支える。

しかしながら先進国が目指すインダストリーとは、新興国が得意とするハードウェア製品の大量生産を追求する従来型ではなく、ソフトウェアのレバレッジを効かせて付加価値を創出し、生産性を高めるという、これまでになかったインダストリーの姿である。

これを象徴するのがＩｏＴやＩｏＳ（Internet of Services）、ＩｏＰ（Internet of People）であり、これを実ビジネスへ展開するプラットフォームが、ドイツのインダストリー4・0やアメリカのインダストリアル・インターネット・コンソーシアム（ＩＩＣ）である。

ドイツのインダストリー4・0やアメリカのＩＩＣが急速に広がろうとしているのは、その背後で1990年代から大規模に広がる100年ぶりの経済革命、すなわち本書で繰り返した人工的な論理体系（デジタル技術やソフトウェア）の産業化が大規模に進展していたからであり、その本質が、ソフトウェアのレバレッジを効かせて付加価値生産性を高めるＣＰＳのインダストリー思想にあることを、多くの人が理解できるようになっていたからである。

単なる工場のスマート化やつながる工場という文脈だけで捉えるとその本質を見誤る。

◉国家のイノベーション政策もデジタル化とソフトウェアへ向かう

2009年にドイツの連邦教育省が、「統合システムに関する国家ロードマップ2009」の中で、「2020年のハイテクノロジー戦略」を連邦政府の主導による大規模プロジェクトとして推進すべし、と指摘した。ドイツの頭脳と呼ばれるローランド・ベルガーなどの調査機関がグランドデザインを描いたと言われる。2011年のハノーバ・メッセでは、ドイツの経済界、連邦政府、アカデミアが共同声明を出してこれに応え、ドイツが一体で取り組む国家プロジェクトとしてインダストリー4・0を前面に出した。

その中心人物が、ドイツ技術科学アカデミー（acatech：アカテック）会長のヘニング・カガーマン（元SAP社長）である。またこれを背後で支えたのがドイツのソフトウェア・アカデミーのリーダー、マンフレッド・ブロイ教授（ミュンヘン工科大学）である。ブロイ教授はagendaCPSを2011年の12月にカガーマンが会長を務めるアカテックから世に提案した。

ブロイ教授が考えたCPSとはCyber Physical Systemの略語であり、サイバー空間（ソフトウェアが中心）とフィジカル空間（我々が目で見て手で触ってわかるモノが中心）とを連動させ、生産工程のデジタル化や自動化を進める技術思想である。賃金水準が高いドイツ国内に生産拠点を残し、雇用と経済成長に貢献するためにCPSの技術思想で生産革命を起こそうとしたのである。

CPSがインダストリー4・0を具体化するための基本概念となった背景がここにあった。アメリカのオバマ政権がCPSを国家プロジェクトに採用する一連の動きに刺激を受けて、ブロイ教授が起案されたといわれる。

ソフトウェア・アカデミーのリーダーであるブロイ教授がagendaCPSを提案し、インダストリー4・0の推進者がドイツ最大のソフトウェア・カンパニー、SAP社の元社長カガーマンであったという意味で、ソフトウェアがインダストリー4・0を推進する中核技術に位置づけられた背景が理解されるであろう。

ドイツは、自然法則の組み合わせを中核に据えた20世紀型のイノベーション政策ではなく、人工的な論理体系、すなわちデジタル技術やソフトウェアが主役となる大規模な国家イノベーション政策へ転換させたのである。

ここでは単なる技術イノベーションや製品イノベーションを生み出すことが期待されているのではない。すでに存在している技術体系をデジタル技術やソフトウェアと組み合わせながら新たな付加価値を生み出し、先進国型インダストリーの生産性を向上させることが期待されていた。

国立情報学研究所の中島震教授によれば、実はドイツよりも少し早い2006年の時点でその後のアメリカがIoTやIICの基盤技術に据えるCPSの基本概念を、アメリカのナショナル・サイエンス・ファンデーション（NSF）が起案していたという。オバマ政権が発足した2009年に、これが国家プロジェクトに組み込まれた。

アメリカでも自然法則の組み合わせを中核に据えた20世紀型のイノベーション政策ではなく、論理体系の産業化を象徴するデジタル技術やソフトウェアを、2010年代になってイノベーション政策の中核に据えたのである。

国家プロジェクト終了後の2014年に、GE、シスコシステムズ、インテル、IBM、AT&Tが中心となってインダストリアル・インターネット・コンソーシアム（IIC）を発足させた。この動きは、その1年前に設立されたドイツのインダストリー4・0プラットフォームという団体の影響が大きかったと言われている。

インダストリー4・0やIICが生まれるプロセスでドイツとアメリカの関係者が定期的な意見交換していたのは言うまでもない。ドイツ型CPSの基本概念やインダストリー4・0の基本構造を組み立てる上で、ドイツは多くことをアメリカから取り込んでいる。

◉欧米企業が自らソフトウェア・カンパニーを標榜しはじめた

欧米企業の多くが第三次経済革命の意義を理解し、自らをソフトウェア・カンパニーへ転換させようとしている。インダストリー4・0を主導するドイツのSAPはもとより自動車の大手サプライヤーであるボッシュも、ソフトウェアカンパニーと自称しはじめた。

シーメンスは2007年にソフトウェア・カンパニーになると宣言してハードウェア関連事業を次々に売却し、これまで約5000億円をインダストリー4・0関連の事業に投資してきた。これによってシーメンスは、製品設計から工場生産の統合管理やサプライチェーン管理に至るデジタルエンタープライズを2011年から2012年に完成させ、大躍進しはじめたのである。広い意味でのCPSによる生産システムのイノベーションが、すでに実ビジネスで進展している。

アメリカGEのイメルトCEOは、「すべてのインダストリーがソフトウェア・カンパニーになる」と2012年に宣言し、業種を問わずすべての企業で生産性向上に貢献するソフトウェアプラットフォーム、プレディックス（Predix）を2014年に発表した。大きな利益の出ている金融事業の資産さえ売却し、利益の多くをIoTとその関連事業に投資するという。

妹尾堅一郎氏によれば、人工栽培の大規模園芸企業で有名なオランダのプリバ社さえ、ソフトウェア・カンパニーと自称しはじめたという。

ここであらためて強調するが、ソフトウェアというサイバー空間だけでは第四次経済革命につながるイノベーションを先導できない。ハードウェアが中心のフィジカルなモノを手の内に持つことによってイノベーションを先導することができるのである。

言い換えれば、優れたモノの技術、モノの製品（ハードウェアが中心）を持つことによって初めて、ソフトウェアのレバレッジを効かることができる。優れたハードウェア製品を持つ大規模企業がソフトウェアを手に入れるために巨額の投資をしているが、同時にソフトウェアしか持たない企業がハードウェア企業を急激に買収しはじめた背景がここにあった。

欧米企業が繰り出す価値形成の戦略ツール

アメリカのNSFが考えた初期のCPSは、センサー情報を組み込みシステム（マイクロプロセッサと組み込みソフトウェア）で処理しながらリアルタイム制御する超高速フィードバックシステムのイメージが強かった。

◉ドイツが考えるCPS

その後ドイツは、アメリカから学んだCPSの概念を、たとえば自国が得意とする自動車の製品設計や工場システムなどを含む広い概念へ拡張し、ソフトウェア（Cyber：仮想空間）とハードウェア

（Physical：モノ、現実空間）を連動させて新たな付加価値を生み出すビジネスモデル設計のプラットフォームとして、ＣＰＳを位置づけた。

ＣＰＳの概念はその後も進化し続けており、標準化されたシンプルな汎用品としての低コストハードウェアをアジア企業から調達し、ソフトウェアの力で価値形成を先導する、という経営思想も生まれている。

ハードウェアなら製品を１００倍多く作れば費用は１００倍になるが、ソフトウェアなら費用はほとんど増えない。グローバル市場に巨大なビジネス・エコシステムが広がれば、ハードウェアなら在庫管理やサプライチェーン・マネジメントが混乱を極める。しかしソフトウェアならこんな心配をする必要がない。

この意味では、ソフトウェアのレバレッジで付加価値を高める欧米企業は、ハードウェアを手の内にすればビジネス・リスクを小さくできるのであり、同時に資本生産性（ＲＯＥ）を非常に高くできる。欧米企業のＲＯＥが日本企業に比べてはるかに高い背景がここにもあったのである。

自ら優れハードウェア製品とその制御システムを持つ企業が、全技術体系をシミュレーションするソフトウェアおよびエミュレーションするソフトウェアを同時に持ち、ここから新たなビジネスモデルを提案しはじめた。このメカニズムを支えるのもＣＰＳの思想である。

たとえばすべての技術体系をソフトウェアで表現し、同じ部品で異なるブランドの自動車を設計する編集設計、あるいは一人ひとりの嗜好に合わせて自動車を低コスト設計・製造するマス・カスタマイゼーションがその代表的な事例である。

そのゴールは、人工知能を使って一人ひとりのユーザー嗜好や消費傾向をビッグデータ分析し、これをマス・カスタマイゼーションと連動させながら需要と供給を一致させる仕組みの構築である。これまで主流派経済学を基礎づけてきたセイの法則が、ＩｏＴやインダストリー４・０が生み出すビジネス・プラットフォームでなら、仮説ではなく実体経済で人為的に成立する真実へと変わっていくのではないか。

またＩｏＴやインダストリー４・０の視点から工場システムを見れば、動力源としてのモーターはもとより工作機械や組み立てロボットも、オブジェクトと呼ばれるサイバー空間のソフトウェアモジュールで表現される。このオブジェクトは管理シェルと呼ばれる上位のソフトウェアで囲い込まれる。管理シェルが工場内の通信ネットワークにつながって、インダストリー４・０のコンポーネントになる。

オブジェクトは、工場で実際に動く工作機械や組み立てロボット、搬送ロボットなどのハードウェアだけでなく、その制御システムもシミュレーションによってサイバー空間に表現される。したがって工作機械やロボットの機能・性能はもとより、すべての稼働情報が管理シェルを介して通信ネットワークへつながる。

これによって工場システムを効率よく制御できるだけでなく、工場それ自身のイノベーションを次々に起こすことも可能になる。２０００年代初期に３００ミリメートルのシリコンウェハーがオープン標準化されて半導体産業の競争ルールが一変したが、今回はこれが他の多くの工場システムで起きるであろう。グローバル市場の隅々でインダストリーの競争ルールが変わっていくのではないか。

ここでいずれの領域にも、オープン&クローズの戦略思想が刷り込まれたビジネス・エコシステムが事前設計されているのなら、その行き着く先に見えるのは細部までソフトウェアが管理する工場システムであり、ソフトウェアがイノベーションを先導する工場システムの姿である。

工場システムはハードウェアなくして成り立たない。しかしインダストリー4・0では工場システムに組み込まれた単独の工作機械、あるいは単独の組み立てロボットが主導して進化する工場の姿は想定されていない。あくまでも優れたソフトエアを持つものづくり企業が、CPSの戦略思想で工場のイノベーションを先導するのである。

これはいずれもドイツの大規模企業から見たインダストリー4・0である。中堅企業の視点からこれをどう位置づけるかについては、ドイツもまだ混迷から抜け出ていない。第一に、ドイツを支える中堅企業はソフトウェアに強くないハードウェア企業が非常に多いからであり、第二に工場情報の流出リスクを中堅企業が懸念しているからであり、第三に中国など新興国のインダストリー経済圏の中でドイツの中堅企業をどう位置づけるも、まだ見えていないからである。とりあえず標準化という方向性を示しているが、その具体化の局面では混迷が長引きそうな気配である。日本でもすでに同じ混迷が見え隠れしている。

●アメリカが考えるCPS

一方、アメリカは、ドイツと異なる方向へCPSの概念を拡張した。研究開発資金を使った政策誘導で、高速フィードバックシステムのイメージが強かったＣＰＳを情報システムやクラウド系へと拡張したのがその代表的な事例である。アメリカがグローバル市場で圧倒的な影響力を持つクラウドなら、ドイツが考えるＣＰＳをはるかに超えるコンピューティングパワーを持つからである。当初はＣＰＳとまったく無関係だったはずのビッグデータや人工知能（ＡＩ）をアメリカがＣＰＳの枠組みに取り込んだ理由も、ここから理解されるであろう。

アメリカは、いわゆるあまり得意でないモノの産業のＩｏＴではなく、得意とするサービス産業を中心に据えたＩｏＳやＩｏＰへＣＰＳを活用しようとしているのである。ただしここでもＧＥの取り組みに見られるように、優れたモノを手の内に囲い込んだうえでのＩｏＳやＩｏＰであるのは言うまでもない。

もし手の内になければ、シリコンバレーのベンチャー企業のように、標準化されたシンプルな汎用品としての低コストハードウェアをアジア企業から調達し、ソフトウェアの力で価値形成する経営思想を徹底して追求するであろう。

以上のようにドイツやアメリカのＣＰＳは、新たな付加価値を生み出すビジネスモデルの設計プラットフォームと位置づけられる。そしてインダストリー４・０やＩＩＣは、ビジネスモデル設計を支えるルール（標準化など）の束としてのビジネス・プラットフォーム（グローバル市場のビジネス制度基盤）に位置づけられる。

アメリカ企業が考えるサービス・ビジネスの具体的な事例は、ＩＢＭやＧＥ、シスコシステムズ、インテルだけでなく非常に多くのベンチャー企業から提案されている。また日本でも妹尾堅一郎氏などが問題提起をおこなうことでビジネスモデルとサービス・ビジネスへの理解は浸透しつつある。

●日本が考えるCPS

少なくとも2015年の時点で言えば、日本のCPSはデジタルデータの収集・蓄積・解析とその実世界へのフィードバックを前面に出し、ビッグデータや人工知能が中心となる方向へCPSを誘導している。この延長で日本国内に新たなサービス産業を創出しようとしているのではないか。しかしながら日本は、クラウドコンピューティングと人工知能の分野で、アメリカから非常に後れを取っている。

日本のものづくりは、世界に誇るハードウェア技術を次々に生み出してきた。今後も生み出し続ける。しかしながら多くの日本企業は、ハードウェアだけでは付加価値を生み出せない状況へ2000年代から追い込まれて生産性が低迷している。

この意味で日本企業は、優れたモノを手の内に持つという特徴を最大限に活かし、ソフトウェアのレバレッジを効かせて付加価値生産性を上げる方向へ独自にCPS概念を拡張しなければならない。たとえば人工知能をCPSの概念に取り込み、ここからものづくりの付加価値を高める方向へ向かうのは当然だが、これだけでは十分ではない。生み出された付加価値をグローバル市場で長期に維持・拡大させる「伸びゆく手」形成（本書の第3章、第6章）の戦略ツールとしての役割も、CPSの戦略思想に持たせなければならないのである。

ドイツもアメリカも自国の得意領域でインダストリーの生産性を高める方向へＣＰＳの概念を拡張しているのであり、日本も得意領域のものづくりで付加価値生産性を飛躍的に向上させる方向へ、ＣＰＳの概念を拡張すべきである。

それには、できるだけ多くのアーキテクト型のソフトウェア人材を日本企業が手の内に持たなければならないが、日本にはアーキテクト型のソフトウェア人材が非常に少ない。この問題をどう解決すればよいのだろうか。

日本および日本企業が直面する経済環境

◉多くの産業領域がビジネス・エコシステム型となって競争ルールが変わる

本書で繰り返し述べたように、デジタル技術とソフトウェアは、製品アーキテクチャを寄木細工ともいうべきモジュールの組み合わせ型へ転換させる機能を本質的に持つ。ここからグローバル市場が、比較優位の国際分業ともいうべきビジネス・エコシステム型の産業構造へ変わってしまう。したがってビジネスの競争のルールも本質的に変わる。

しかしながら転換するスピードが非常に速いので、特に大規模企業は組織能力をエコシステムに適応できない。２０００年代に日本のエレクトロニクス産業が市場撤退を繰り返した背景がここにあったことは本書の第1章で説明した。また同じことが1980年代後半から1990年代の欧米でも起きたが、その後の欧米企業が勝ちパターンを再構築して蘇ったことも、本書の第3章で多くの事例を挙げながら説明した。

1980年代から90年代のビジネス・エコシステムは、パソコンや情報通信、デジタル家電など、製品設計にデジタル技術やソフトウェアが介在しやすいエレクトロニクス産業だけで起きた。しかも、これらの一つひとつの産業の中だけに閉じたビジネス・エコシステムだったのである。

一方、IoTやインダストリー4・0は、モノやヒトにセンサーとマイクロチップを付けるだけですべてがつながる。この意味で、デジタル型の産業だけでなく、他の多くの産業領域までがグローバルなビジネス・エコシステムに組み込まれてしまう。

1990年代当時の欧米企業がパソコンやインターネットで再構築した勝ちパターンは、本書の第3章で紹介したように、オープン&クローズの戦略思想を駆使してエコシステムの構造を自社/自国優位に事前設計し、競争のルールも事前設計するというものだった。

またその本質は、先導してエコシステムをつなぐメカニズムを囲い込み、自社/自国のコア領域(クローズ)からエコシステム(オープン)に向かって市場コントロールする〝伸びゆく手〟を事前設計する点にあった。

IoTやインダストリー4・0の経済環境になると、すべてビジネス・エコシステム型に組み込まれる。これは、たとえデジタル型でない産業であっても本書の第1章で紹介した経営環境に日本の多くの産業が遭遇することを意味するが、その兆候がすでに工場システムの中に見え隠れすることを、工場内のハードウェア装置を囲い込む管理シェルの事例で紹介した。

少なからぬ日本企業が、すでにインダストリー4・0を自社工場で実現していると言うが、いずれもまだインダストリー3・3か3・5のレベルでしかない。

ドイツのインダストリー4・0やアメリカのIICは、彼らが1990年代にエコシステムの中で完成させた勝ちパターンを、CPSの設計思想で進化発展させるためのビジネス・プラットフォームと定義できる。そしてまたインダストリー4・0やIICは、グローバル市場のビジネスルールを自国・自社優位に決めるためのビジネス・プラットフォームと位置づけられる。

ここで彼らがどのように行動するであろうか。たとえばアメリカはパソコンやインターネット、スマートフォン、あるいはグーグル、アマゾン、そしてGEやボーイングなどの成功モデルをイメージして行動するであろう。

GEのソフトウェアプラットフォームには、つながるモノやサービスに対する制御機能だけでなく、たとえばアップル・iPhoneのiOS、あるいはスマートフォンのアンドロイドOSのような、伸びゆく手の形成メカニズム（本書の第3章、第6章）が刷り込まれているのではないか。

インダストリー4・0のドイツ企業は、アメリカの成功モデル以外に、ヨーロッパの成功モデルを象徴するGSM携帯電話の伸びゆく手形成やSAPが工場システムで体験した成功モデルをイメージして行動するであろう。シーメンスのデジタルエンタープライズには、設計・生産・SCMシステムの統合制御だけでなく、伸びゆく手形成のメカニズムも事前設計されているのではないか。

伸びゆく手の形成が企業収益に多大な貢献をして企業価値を高めるのは周知のとおりだが、同時に伸びゆく手がインダストリー全体の付加価値生産性を高めて経済革命を牽引する事実も、パソコン、インターネット、携帯電話、スマートフォン、さらには航空機や自動車産業の事例でも明らかである。この意味でGEやシーメンスの取り組みが成功すれば、これが結果的に産業革命を越えて第四次経済革命へ世界のインダストリーを導くことになるであろう。

この意味で、もし日本が今後も従来型のものづくりだけを論じるのなら、たとえダントツの技術や製品であっても、雇用や経済成長に貢献しない。多くの産業領域で瞬時に付加価値を失う。たとえCPSを駆使できたとしても、それだけではインダストリーの付加価値を高めることはできない。CPSを駆使して製品システムの付加価値を高め、そのうえでさらにグローバル市場に強い影響力を持たせる伸びゆく手を、オープン&クローズの戦略思想で形成しなければならない。

図1・1に示す日本企業の背後に、第4章で紹介したアジア企業が完成させた成功モデルがあった。IoTやインダストリー4・0では、第3章で紹介した欧米企業の成功モデルがさらに進化してわれわれの前に現れる。その兆候がGEやシーメンスの動向に見え隠れする。

日本企業は、材料や部品としてのセンサーにダントツの技術蓄積を持つと言われてきた。一方、技術蓄積の少ないアメリカ企業は、センサー単体とネットワークをつなぐノードとしてのセンサーモジュールをオープン標準化し、第四次経済革命に向けて巨大なビジネス・エコシステムを構築しようとしている。

これまで多くの事例から明らかなように、結合ノードが標準化されればセンサー側にすさまじい価格競争が起きて付加価値が消える。センサーも本書第1章の図1・1と同じ経済環境に直面するのである。日本はダントツのセンサー技術を持つを言われるが、なぜエコシステムづくりを先導できないのか。ソフトウェア人材が決定的に不足しているからなのか。

われわれは欧米企業の行動パターン（第3章）やアジア企業の行動パターン（第4章）を正しく理解したうえで、独自の成功モデルをグローバルなビジネス・エコシステムの中で創り出さなければならない。

◉ドイツ、アメリカ、中国がグローバル市場のビジネスルールを決めてゆく

本書の第3章で紹介したが、ビジネス・エコシステムを前提にして構築された欧米企業の行動パターンには、オープン&クローズの戦略思想とこの戦略思想に基づく国際標準化や知的財産マネジメントが、当たり前のように取り込まれている。

たとえば、ヨーロッパのGSM携帯電話でもアメリカのインターネットであっても、オープン&クローズの戦略思想で完全独占するコア領域（クローズ）と公開して普及させるオープン領域との境界が、国際標準化を巧みに使って事前設計されていた。

このとき、巨大なビジネス・エコシステムの中のつながる仕組みやつながるノードを握った国／企業が、圧倒的な競争優位を構築したことは、インターネットでシスコシステムズ社が完成させたオープン&クローズ戦略や、ヨーロッパの携帯電話陣営がベース・ステーションと通信プロトコルを駆使したオープン&クローズ戦略を見れば明らかである（第3章）。

今回われわれが重要視しなければならないのは、インダストリー4・0やIICが作るビジネス・エコシステムの構造はもとより、つなぐための仕組みづくりをドイツやアメリカの標準化団体が先導しようとしていることだ。

もし工場と工場がつながるための通信規格や工場の中でロボットをコントロールする通信規格、およびロボット相互をつなぐ通信規格などがグローバルなビジネスルールとして決まり、広く受け入れられたなら、これを変えることが非常に困難になる。

ドイツはインダストリー4・0準拠のOPC-UA（Unified Architecture）と呼ぶアプリケーション側の通信規格を提案し、これをグローバル市場に普及させようとしている。これがISOやIECなどのデジュール規格としてルール化されれば、WTOのTBT協定によってWTOの加盟国はその遵守を強制される。日本も例外ではない。

たしかにTBT協定は政府が調達する製品に対して適用されるが、もしヨーロッパやアメリカの業界が、あるいは中国市場で多くの企業が調達要件にそのルール準拠と書けば、これが業界全体のビジネスルールとなってしまう。

これが実ビジネスの実態であることは、ヨーロッパ企業が先導して規格化したISO 26262の安全規格を見れば明らかである。ここでは、自動運転に使うLSIチップの演算、コンペア、データバス、そしてA／D変換を、すべて2系統にすることが義務づけられており、1系統でも信頼性を高くできる日本の高度なLSI設計技術が競争力に結びつかない。

ヨーロッパが先導した自動車の組み込みソフトウェアの標準化（AUTOSAR：オートザー）でも類

似の事例あり、ソフトウェアが得意でない日本のサプライヤーは、ヨーロッパのオートザー標準に準拠した組み込みシステムにしないと商談にさえ参加できないという。このような事例はアメリカが先導した標準化でも数多く観察される。

よく話題になる協調と競争では、国際標準化する領域のことを「オープンな協調領域である」と言うことが多い。しかしながら、標準化される領域は決して牧歌的な協調領域ではなかった。この事実も上記の事例から理解されるであろう。

競争領域のビジネスルールを自国／自社優位に決める仕掛け、すなわち本書で繰り返し説明した強力な「伸びゆく手」が、オープンな協調領域から競争領域に向かって形成されていたのである。

このとき競争領域でも、オープン&クローズの戦略思想が必須なのは言うまでもない。インダストリー4・0やIICを、ルールの束としてのビジネス・プラットフォームである、と筆者が定義した背景がここにあったのであり、欧米企業はグローバルな実ビジネスはもとよりサイバー空間でも、さらに強力な伸びゆく手が構築されているのである。

国際標準化とは規格を決めることではない。国際標準化が、実ビジネスの競争ルールつくりを先導する戦略ツールになったという事実を、ここで再度強調したい。

なお、オープン&クローズの戦略思想は、フランスの経済学者、ジャン・ティロールが体系化した二面市場モデル（Two-sided Market Model）に類似していると、最近になって筑波大学の立本博文先生からご指摘頂いた。

ティロールの理論は、ヨーロッパ各国で通信分野の規制政策や競争政策に大きな影響を与えたという。1980年末に決まった欧州携帯電話のGSM規格（競争ルール）はもとより、インダストリー4・0のプラットフォームで作られる競争ルールにも、ティロールの経済思想が深く染み込んでいて、競争優位の戦略構築に多大な貢献をしているとヨーロッパの政策関係者が言う。ジャン・テロールは2014年にノーベル経済学賞を単独受賞した。

2014年の夏にドイツと中国がインダストリー4・0の規格を共同で策定することに合意した。ドイツはインダストリー4・0で、中国が進める産業高度化政策「製造強国2025」に貢献するだけでなく、ドイツの数十倍に及ぶ中国工場を巨大市場と位置づけてビジネスチャンスを狙っている。インダストリー4・0が発するビジョンは、ドイツ企業にとって最も影響力のあるマーケティング・ツールになっている。

その一方で、インダストリー4・0を推進するドイツ企業は、2015年の初頭からGE、IBM、インテル、シスコ、AT&Tがコアメンバーとなるアメリカの IIC へ積極的に参加しはじめた。ドイツ企業の狙いはビジネスルールの共有（標準化）であり、アメリカの人工知能やビッグデータ、クラウドコンピューティングなどのIT技術であり、これを駆使したサービス産業への参加である。アメリカの狙いは、IICが先導して作るサービス産業のビジネスルールを、ドイツとの協業でグローバル市場のデファクトスタンダードにすることにある。2016年春のハノーバ・メッセに特別招待され、メルケル首相と一緒の壇上に並ぶ国がアメリカになるとドイツ政府関係者が言う。

もしドイツとアメリカが決めるビジネスルールがドイツ経由で製造大国・中国市場に受け入れられて定着すれば、世界のインダストリーの競争ルールが、ここで決まってしまい、ドイツとアメリカのシナリオで第三次経済革命が進み、ドイツとアメリカが第四次経済革命への道を開くことになるのである。日本はこの「ネットワーク型のブロック経済」にどう対処すべきであろうか。

日本および日本企業が採るべき方向性について

ＩｏＴもインダストリー４・０やＩＩＣも、これまでわれわれが経験し得なかった大規模なビジネス・エコシステムをグローバル市場に作り出すのであり、至るところでビジネスルールが大規模に変わる。その本質を理解し、その対応策を立案・実行しなければならない。

その方向性は、第一に日本という国の人々と企業が本質的に持つ比較優位を最大限に活かして付加価値生産性を高める方向へＣＰＳの概念を拡張・進化させる点である。第二に、欧米企業がＣＰＳの概念を進化・拡張し、ソフトウェアのレバレッジを効かせて付加価値を形成するという、新しいインダストリーの方向性を冷静に見定めなければならない。

第三に欧米企業やアジア企業の行動パターンを踏まえたうえで日本企業の勝ちパターンを再構築しなければならない。すなわち、企業人が先導するビジネスモデルのイノベーションが必要となる。そして第四に、大局観を持ってグローバルインダストリーの全体像を俯瞰し、方向性を示し、ビジネスモデル・イノベーションを市場の前線で具体化する軍師型の人材を育成しなければならない。

その一端をこの補論でスケッチした。われわれはドイツ企業にもアメリカ企業にも、新興のアジア企業にもなれない。しかし学ぶことはできる。日本が誇るダントツの技術も国内に蓄積されている。

これを踏まえて日本は、企業制度も、本書の第4章で紹介したビジネス・エコシステム型の垂直統合モデルへ変貌させなければならない。そのうえで、第3章で解説し、第6章で要約した「伸びゆく手」を、ＩｏＴやインダストリー４・０がグローバル市場に作る巨大なビジネス・エコシステムの中で形成しなければならない。

たとえばドイツは、オブジェクトを囲う管理シェルをＣＰＳの最小単位と位置づけ、この管理シェルをインダストリー４・０準拠の通信規格、ＯＰＣ‐ＵＡに直接つなごうとしている。ＯＰＣ‐ＵＡとＣＰＳが連動すれば強力な伸びゆく手を形成することも可能となり、工場システムのビジネスモデルはもとより、イノベーションさえも先導することができる。

ここで日本企業が工場の工作機械やロボットで主導権を維持するためには、オープンなＦＡソフトウェア基盤として提案されたＯＲ・ｉＮ（Open Resource Interface for Network）を生産実行システム（ＭＥＳ：Manufacturing Execution System）とＰＬＣ（Programmable Logic Controller）の間の通信規格プラットフォームと位置づけ、先手を打って普及させるのも一つの方策である。

これによって、たとえ日本の工作機械や組み立てロボットがＯＰＣ‐ＵＡ規格に準拠しなくても、これまでと同じやり方で主導権を維持することができる。ＯＲ・ｉＮは、経済産業省の後押しで日本企業が世界に先駆けてオープン標準化したアプリケーションレイヤーの通信規格であり、工場内の各装置に対して、メーカーや機械の違いを超え、統一的なアクセス手段と表現方法を提供している。

しかしながら多くの日本企業に、オープン環境で勝ちパターンを作る成功体験が非常少なく、オープン化に強く抵抗する。１０年以上も前から世界に先駆けて標準化しても、国内ですらＯＲ・ｉＮが普及しない背景がここにあった。

われわれは、ドイツやアメリカが先導する競争ルールの束としてのインダストリー4・0やIICと、どのように協調・競争すれば日本企業の付加価値生産性を上げることができるのか、また同時に地域経済を支える日本の中小企業を、中国やASEANとの協業でどう方向づけるか、インドとの協業はどうすべきか。これらをすべてグローバルなビジネス・エコシステムの中で考えなければならない。

いずれも技術だけでなく日本という国や日本企業の文化に大きく関わる非常に難しい課題であり、筆者も仲間と本格的な議論を始めたばかりだが方向性は見えている。今後執筆する次の著作でこの課題に挑戦することとしたい。

日本の総合科学技術・イノベーション会議は、第五期科学技術基本政策（2016年度から5年）で推進すべき共通基盤技術として、IoT、CPS、人工知能、ビッグデータ、ネットワークの安全性やソフトウェアの信頼性など、これまで国家プロジェクトに登場しなかった新たな項目を多数盛り込み、超スマート社会の到来に備えようとしている。

ここでは、サイバー空間（論理体系）の基盤技術とフィジカル空間（自然法則）の基盤技術を峻別したうえでの基盤技術開発と、両者を統合したIoTサービスプラットフォーム（仮称）の構造が描かれており、ここから生まれる新しい価値の姿を描かれている。サイバーが本書で定義する第三次経済革命を象徴し、フィジカルが第二次経済革命を象徴することは容易に理解されるであろう。

これまでのフィジカル、すなわちモノ・実空間に焦点を当てた自然法則の産業化を目指す国家プロジェクトだけでなく、サイバー、すなわちソフトウェアやデジタル技術という人工的な論理体系の産業化を目指す国家プロジェクトへ、日本が大きく舵を切ったのである。イノベーション思想の大転換ではないか。

経産省や総務省、文科省が互いに連携し、またアカデミアと民間企業も連携しながら、多くの領域で人工的な論理体系の産業化に向けた活動がスタートした。ここからフィジカル（実空間、モノが中心）とサイバー（サイバー空間、ソフトウェアが中心）を連動・結合させて付加価値生産性を高める方向へ、日本型ものづくりとサービス産業が大きく変わっていくであろう。

しかしながら、もしGEのソフトウェア・プラットフォームやシーメンスのデジタルエンタープライズのような仕組みを日本企業が持てないのなら、そしてもし日本企業が独自のセンサーモジュールや工場設備システムで独自のCPSの戦略思想を持てないのなら、たとえ府省の政策からダントツの基盤技術やダントツの製品、ダントツのサービスが生まれても、企業収益や雇用、経済成長への貢献は限定的となる。

われわれは、パソコンやインターネット、携帯電話システム、スマートフォンシステムから、そして半導体の工場システムから多くの教訓を学んだ。また本書第1章の図1・1からも多くの教訓を学んだ。我々は技術革新を雇用にも経済成長にも結びつけられなかったのである。この教訓を活かした日本独自のCPSの戦略思想とオープン&クローズの戦略とを結合させ、新たな方向性を自らの手で生み出さなければならない。

その一端は今後執筆する次の著作で紹介するが、これは明らかに国の政策の問題ではなく、第三次経済革命が作り出すビジネス・エコシステムの中で、企業人が取り組むべきビジネスモデル・イノベーションの問題である。伝統的なものづくりのイノベーションではなく、グローバルなエコシステムを前提とし、CPSの戦略思想とオープン&クローズの戦略思想を組み合わせたビジネスモデル・イノベーションが必要、と言い換えてもいい。

この戦略思想を具体化する技術がソフトウェアだが、いわゆるビッグデータや人工知能のソフトウェアよりも、CPSすなわち組み込みソフトウェアやシミュレーション、エミュレーションのためのソフトウェアのほうが日本企業にとってはるかに切実な問題となるだろう。

しかしそれ以前にわれわれが多くの人と共有しなければならないもう一つの問題は、日本がソフトウェアで決定的に劣勢になってしまった事実である。特にアーキテクト型のソフトウェア人材が欧米に比べて極端に少ない。これを重要な経営の問題として深刻に捉える企業人も非常に少なかった。日立製作所の中西宏明会長は例外中の例外ではないのか。ものづくりシステムだけでなく、ソフトウェアが持つイノベーションパワーを重視する経営者こそが待ち望まれているのである。

いずれにせよわれわれは、常に中国やインドとコスト競争にさらされるプログラマではなく、製品産業の本質を俯瞰的に理解して方向性を示すアーキテクト型のソフトウェア人材を育成しなければならない。しかし日本の大学教育でアーキテクト型の人材を育成できると信じる人はいない。いないのならソフトウェア先進国のアメリカに学ぶべきだが、並行して小学校教育から人材育成をすべきである。

これまでの日本は、人が社会生活を営むうえで身につけるべき最低限の能力として読み・書き・そろばん（算数）の3つを小学校の初等教育で教えてきた。しかしソフトウェアがイノベーションを先導する21世紀は、ここへさらにソフトウェアのコーディングも最低限の能力として加えるべきだ。日本にはRubyのような世界に誇るプログラミング言語がある。欧米では小学校でコーディングを教えはじめた。

おわりに

本書を終えるにあたり、基本メッセージとその背景を整理しながら2025年まで日本が目指すべき先進国型の製造業を、期待を込めて記述してみたい。

本書の目的は、日本の製造業が抱える課題をフロントランナーになった先進国型製造業に共通する基本問題として捉え、その再興と強化に向けた処方箋を提案することにあった。

正しい診断がなければ正しい処方箋を書くことはできない。正しい診断をするには、表面に現れた症状だけでなく、その症状の背後の潜む根本的な原因を見つけなければならない。本書では、その背後に潜む原因が製造業のグローバライゼーションであり、これがグローバル市場に創り出したビジネス・エコシステム型の産業構造であり、それによって競争ルールが一変したことを、多くの事例を紹介しながら示した。さらに製造業のあり方が、自然法則を活用するこれまでのハードウェアリッチ型（第二次経済革命）から、人工的な論理体系を活用して製品価値を決めるソフトウェアリッチ型（第三次経済革命）へ急速に転換していた事実も詳しく紹介した。

日本の製造業が採るべき処方箋を一言で要約すれば、競争ルールが変わらないことを前提にして部分最適を磨く専門家を育成することではなく、グローバルなビジネス・エコシステムを前提に全体最適の方向性を再設計して示す人材育成に尽きる。具体的には、CPSの戦略思想を駆使し、オープン&クローズの戦略を駆使してグローバルなビジネス・エコシステム構造を事前設計し、グローバル市場の成長を自社・自国の雇用や成長に取り込む軍師型の人材を育成することである。

アダム・スミスの時代から1970年代まで、国の堅牢な実体経済を支える主役は製造業であったが、金融のグローバライゼーションが進む1980年代から、製造業の役割が相対的に弱まった。金融のグローバライゼーションとは、証券投資や直接投資などのカネが瞬時に国境を越える経済環境を言う。その背景にあったのが、80年代のレーガン大統領やサッチャー首相が進めた資本移動の規制緩和とグローバル化（資本移動の自由化）であった。

その後の情報通信技術の発展が金融のグローバル化をさらに加速させ、カネがモノの国際貿易をはるかに超えて国境を移動する。2010年にはグローバル市場で取り引きされる金融デリバティブだけで500兆米ドルを超え、世界の実体経済を示すGDPの10倍以上になったという（日本のGDPの約100倍）。このため多くの先進国が金融重視の政策を採るようになり、製造業重視の政策思想は影響力を弱めた。1990年代以降も製造業を重視するものづくり国家の日本は、先進国で例外だったのである。

1998年のアジア通貨危機や2008年のリーマンショックによる欧米諸国の経済危機は、いずれも金融グローバライゼーションが国の実体経済を翻弄する代表的な事例であった。にもかかわらず、その監督と金融コントロールは個々の国単位で行わざるを得ない。このリスクを軽減させるためには、自らグローバル金融をコントロールする立場になるか、外債を多く持ちながらソフトパワーでグローバル金融へ間接的に強い影響力を持つか、あるいは国の実体経済を支える製造業を強化育成しなければならない。

グローバル金融政策を強力に推進してきたアメリカであっても、国際経済を根底から揺るがす2008年のリーマンショックの教訓から、製造業の国内回帰へ政策を転換させた。リーマンショックの深刻な後遺症から立ち直った2010年頃からアメリカが国内で工場立地の政策を次々に打ち出し、製造業の強化によって国の実体経済を支えようとしている。

一方、グローバル金融に影響力を持たない新興国は、すでに1997年と98年のアジア通貨危機から教訓を学んで製造業を育成・強化してきた。製造業によって雇用と国家収入を増やし、モノの輸出を増やして外貨準備も増やし、金融グローバライゼーションへの抵抗力を強めようとしてきたのである。

日本では欧米諸国と違って金融のグローバル化が進まず、国も民間企業も、共に技術立国やものづくり立国を推進してきた。しかしながらその背後で、製造業であってもグローバライゼーションが急速に進んでいたのであり、これが日本の実体経済に大きな影響を与えるようになった。

製造業が早くからソフトウェアリッチ型へ転換した欧米では、日本よりも10年以上も前の1980年の後半から90年代初期に、グローバライゼーションが顕在化し、ビジネス・エコシステム型産業構造への適応が死活問題になっていた。

その背景にあったのが、製品やシステムという人工物の設計に組み込みソフトウェアが深く関わり、製品やシステムの価値がソフトウェアによって具体化される、すなわちソフトウェアのレバレッジを効かせて付加価値を高めるソフトウェアリッチ型インダストリー（広い意味での製造業）の登場である。現在ではこれが他の多くの産業領域へ急速に拡大する。

ソフトウェアリッチ型の産業は、同時に製品アーキテクチャを組み合わせ型（モジュラー型）へ転換させてグローバル市場にビジネス・エコシステムを形成する。これが結果的に欧米諸国で製造業の空洞化を加速させて雇用を激減させた。

ものづくりを標榜する日本でも、やはりソフトウェアが製品設計の深部に介在しやすいエレクトロニクス産業から製造業のグローバライゼーションが急速に進み、ビジネス・エコシステム型の競争ルールにさらされた。たとえ技術創造立国やものづくり立国の政策を強力に推進しても、日本の競争力や雇用・成長に貢献しにくい経済環境が、エレクトロニクス産業から大規模に現れたのである。この意味で、ジャパン・アズ・ナンバーワンと呼ばれた古き良き時代のものづくりをそのまま再現しても、製造業で国の実体経済を支えることはできない。これが本書の基本的な問題意識であった。

たとえば、１９９６年から２０１１年までに使われた日本全体の研究開発投資が２００兆円（このうち約60兆円が国税）であってＧＤＰあたりの比率で世界のトップであった。しかしながら製造業の雇用は、１９９０年代初期の１５００万人から２０１３年の９５０万人まで35％も激減する。特に工場が地方にあるという意味で地方経済の疲弊が急速に進んだ。

これらがいずれも過度の円高だけでなく、その背後で同時進行していたビジネス・エコシステムと、このエコシステムを介して興隆する新興国企業によってもたらされたという意味で、われわれは21世紀の日本の製造業を１９８０年代までの製造業と峻別し、先進国型の製造業として再構築しなければならない。それには製造業のグローバライゼーションによって途上国が成長するメカニズムを、歴史的な視点から理解しなければならない。

北京大学の林毅夫教授（元世界銀行チーフエコノミスト兼上級副総裁を歴任）によれば、第二次世界大戦後に独立したアジア、ラテンアメリカ、アフリカの国々の中で、特に天然資源や人口を多く抱える国々のリーダーは、工業製品を輸入せず自国内でまかなう自前主義のフルセット統合型を追求したという。

資源を輸出して工業製品を輸入するだけなら途上国（新興国）は先進国に搾取されるだけ、という従属理論が1950年代にほぼすべての途上国へ広がり、信じられていたからである。そしてまた、先進国による植民地支配を二度と許さない軍事力を持つためにも、これを支える重工業を育成したいという思いが、第二次大戦後の途上国リーダーにあったからである。途上国が学ぶべき成功モデルが当時のソビエト連邦であった。

しかしながら自国に技術蓄積のない自前主義は、そもそも途上国（新興国）の特権としての比較優位に反する。その後これらの国は、先進国の技術や資本を受け入れる方向へ徐々に政策を転換させて経済成長の軌道に乗る。一方、フルセット型を続けた旧ソビエト連邦は、自滅への道を歩んだ。少なくとも製造業から見た新興国の経済成長は、先進国から導入する技術の伝播・着床スピードとその活用コストで決まっていたのである。

フロントランナーに立つ先進国は、自国で人材を育成し、自らの手で技術を開発し、幾多の失敗を繰り返しながら次々に製品を生み出さなければ、持続的な経済成長を維持できない。したがって効率が悪い。一方、林教授によれば、先進国の技術を輸入し、コピーし、ライセンスを受けて使う新興国では、同じ製品を生み出すコストが先進国の開発コストの30％で済む。基礎研究でこれを語ればわずか1％のコストに過ぎないという。

新興国は、先進国の技術を非常に低いコストで手に入れながら国の技術水準を高め、経済を成長させていったのである。当然のことながら先進国にキャッチアップするスピードも非常に速い。

林教授の指摘を待つまでもなく、中国に代表される新興国は、先進国が生み出す技術が伝播してくることを前提に、自国が持つ比較優位を最大限に活用することによって、そしてまた比較優位を政策的に作り出すことによって経済を成長させた。この事実については第4章で事例を含め紹介した。

ソフトウェアが介在する製品やシステムなら技術モジュールの組み合わせ型（積木細工型）へ製品のアーキテクチャが転換する。ここでオープン標準化が進めば比較優位の国際分業とも言うべきビジネス・エコシステムが瞬時に進展するので、新興国は分業の一翼を担って先進国市場へ参入できるようになり、自国の経済をさらに発展させることができる。

これが先進国と新興国という視点から見た21世紀型のグローバル産業構造であった。製品アーキテクチャの転換によって加速する比較優位の企業間国際分業は、ビジネス・エコシステムを介して新興国の輸出と輸入を共に拡大させ、新興国の雇用増と経済成長に大きく貢献してきたのである。

一方の先進国では何が起きたであろうか。ここであらためて確認するが、先進国の製造業が持つ最大の比較優位は、技術と関連情報および人材を長期にわたって蓄積してきたことであり、これをベースとしてさらに高度な技術を生み出す仕組みであった。

しかしながら、巨額の研究開発コストを自ら負担して生み出す先端技術がその国に留まることなく、瞬時に国境を越えてキャッチアップ型の途上国へ伝播するのであれば、先進国の製造業は成り立たない。この実態については、日本企業の事例を挙げて本書の第1章で紹介した。

たしかに日本企業は、グローバライゼーションの中で試行錯誤を繰り返しながら多様な勝ちパターンを生み出してきた（第5章でその一部を紹介した）。しかしそれらはいずれも材料産業や精密部品産業、そして巨大な技術体系で構成される自動車産業などであった。技術や製品・システムそれ自身が持つ本質的な特性によって技術が伝播しない産業領域であれば、あるいは技術伝播を事業戦略としてコントロールできる産業領域であれば、日本企業が培った伝統的な製造業のあり方が根底から崩れることが現在までなかったのである。

生産性が非常に高く、貿易収支で輸出の95％も担っているという意味で、製造業が日本の比較優位と考えてよい。しかしながら第2章で紹介したように、２０００年代になると製造業で多くの領域がエレクトロニクス型のビジネス・エコシステムへ急速にシフトする。２０２０年代になれば、ＩｏＴやインダストリー４・０の潮流が、これをさらに大規模に加速させ、競争のルールも変わってしまう。

太陽光発電やリチウムイオン電池、ＬＥＤ照明はもとより、事務機械、建設機械や自動車、機能材料、汎用の石油化学にもその兆候が見えてきた。われわれは、この兆候が大きな潮流となってグローバル市場へ広がる前に、エレクトロニクス産業から教訓を学んで手を打たなければならない。

それには、まずグローバライゼーションの中で実証された日本の比較優位を再確認し、これが日本のコア領域であることを、企業人や政策スタッフも、そしてアカデミアも共有し、コア領域を起点に企業と市場の境界、あるいは日本と新興国との境界を事前設計しなければならない。

すべてを自社でやる自前主義から決別し、グローバルなビジネス・エコシステムを活用するエコシステム型垂直統合モデル（第4章）へ転換させなければならない。オールジャパンではなく「ジャパンイニシアチブ」へと、われわれの考え方を切り替えなければならない。日本のものづくりも、国内で磨くマザー機能と、新興国市場の前線に立つ現地の人々に任せる適地良品のものづくり機能とに分けて議論しなければならない。

ここで再度確認するが、日本のコア領域を維持・拡大するために、技術イノベーション、製品イノベーション、生産技術・製造技術イノベーションを国内で次々に生み出すことが必要なのは論をまたない。しかし、技術が瞬時に国境を越えるのであれば、これらは単なる必要条件に過ぎない。

われわれに必要なのは、国内で生み出すこれらのイノベーションの成果を活用して、新興国の成長を日本企業の収益や日本国内の雇用や成長に結びつけるメカニズムの構築である。そして欧米企業の先導によって生まれる巨大なエコシステムの中で付加価値を高めるビジネスモデルの再構築である。

そのためには、CPSの戦略思想が必須であり、オープン&クローズの戦略思想が必須である。この2つの戦略思想を駆使して企業のコア領域と市場の境界を事前設計し、ビジネス・エコシステムを自社・自国優位に事前設計し、技術伝播を事業戦略としてコントロールする知的財産マネジメントを考え、そして自社・自国のコア領域から市場側へ強い影響力を持たせる伸びゆく手の仕組みを構築しなければならない。

これがあって初めて、技術も製品も、そしてものづくりも企業収益や雇用と経済成長に結びつく。

巨額の研究開発投資も、これがあって初めて実体経済を支える製造業の強化に結びつき、雇用や成長に結びつけることができる。

キャッチアップ型だった時代の日本企業は、競争ルールを自社優位に設計するという発想を持つ必要はなかった。だからフロントランナーになるとどうすればよいかわからない。だからこそ、これを担う軍師型の人材を育成しなければならない。

われわれは、製造業のグローバライゼーションを前提に、CPSの戦略思想とオープン&クローズの戦略思想で全体最適の方向性を示す軍師型の人材、そしてグローバル市場の成長を自社・自国の雇用や成長に取り込むためのメカニズム設計を担う軍師型人材を、社会システムの中では育成しなければならない。

ここで技術伝播を事業戦略としてコントロールする知的財産マネジメントがメカニズム設計の要になるという意味で、軍師型の知的財産人材が特に重要となった。

製造業のグローバライゼーションが進み、ビジネス・エコシステム型が進展して競争ルールが一変する製造業の中で、新たな勝ちパターンを作り上げる軍師型の人材が育成されるとき、現在の日本経済が抱える課題の多くが速やかに解決されるのではないか。こうした願いを込めた2025年の日本の姿を、未来への洞察として以下に記述する。

◉2025年の日本

1　CPSとオープン&クローズの思想を起点にしたビジネスモデルや知的財産マネジメントの定石が津々浦々の地場産業にも共有され、技術イノベーションや製品イノベーションをグローバル市場の競争力へ結びつける仕組みづくりや、これを担う軍師型の人材が日本の製造業に定着する。

- 企業の人材育成はもとよりビジネススクールでも、新たな勝ちパターン構築を目指した定石の研究や、知的財産マネジメント軍師の育成が盛んになる。
- オープン&クローズの知財戦略を駆使するタスクフォースが多くの企業に生まれ、ここで育成された若い軍師型人材がどんどん幹部に登用される。
- 材料技術の開発を主導する開発課長でも、細分化された局所最適の思考を離れたタスクフォースを結成し、生産・販売とユーザー市場も含めた全体像を把握しながら、CPSとオープン&クローズの戦略思想を駆使したビジネスモデル設計と知的財産マネジメントを当たり前のように議論する。材料化学やプロセス技術の専門家も、タスクフォースが示す全体最適に向かって研究開発を方向づけるようになる。
- 20世紀型の自前主義や、これまで語られてきた牧歌的なオープン化は過去のものと位置づけられるようになる。

2　CPSとオープン&クローズの戦略思想で日本企業が主導する比較優位の国際分業が、グローバルなビジネス・エコシステムの中で大規模に進み、新興国の成長を取り込んで日本の製造業が大躍進。日本の各地に多くの雇用が生まれている。雇用の増加が地域に付加価値の高いサービス産業を復活させ、シャッター通りも消える。

●応募総数が400件に及ぶ「ものづくり大賞」の候補はもとより、地域の地場産業に潜むものづくり技術を探し出して製品化する日本企業が、これを高度な製品文化や高度な市場文化として新興国に輸出。日本各地の地場産業が活性化し、多くの青年が都会から生まれ故郷に戻る。

●互いに得意な領域を持ち寄り、互いに貢献しあうエコシステム型の分業思想が国内の隅々に醸成される。また、これを支えるオープン&クローズの知的財産マネジメントのノウハウが蓄積され、新興国との取引で技術漏洩を語る人も少なくなる。

●新興国企業と日本の地場産業が、互いに競争相手ではなくエコシステム型の分業を介して協業するビジネスパートナーになり、地場産業の経営者も新興国製造圏の中に位置づけて自社を語るのが当たり前になる。

●国内に残したマザー機能はさらに磨かれ、その役割も拡大する（10年前のマザー機能は工場に閉じた製造技術や生産技術が中心だった）。

3　CPSとオープン&クローズ戦略を駆使し、国内にコア領域を残しながら進める海外生産・利

益還流のビジネスモデルがさらに進化する。

- 内閣府が推進するIoTサービスプラットフォーム（仮称）の上で、日本独自のCPS戦略思想とオープン&クローズ戦略思想が生まれ、知的財産マネジメントが日本独自の伸びゆく手をグローバル市場で形成し、新興国の経済が成長すればするほど日本のコア技術領域に対する需要が増えるメカニズムがグローバル市場に定着する。
- 新興国の所得水準向上によって高度な日本製品に対する需要が急増し、高度市場文化をリードする日本製品が巨大な新興国市場で新たなサービス産業を生み出すようになる。サービス収支も黒字に転じる。
- 海外工場の利益やロイヤリティー収入が所得収支を急増させて日本の経常収支改善に貢献。海外の現地から日本への送金も、国際ルールが確定してスムーズになる。

4　国内の津々浦々に散在する経済特区で、設備投資に対する優遇税制や減価償却費を企業の事業戦略として柔軟に運用できるようになる。経済特区で量産されるコア技術領域の輸出競争力が一段と強化され、製造業のマザー機能が強化される。

- 製造業の輸出競争力によって輸出がGDPの25%に近づく（2014年には16%以下で、しかも貿易収支が赤字だった）。
- 国債発行額も一般会計の30%を切るようになり、国債発行ゼロになったドイツに少し近づく（2013年は50%を超えて危機的状況だった）。

●国内に残すマザー機能が工場起点の生産技術だけでなく、グローバル市場に向けたプラットフォーム型の技術体系開発やグローバルなビジネスモデル、知的財産マネジメント、ネッティングオペレーション、グローバルファイナンスや人材育成なども含めた統合型へシフトする。

5 国の経常収支が長期にわたり黒字基調となって定着し、懸念され続けた金融リスクが大幅に減少する。

●その背後で、金融政策部門が高度な知恵を駆使し、安定的な円安基調を維持できる仕組みを完成させる。

●エネルギー政策部門の努力によって、太陽光発電や風力発電および水素貯蔵や水素発電が国の隅々に普及し、安全性が担保された原子力発電も順調に稼働。日本の技術力を活かした省エネもさらに進み、化石燃料の輸入が大幅に減る。

●円安基調であっても化石燃料の輸入金額が増えず、貿易収支の改善に貢献しながら経常収支の黒字安定化を支える。

6 日本の科学者と技術者が非常に頑張り、IoTサービスプラットフォーム（仮称）の産業技術基盤の上で技術イノベーションや製品イノベーション、サービスイノベーションを次々に生み出す。

●内閣府に新設された戦略的イノベーション創造プログラム（ＳＩＰ）や革新的研究開発推進プログラム（ＩｍＰＡＣＴ）が次々にイノベーションの連鎖を生み出す。

●同時にこの成果をソフトウェアのレバレッジを効かせて付加価値を創出し、これを企業収益や雇用と経済成長に結びつけるメカニズムもＣＰＳ戦略思想とオープン＆クローズ戦略によって再構築される。特に国家プロジェクトでは、新規市場を創り出すだけでなく、地方の雇用や地方の経済成長へ貢献するプロセスの提示も同時に求められるようになる。

●生み出された製品の中で日本にとっての非コア領域がオープン＆クローズ戦略で新興国へ伝播するので、新興国の多くの産業領域で産業高度化がさらに進む。

●新興国へ伝播する技術領域と日本に残す技術領域が強い相互依存性を持っているので、新興国の産業発展が日本側に残すコア技術に巨大な需要をもたらす。ここから日本の地方経済が新興国と共に成長し合うメカニズムが定着する。

7 日本がソフトウェアリッチ型産業で大躍進しはじめる。

●２０１６年度からはじまる第５期科学技術基本計画でスタートしたＩｏＴサービスプラットフォーム（仮称）が、ソフトウェアのレバレッジを効かせて次々に付加価値を生み、ものづくりの生産性が飛躍的に高まる。

●日本から生まれたプログラミング言語（たとえばＲｕｂｙなど）がネットワークシステムだけでなく組み込みシステムにも広く使われ、ソフトウェアの開発コストが激減する。ハードウェアとすり合わせ協業を必要とする技術領域で、国内の各地に多くの雇用が生まれる。

● 小学校の初等教育で読み・書き・そろばん（算数）以外にソフトウェア（コーディング）教育が必須となった。

● 日本全国の中学校と高校でソフトウェアを中心とした高度なコンピューティングの授業が始まり、高校生がスーパーコンピュータ「京」を動かせるようになる。

● 国家プロジェクトでもソフトウェアの基礎研究が次々にスタートする。

● 理工系の大学で人工知能やビックデータ分析、クラウドなど、コンピューティングを専攻する卒業生が好条件で企業に迎えられ、ソフトウェアのレバレッジを効かせたサービス産業の付加価値生産性も飛躍的に高まる。

● 製造業の経理システムにソフトウェアが生み出す付加価値が正しく位置づけられ、ソフトウェア人材の社会的評価が非常に高くなる（2010年頃までなら目に見えるハードウェアだけで製品価格を決めていた）。

8　日本独自のCPS戦略思想で開発されたグローバルなプラットフォーム型技術体系（ベースモデル）**を日本から輸入し、これをベースに自国で適地良品・適地適価の製品を開発する人材が新興国に多数育成される。**

● 新興国の各地に、日本の地域産業が生み出すベースモデルを使って適地良品・適地適価の製品を作り出すテクノパークも多数作られ、ここから新興国の成長を取り込む日本の地方産業が大躍進しはじめる。

- 新興国がこれを自国で販売するだけでなく、多くの国々へ輸出できるようになり、外貨準備高が十分な水準となって金融グローバライゼーションに対する抵抗力が一段と増す。
- 日本企業と新興国企業の合弁会社が新興国に質の高い雇用を次々に生み出す。特に製造業の発展は波及効果が非常に大きいので、広い範囲で人々の生活水準が急速に上昇する。毎年5％から7％の経済成長を遂げて2025年の所得水準が大幅に向上する。2010年のインドネシアで3600米ドルだった1人あたりのGDPが、2030年を待たずして1万ドルを超える可能性も見えてきた。
- 次なる10年の2035年に向けて、新興国が日本との協業を語る二国間協議も始まる。
- これらのシナリオは、新興国の政治が安定することによってスムーズに進むので、日本のソフトパワーが育成されて大きな影響を持つようになる。

9　製造業のビジネスモデルや知的財産マネジメントを学んだ軍師型人材が、これを農業にも適用しはじめる。

- 日本が営々と蓄積した農業技術をコア領域にする比較優位の国際分業が、日本と新興国の間で急速に進展。農業分野でビジネス・エコシステム型のビジネスモデルが次々に生まれ、日本の農業が付加価値の高い先進国型農業へ転換している。
- 数百軒の農家が田畑を出し合う有限会社で、友人がＩＣＴを活用しながらブランド米や高級果物と野菜を栽培し、新興国の富裕層へ出荷を開始。地域の農業がグローバル農業へ向かって歩みはじめる。

● ASEAN市場から一時の憩いを求めて帰国した近所の若者が両家族と団らん。鎮守の森が修復されて祭りが再開し、子供たちの歓声が聞こえる。日本の地域社会に心豊かなコミュニティが戻る。

10 縦割りの弊害がひどく部分最適の寄せ集めだった国の政策も、日本として目指すべき全体最適の視点から個々の政策を決める行政制度へ転換する。

● 国としての全体最適に人材と知恵を結集させる枠組みが定まり、責任と権限も法律によって定められる。行政制度の改革は首相の強いリーダーシップに支えられた内閣府が先導したが、それ以上に若い官僚がその具体化で大変な努力をしたという。

● 局所最適に陥っていた国の規制も、その効用と限界が国民に共有されてオープンになり、行政と国民の共同責任として運用されるようになる。この結果、日本のＩｏＴサービスプラットフォーム（仮称）から次々に生まれる課題解決型の技術イノベーションやサービスイノベーションがすぐに市場展開されるようになり、国内の社会システムイノベーションが進む。

● たとえば介護・医療・環境を含む社会インフラと社会システムの分野で新規産業が次々に生まれ、付加価値の高いサービス産業も次々に生まれて雇用を生み出すようになる。サービス産業の生産性が飛躍的に向上してＧＤＰを押し上げる。

- 高い能力を持つ外国人があらゆる分野で日本企業と協業し、多くの分野で技術イノベーションと製品イノベーションの連鎖が始まる。社会システムの付加価値生産性が飛躍的に向上する。
- 特に新興国からビジネスで日本に来る外国人が増え、途上国の成長と共に歩む日本および日本企業の方向性を、一体となって具体化できるようになる。

2025年、日本の産業と社会がこんな姿になっていることを願って筆を置くことにする。

謝辞

本書の完成まで多くの人々のお世話になった。その中でも特に元同僚の妹尾堅一郎氏（非営利活動法人・産学連携推進機構理事長、一橋大学大学院ＭＢＡ客員教授）にお礼を申し上げなければならない。妹尾先生は本書出版の意義を筆者に説いて出版社を紹介してくださっただけでなく、戸惑っている筆者に５回の連続セミナーで講義する機会も作ってくださった。本書はこの連続講義を文章にしたものである。知財マネジメントとその人材教育で日本の象徴的な存在となった妹尾先生の熱意あふれるお勧めと激励がなければ、本書を執筆する機会がなかったはずである。あらためて感謝の意を表したい。

筆者が民間企業を退職してから10年もの間、東京大学で研究の場を与えて下さった新宅純二郎教授（東京大学大学院経済研究科）と渡部俊也教授（東京大学政策ビジョン研究センター）にも心から感謝の意を表したい。お二人にお会いすることがなければ、日本の製造業が持つ基本問題までたどり着けなかったはずである。特に渡部先生は、素人の筆者を知的財産関連の議論や委員会に誘ってくださり、多くの人々に引き合わせてくださった。知的財産の分野で日本を代表する渡部先生の導きがなければ、日本企業の競争力分析に知的財産の視点を取り込めなかったであろう。

今回の改訂で補論を新たに書き加え、ＩｏＴやインダストリー４・０が作り出すインダストリーの姿を概観した。この重要性を確信するに至ったのは、政策研究大学院大学の有本建男教授から科学技術政策の国際動向をお教え頂いてからである。有本先生は、OECDや欧米諸国で進むサイエンスと政治・社会・経済の包括的な議論、特にデジタル型社会の将来像、CPSを基礎とした第四次産業革命、あるいはリアリティ2・0やヒューマン2・0などに関する最新の論点を紹介してくださった。

有本先生からお教え頂くことなくして、補論の論点を整理できなかったであろう。補論でスケッチした一つひとつの事項の本格的な考察は次の著作で展開するが、その大きな枠組みも有本先生との議論によってほぼ固まっている。本書の論点を支える第三次経済革命の、さらにその先に来る社会システムの方向性を示してくださった有本先生の学識に深く敬意を表したい。

本書を構成するそれぞれの章で、産業界の多くの人々や同僚と友人が協力してくださった。

第1章では、筆者の調査分析以外に、町田勝彦氏（元シャープ株式会社社会長）には、1990年代後半から2010年に至る液晶パネル・液晶テレビ産業の栄枯衰勢とその背景について、ご自分の体験を含めてご説明頂いた。われわれは、グローバル市場に約20兆円もの巨大市場を作り上げてさえ瞬時に苦境へ追い込まれる日本企業の姿を、ただ見ていることしかできなかった。本書を書く動機がここにあったのである。

第2章でも多くの方にご支援頂いた。特にプログラム言語Rubyについては、田中和明氏（九州工業大学准教授）と鈴村延保氏（アイシン精機株式会社）から、最先端の研究状況やビジネス現場の実態を教えて頂いた。沖縄サミットを契機に知的財産立国の政策を進めた経緯と2000年代初期までの知的財産政策については、荒井寿光氏（元特許庁長官、元経済産業審議官）からお教え頂いた。技術の視点から見た日米構造協議については、これに携わった日本企業の人々から現場で起きた多くのことを直接お教え頂いた。

第3章のスマートフォンを巡る欧州企業やアジア企業の動きについては、岩本隆氏（慶應大学特任教授）と立本博文氏（筑波大学准教授）が、アップルを巡る知的財産関連については、小林忠造氏（発明推進協会）、川端兆隆博士（産業技術総合研究所）と二又俊文氏（東京大学客員研究員）、またアップル・iOSの基本構造については成田雅彦氏（産業技術大学院大学教授）、スーパーコンピュータの基本アーキテクチャや応用環境については、伊藤宏幸氏（ダイキン工業）と門岡良昌氏（富士通）が、筆者の調査不足を補ってくださった。

第三世代携帯電話（3G）の細部技術とスマートフォンの開発を巡る日本企業の考えについては、携帯電話業界の人々に直接インタビューさせて頂いた。インタビューやメールで事実確認させて頂いた方は50人を超える。すべて現役の方ばかりであり、一人ひとりのお名前を列記することはできないが、本書を公にすることでお礼に代えさせて頂きたい。

第4章で、特に台湾と韓国のビジネス制度設計が半導体産業の競争力に及ぼす影響については、立本博文氏（筑波大学）からお教え頂いた。また台湾のエレクトロニクス産業については、川上桃子氏（アジア経済研究所）から市場データをお教え頂き、また共に多くの台湾企業へ直接インタビューしながら事実確認することができた。

第5章のＩＭＶについては、当時のトヨタで企画から出荷までの実務を最前線で担当した高梨建司氏（現・豊田通商株式会社）、井上孝雄氏（トヨタ：TMAP - EM）、細川薫氏（現・住友ゴム工業株式会社）、小寺信也（トヨタ自動車株式会社）、大矢敏之氏（トヨタ：TMAP - EM）をはじめとする多くの方々に、またアンダーIMVについては、インドネシアのダイハツでチーフエンジニアを務めた松林淳氏（現ボルツ株式会社）にお話を伺った。トヨタOBで現在でもインドネシアに住む菅沼明彦氏（現Suguty Creative PT）と金井孝雄氏（現Hino Motor Indonesia）には、インドネシアの国民車とも言うべきキジャンが企画開発された経緯とインドネシアから見た当時のIMVについて貴重なご意見を頂いた。IMVについてはさらに多くの方にお世話になったが、本書を公にすることでお礼に代えさせて頂きたい。

補論を書くにあたって多くの方のお世話になった。ディーター・ワグナー博士（シーメンス）は、新しい生産システムに関する最新の動向をベルリンのオフィスで詳しく説明してくださった。また、犬飼利宏氏（デンソーウェーブ）、尾木蔵人氏（三菱UFJリサーチ&コンサルティング）、川野俊充氏（ベッコフオートメーション）、馬場渉氏・寺田青松氏（SAPジャパン）、長島聡氏（ローランド・ベルガー）、中村昌弘氏（レクサー・リサーチ）、吉野晃生氏（IIC日本代表）、さらには一般財団法人・企業活力研究所のものづくり懇話会で報告なさった方々から、インダストリー4・0やインダストリアル・インターネット・コンソーシアムとその活動状況、および日本の取り組みについて多くのことをお教え頂いた。

日本の現状と今後の方向性については、第三次経済革命研究会という私的な研究会に個人の資格で参加し、毎回5時間に及ぶ自由闊達な議論を繰り広げる13人の仲間：伊藤、内平、大谷（H）、大谷（J）、尾木、河田、川森、高梨、豊島、船木、西岡、中島、中村の諸氏から、非常に多くのことを学ばせて頂いた。ここに改めてお礼を申し上げたい。

これまでと同じく本書の執筆中に最も気になったのは、産業界の人々と筆者が同じ時代に生きていて、そのどちらが日本の製造業の基本問題により正しく接近できているかという問いかけであった。これはアカデミアが常に持つことを期待される現実的な機能への問いかけではあるものの、本書は基本問題の入り口へようやくたどり着いたに過ぎない。

特に人工的な論理体系の産業化として定義した第三次経済革命は、自然法則の産業化である第二次経済革命よりもはるかに速く、そして広く21世紀の社会システムを変えていくが、この全体像を俯瞰した日本の方向性については、今後執筆する次の著作で論じたい。

また本書が提案するＣＰＳとオープン&クローズ戦略思想を駆使した産業構造の事前設計、自社と市場の境界設計および競争ルールの事前設計と、これを支えている知的財産マネジメントや契約マネジメント、伸びゆく手形成などの具体的な方法については、日本企業の実態を踏まえた具体的な活用法を紹介しなければ、多くの企業人が使える経営ツールにならない。これらはいずれも次の書に譲りたい。

本書の出版までこぎ着けることができたのは、今回もまた京部康男氏（翔泳社）と川月現大氏（風工舎）のおかげである。基本的な視点が定まっていない時点からＩｏＴやインダストリー４・０とオープン&クローズ戦略との関連性について、全章にわたって追記することを何度も著者に勧めたのは京部氏であり、補論を書くことの重要性を強く著者に説いたのも京部氏であった。文章の乱れや不要な繰り返しを、さらに数字の正しさを原典までたどって確認修正してくださったのは、今回も川月氏であった。

最後に私事で恐縮だが、本書を母孝子と妻美知子に捧げることをお許し頂きたい。宮城県東松島の田舎に住む94歳の母が元気でなければ、本書のような研究を続けることができなかったはずである。筆者は、民間企業を退職した後に妻が期待したはずの穏やかな日常生活へまだ戻れていない。それでもなお、調査研究で毎日のように出歩き、あるいは自宅で昼夜の区別なく論考に耽る筆者の健康管理に気を配る妻の理解がなければ、今回の改訂版を書くことはできなかったであろう。この意味で母と妻にはあらためて感謝したい。

参考文献

はじめに

山田節夫（2009）『特許の実証経済分析』、東洋経済新報社

第1章

小川紘一（2009）『国際標準化と事業戦略』、白桃書房
小川紘一（2009）「製品アーキテクチャのダイナミズムと日本型イノベーションシステム――プロダクト・イノベーションからビジネス・モデル・イノベーションへ」、赤門マネジメント・レビュー、第8巻第2号
妹尾堅一郎（2009）『技術で優る日本がなぜ事業で負けるのか――画期的な新製品が惨敗する理由』、ダイヤモンド社
町田勝彦（2008）『オンリーワンは創意である』、文春新書
山田節夫（2009）『特許の実証経済分析』、東洋経済新報社

第2章

アーサー・R・ミラー、マイケル・H・デービス（2008）『アメリカ知的財産権法』、藤野仁三訳、八朔社
アダム・スミス（2007）『国富論――国の豊かさの本質と原因についての研究』（上下巻）、山岡洋一訳、日本経済新聞出版社
アルフレッド・D・チャンドラー Jr.（1979）『経営者の時代――アメリカ産業における近代企業の成立』（上下巻）、東洋経済新報社
小川紘一（2008）「我が国エレクトロニクス産業に見るモジュラー化の進化メカニズム―マイコンとファームウエアがもたらす経営環境の歴史的転換―」、赤門マネジメント・レビュー、第7巻第2号

小川紘一（2011）「国際標準化と比較優位の国際分業、経済成長」、『グローバルビジネス戦略』、渡部俊也編著、白桃書房
近藤健彦（1999）『プラザ合意の研究』、東洋経済新聞社
佐伯啓思（2012）『経済学の犯罪――希少性の経済から過剰性の経済へ』、講談社現代新書
ダグラス・C・ノース（2013）『経済史の構造と変化』、日経BP社
中島震・みわよしこ（2013）『ソフト・エッジ――ソフトウェア開発の科学を求めて』、丸善ライブラリー
長谷川裕行（2000）『ソフトウェアの20世紀――ヒトとコンピュータの対話の歴史』、翔泳社
浜矩子（2012）『新・国富論――グローバル経済の教科書』、文春新書
宮田由紀夫（2007）『プロパテント政策と大学』、世界思想社
森嶋通夫（1994）『思想としての近代経済学』、岩波新書
リチャード・N・ラングロワ（2011）『消えゆく手――株式会社と資本主義のダイナミクス』、谷口和弘訳、慶應義塾大学出版会

第3章

小川紘一（2009）『国際標準化と事業戦略』、白桃書房
小川紘一（2009）「製品アーキテクチャのダイナミズムと日本型イノベーションシステム――プロダクト・イノベーションからビジネス・モデル・イノベーションへ」、赤門マネジメント・レビュー、第8巻第2号
許經明（2012）「そのAndroidは誰がいつ開発したのか」、日経エレクトロニクス、2012年12月10日号

第4章

小川紘一（2011）「国際標準化と比較優位の国際分業、経済成長」、『グローバルビジネス戦略』、渡部俊也編著、白桃書房

川上桃子（２０１２）『圧縮された産業発展——台湾ノートパソコン企業の成長メカニズム』、名古屋大学出版会
妹尾堅一郎（２００９）『技術で優る日本がなぜ事業で負けるのか——画期的な新製品が惨敗する理由』、ダイヤモンド社
立本博文（２００９）「国家特殊的優位が国際競争力に与える影響——半導体産業における投資優遇税制の「事例」」、国際ビジネス研究、第1巻第2号、55～73ページ
黃仁德・胡貝蒂（２００６）『台湾租税奨励與産業発展』、聯經出版事業公司
Glenn P. Jenkins, Chun-Yan Kuo, Keh-Nan Sun (2003) *Taxation and Economic Development in Taiwan*, Harvard Kennedy School.

第5章

伊藤賢次（２００７）「トヨタＩＭＶ（多目的世界戦略車）の現状と意義」、名城論叢、第7巻第4号
小川紘一（２００９）「製品アーキテクチャのダイナミズムと日本型イノベーション・システム——プロダクト・イノベーションからビジネスモデル・イノベーションへ」、『ビジネス・イノベーション・システム』、土井教之編著、日本評論社
川邉信雄（２０１１）『タイトヨタの経営史——海外子会社の自立と途上国産業の自立』、有斐閣
佐藤百合（２０１１）『経済大国インドネシア——21世紀の成長条件』、中公新書
日野三十四（２００２）『トヨタ経営システムの研究——永続的成長の原理』、ダイヤモンド社
和田昭允（２００５）『物理学は越境する——ゲノムへの道』、岩波書店

第6章

小川紘一（２００９）『国際標準化と事業戦略』、白桃書房
小川紘一（２０１１）「知的財産立国のジレンマ」、『ビジネスモデルイノベーション』、渡部俊也編著、白桃書房
小川紘一（２０１１）「国際標準化と比較優位の国際分業、経済成長」、『グローバルビジネス戦略』、渡部俊也編著、白桃書房

鈴木一也・小川紘一（２０１４）『オープン＆クローズ戦略とその構築』、Ｄｉｓｃｏｖｅｒｙ、Ｖｏｌ・11、ドリームインキュベータ
山田肇（２０１３）「情報通信産業にみる独創と模倣」、日本知財学会誌、第9巻第3号
渡部俊也（２０１２）『イノベーターの知財マネジメント――「技術の生まれる瞬間」から「オープンイノベーションの収益化」まで』、白桃書房

補論

小川紘一（２０１４）「ソフトウェアが主役になる時代の登場」、ＳＥＣ ｊｏｕｒｎａｌ、創刊10周年特別号、第10巻第4号、独立行政法人 情報処理推進機構（ＩＰＡ）
尾木蔵人（２０１５）『決定版 インダストリー４・０』、東洋経済新報社
中村昌弘（２０１５）『インダストリー４・0を超えるシミュレーション統合生産の衝撃』、日経ＢＰ社
長島聡（２０１５）『日本型インダストリー４・０』、日本経済新聞出版社
経済産業省（２０１５）『平成２６年度ものづくり基盤技術の振興施策』、２０１５年6月
日経ビジネス編（２０１５）『まるわかりインダストリー４・０』、日経ＢＰ社
企業活力研究所（２０１５）「ＩｏＴがもたらす我が国製造業の変容と今後の対応　ものづくり懇話会」、企業活力２０１５春季号・夏季号、２０１５年３・7月
Dieter Wegner（２０１４）“Industrie 4.0–on the way to a new production environment–step by step,” IHS Industrial IT, Hannover, 07 April 2014

おわりに

林穀夫（２０１２）『北京大学 中国経済講義』、劉徳強訳、東洋経済新報社

■は行

■ま行

■や行

■ら行

■た行

■な行

■か行

■さ行

索引

本書内容に関するお問い合わせについて

このたびは翔泳社の書籍をお買い上げいただき、誠にありがとうございます。弊社では、読者の皆様からのお問い合わせに適切に対応させていただくため、以下のガイドラインへのご協力をお願い致しております。下記項目をお読みいただき、手順に従ってお問い合わせください。

●ご質問される前に
弊社Webサイトの「正誤表」をご参照ください。これまでに判明した正誤や追加情報を掲載しています。

正誤表　http://www.shoeisha.co.jp/book/errata/

●ご質問方法
弊社Webサイトの「刊行物Q&A」をご利用ください。

刊行物Q&A　http://www.shoeisha.co.jp/book/qa/

インターネットをご利用でない場合は、FAXまたは郵便にて、下記"翔泳社 愛読者サービスセンター"までお問い合わせください。
電話でのご質問は、お受けしておりません。

●回答について
回答は、ご質問いただいた手段によってご返事申し上げます。ご質問の内容によっては、回答に数日ないしはそれ以上の期間を要する場合があります。

●ご質問に際してのご注意
本書の対象を越えるもの、記述個所を特定されないもの、また読者固有の環境に起因するご質問等にはお答えできませんので、予めご了承ください。

●郵便物送付先およびFAX番号

送付先住所	〒160-0006　東京都新宿区舟町5
FAX番号	03-5362-3818
宛先	(株) 翔泳社 愛読者サービスセンター

※本書に記載されている会社名、製品名はそれぞれ各社の商標および登録商標です。

■著者紹介

小川 紘一（おがわ こういち）

東京大学政策ビジョン研究センター・シニアリサーチャー、国立研究開発法人 新エネルギー・産業技術総合開発機構 アドバイザー、株式会社ドリームインキュベータ 特別顧問、関西学院大学客員教授、株式会社小川国際経営研究所所長

1944年宮城県生まれ。1973年明治大学大学院工学研究科博士課程修了（工学博士）、株式会社富士通研究所研究部長を経て、富士通株式会社の事業部長、理事を歴任。2004年東京大学ものづくり経営研究センター特任研究員、東京大学知的資産経営総括寄付講座の特任教授などを経て現職。

内閣知的財産戦略本部「国際標準化戦略タスクフォース」委員、経済産業省「産業構造審議会 産業技術分科会 研究開発小委員会」委員、同省「産業構造審議会 情報経済分科会」委員、同省「自動車の自動走行ビジネス研究会」委員、文部科学省「科学技術・学術審議会」専門委員、内閣府「基盤技術の推進のあり方に関する検討会」委員、などを務めた。

主な著書に『国際標準化と事業戦略――日本型イノベーションとしての標準化ビジネスモデル』（白桃書房）、『グローバルビジネス戦略（東京大学知的資産経営総括寄付講座シリーズ）』（共著、白桃書房）、『オープン・イノベーション・システム』（共著、晃洋書房）などがある。

オープン＆クローズ戦略――日本企業再興の条件　増補改訂版

2015年12月 3日　第2版 第1刷発行
2018年 4月 5日　第2版 第3刷発行

著　者：小川 紘一
発行人：佐々木 幹夫
発行所：株式会社 翔泳社（http://www.shoeisha.co.jp）
印刷・製本：日経印刷株式会社
本文デザイン・組版：風工舎
カバーデザイン：竹内雄二（竹内事務所）

ISBN978-4-7981-4425-2　Printed in Japan

本書へのお問い合わせについては、454ページに記載の内容をお読みください。

造本には細心の注意を払っておりますが、万一、落丁や乱丁がございましたら、お取り替えいたします。03-5362-3705までご連絡ください。